第六十二回神宮式年遷宮奉祝

# 房総の伊勢信仰

千葉県神社庁
「房総の伊勢信仰」企画委員会 編

雄山閣

口絵１　安房鰒取りの図（鴨川館　株式会社吉田屋提供）

口絵２　地曳網絵馬（館山市立博物館蔵）

口絵 3-1　天岩戸開図額 1（香取市佐原　諏訪神社）

口絵 4　伊勢神宮参詣図（文政 13 年。堤等川筆。市原市八幡　飯香岡八幡宮）

口絵 3-2　天岩戸開図額 2（香取市佐原　諏訪神社）

口絵 5　天岩戸図（江戸時代。一葉斎楽重筆。君津市平山　大原神社）

口絵６　伊勢太々神楽刷物（県内個人蔵）

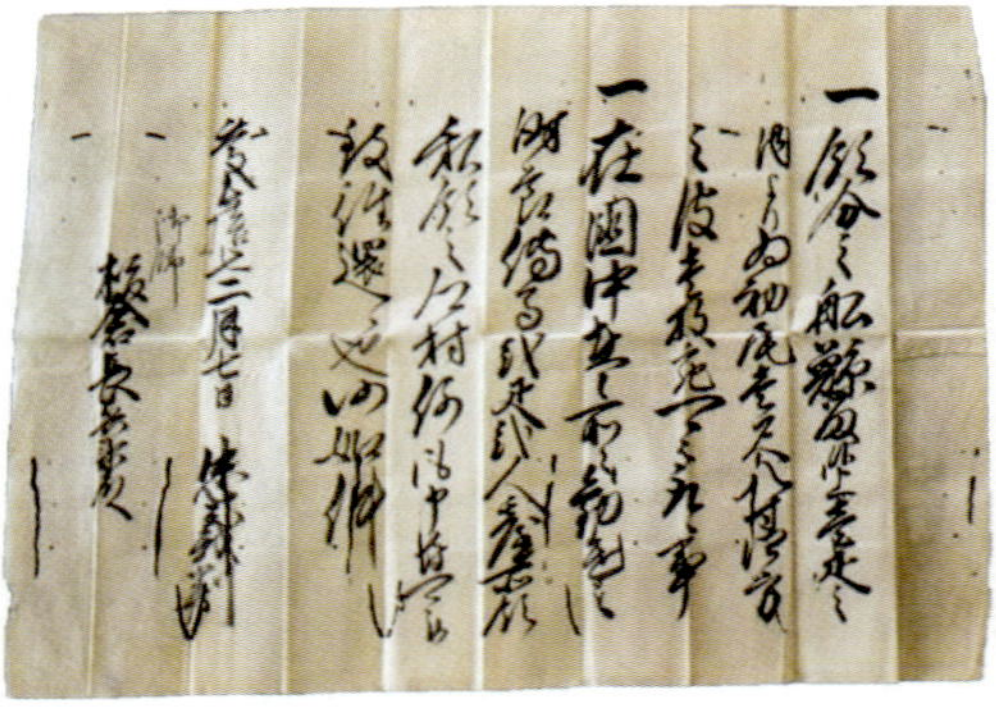

口絵８　里見忠義鯨寄進状
（醍醐新兵衛家文書。館山市立博物館蔵）

口絵７　太神宮御影
（旭市飯岡　玉﨑神社）

# 序

第六十二回の神宮式年遷宮は、平成二十五年十月に御斎行となる。二十年に一度の国家の重儀であり、二十年かけて行われる大祭典である。千葉県内よりも多くの人々が奉賛に心を寄せられ、お白石持ちの行事等に参加された。これを記念して、古くから当地に残る伊勢信仰の足跡を一冊にまとめてみようという話が出、自分達のつたない文章ではあるが、努力することになった。調べていくうちに絵馬や参宮日記など徐々に増加して原稿を提出してからも、新たな資料の発見があり、今後も増えることと思われる。この書が出版されれば、うちにもあるよと言う声が聞こえてこよう。それを承知で不完全とは思うが、刊行することにした。不備な点は御寛恕願い、ご教示願いたい。

作成するにあたっては、神宮文庫をはじめ多くの方々の資料の提供やお教えをいただいている。巻末に御名前を記しているが、まずは感謝の意を表したい。

千葉県神社庁長

杉 山 林 繼

■房総の伊勢信仰―第六十二回神宮式年遷宮奉祝―■目　次


はじめに……鈴木啓輔…9

第一章　海流と文化

1　伊勢と房総…10
2　黒潮に乗った人と文化の移動…15
3　紀州漁民の東国進出…18
4　うま味文化の房総への伝来…21
5　房総の鈴木姓…22

第二章　房総の神明神社―伊勢の神宮の御分社―…25

1　神明神社概観……加茂信昭…26
2　安　房……加茂信昭…28
3　東上総……萩本稔・宮嵜博之…36
4　西上総……千葉一幸…41

5　東下総……石田房嗣…47
6　印　旛……宮本勇人…49
7　千　葉……白熊　大…58
8　東葛飾―柏市塚崎神明社……千葉　敏…61

第三章　御厨神明と在地信仰……65

1　神宮の御厨・御園の全国的展開……鈴木聡子…66
2　安房の御厨と安房大神宮……藤森益樹…72
3　天津神明神社……岡野大和…77
4　上総（武射）の御厨……萩本　稔…86
5　夏見御厨と船橋大神宮……千葉　敏…87
6　下総国の御厨……鈴木聡子…97

第四章　江戸時代の大麻頒布……107

1　御師の活動……杉山林繼…108
2　鎌数伊勢大神宮……神原靖夫…118
3　明治五年の大麻頒布……杉山林繼…130

第五章　昔の伊勢参り―参宮日記から―……神原靖夫…139
1　古典に見る紀行文・日記……140
2　房総に残された江戸時代の参宮記……143
3　江戸時代の伊勢信仰……146
4　房総の旅日記から……160
5　旅の折々……199
コラム1　犬の参宮……杉山林繼…203
第六章　房総の伊勢講と伊勢大神楽……205
1　講……宮嵜博之…206
2　伊勢講……宮嵜博之…207
3　伊勢大神楽（獅子舞）……小林悠紀…223
コラム2　参宮への旅立ち……平澤牧人…233

第七章　絵馬の奉納……237
1　房総半島に伝来する伊勢信仰の絵馬……平澤牧人……238
2　「絵画」として見た絵馬……白熊　大……253
コラム3　安房の伊勢音頭……加茂信昭……261

第八章　房総から伊勢の神宮への供祭物……鈴木啓輔……263
1　神饌の歴史……264
2　特殊神饌……269
3　伊勢の神宮の三節祭や式年遷宮に関する諸祭における神饌、神嘗祭における神饌……270
4　房総から伊勢への供祭物……272

第九章　近年の遷宮奉賛活動……本宮雄之……277
1　大東亜戦争後の御遷宮……278
2　千葉県における戦後の遷宮奉賛活動……287
3　第六十二回式年遷宮に向けて……291

あとがき …… 293

資料

1 千葉県内神明神社一覧 …… 297
2 千葉県内伊勢信仰関係絵馬一覧 …… 306
3 千葉県内伊勢信仰関係資料一覧（その他） …… 314

# 第一章 海流と文化

諸味の攪拌（ヤマサ醬油株式会社提供）

## 1　紀伊と房総

わが国では、古くからそこに人が住みつき村が形成されると、その開拓に関わった人々に縁の神を御祭神とする神社が祀られ、村の平穏と繁栄が祈念されてきた。

紀伊熊野は古くから、熊野三社といわれる熊野本宮大社・熊野速玉大社・熊野那智大社を中心とした信仰の地である。熊野神社は、全国に三〇七八社が祀られている。そのうち房総には二六八社が祀られているが、なかでも房総半島の南端から東海岸、いわゆる、外房地帯には一二七社も鎮座する。

天太玉命を御祭神とする安房国一の宮安房神社

紀伊半島と房総半島は規模の大小はあるものの、地形的によく似たところがあり、勝浦、白浜といった共通する地名があることのみならず、さらにはそれらの地が半島中に存在する位置についても類似性が認められる。

大同二年（八〇七）に斎部広成《いんべのひろなり》によって編纂された歴史書である『古語拾遺』には、天富命《あめのとみのみこと》が、阿波国の斎部氏を分かち率いて東国に移り住んだことが述べられ、

好麻所レ生。故、謂二之総国一。阿波忌部所レ居、便名二安房郡一。天富命、即於二其地一立二太玉命社一。今謂二之安房社一。故、其神戸有二斎部氏一。

という記述がある。

安房神社が祀られている地域には、天富命が房総半島の先端に西の海から上陸したという伝承が今日までのこっている。館山市の香取《かんどり》という地がそれである。

これらの地理的類似性、また房総における熊野神社の祭祀状況や伝承などからは、西南地域から房総への経路の一つに、紀伊熊野を中心とした黒潮の海路の存在を推察することができるであろう。

熊野神社の所領については、その全体像を明らかにできる史料は現存しないが、中世の史料がいくつか残存しており、当時の所領についてうかがい知ることが可能である。

館山市香取付近の海岸

たとえば、『百錬抄』寛治四年（一〇九〇）二月　日条には、白河上皇によって「紀伊国一ケ郡田畠百余町を熊野社に寄進」されたことが記されている。また、『中右記』元永二年（一一一九）九月十七日条には、白河上皇が「紀伊・阿波・伊予・土佐・讃岐の五カ国から各々十烟の封戸を熊野社に寄進」したことが述べられる。

さらに、熊野社の所領は、伊勢の神宮の御厨《みくりや》の数と比較すると少数ではあるが東海道沿いにも存在していた。また房総においては、上総国の畔蒜《あびる》南荘や北荘、下総国では匝瑳《そうさ》南条荘がそれである。

一方、この時期の伊勢の神宮の神領はというと、建久三年（一一九二）八月の『二所太神宮領注文』によると東国に集中していた。神戸《かんべ》・封戸《ふこ》・御厨を加えて紀伊半島・知多半島・渥美半島に囲まれた伊勢湾域に一〇二か所と最も多くを占めている。ところが、これについで駿河・伊豆・相模・武蔵・安房・上総・下総・常陸の東海道沿いの御厨が一五か所もの多くを数えているのだ。これらの御厨の中には、源頼朝による元暦元年（一一八四）正月の武蔵国大河土《おおかわど》御厨の寄進、元暦元年五月の武蔵国飯倉御厨、そして安房国東条御厨の寄進も明らかとなっている。伊勢の神宮は、この頼朝の御厨寄進によって東国での御厨の安定的な支配を図ったとされている。

　これらの史料からは、太平洋沿岸の海上交通に、伊勢の神宮や熊野神社が大きく関わることでそれぞれ影響力を持ちその力を維持していたことがうかがえるだろう。

　ちなみに熊野社と各地の熊野社神領地との関わりにおける交通の手段としての海上交通の事実としては、「熊野山日御供米碧海荘配分事」『紀伊続風土記』附録　巻之十四（本宮社家二階堂氏蔵）の永仁三年（一二九五）八月条に以下のような記述がある。

熊野山日御供米碧海荘配分事
合四百玖石五斗者　但自上総国畔蒜荘至于新宮津運賃雑用定
百十四石　占部郷
四十二石八升　中　郷
二十九石八斗七升　村高郷
三十五石三斗　下青野郷
二十四石七斗三升　宇禰部郷

四石四斗七升　薬師寺郷
八石六斗五升　橋良郷
二石四斗七升　津々針郷
十壱石　下渡郷
七十石五斗　長瀬郷
壱石四斗　宿石神郷
五石　小針郷半分（尾藤兵衛六郎分）
四石二斗　槫戸郷
四石二斗　南小崎三分二
壱石一斗　同　郷三分一
壱石一斗　牧内郷
三十八石八斗九升　上戸郷
十石五斗四升　大支郷
右支配之状如件
永仁三年八月　日　　僧判

この史料より、熊野山日御供米を三河国碧海荘内の諸郷に配分したとする米に関して、「但自上総国畔蒜荘至于新宮津運賃雑用定」とあるように、上総国畔蒜荘から紀伊国新宮津に至る経路に海上交通の存在が明らかなものといえる。

　また、「伊勢大神宮神主帖」（『神宮雑書』）には、建久七年（一一九六）四月十五日付大内人荒木田神主より内宮領安濃津《あのつ》御厨の刀禰《とね》中臣国行に向け、津・泊の煩い無く諸国を往返し交易を営むことを認める記述があり、伊勢、志摩の伊勢神人が平安末期から津料や関料を免除され、自由な海上交通の権利を背景に東国との活発な交易を営んでいたことがわかる。

　各地の津・泊などを支配することは、海上交通路の確保における基本的な事項である。律令国家においては、当然これらの要所は、国の管理するところであり、京職《きょうしき》や国司が管理していた。そののち、十一世紀後半になると、摂関家、有力貴族、大規模な神社や寺院等は、津や泊などの要所をもつ荘園や神領の所有に大きな関心を持ち、海上交通路の安定確保を望んだのである。

　治承四年（一一八〇）八月、源頼朝が伊豆で挙兵すると、これに呼応して熊野権別当湛増が同時期に蜂起し[1]、そして伊勢へ攻め込んだ熊野山衆徒が平家の軍勢を敗走に陥れてしまう程の事態にいたった。『吾妻鏡』養和元年（一一八一）正月五日条には「関東健士等廻二南海一。可レ入二花洛一之由風聞」と記されており、このとき関東の源氏の軍勢が太平洋の海路を通って南海を廻り、京の都に攻め込むとの噂さが広がったという。

　このように、当時すでに東国から西への太平洋沿岸の海上交通路は、かなりの程度において確立されていたものといえる。

　しかし治承四年のこれら一連の源平の戦は、結果として源氏方の敗北となったのだが、これ以後、頼朝は熊野だけではなく、東国に多くの神領地御厨をもつ伊勢の神宮との関わりをもつようになり、崇敬の念を深くし前述の東国の御厨三か所を神宮に寄進したのである。のちの鎌倉幕府にとって、太平洋の海上交通路の確保がいかに政治的、経済的そして軍事的にも大きな存在となりえるかを頼朝自身が感じとっていたことが推察できるだろう。

## 2　黒潮に乗った人と文化の移動

古代より、太平洋の海上交通が盛んになされて重要視されていたことは、すでに述べたところである。日本列島の太平洋側には、黒潮と呼ばれる海流が南から北へと向かって流れており、季節によってはその経路も異なることもあるようだが、房総半島の沖合を流れる経路もその一つである。房総が、この黒潮に乗った紀伊や西南日本の文化に大きく影響を受けたことは必然であろう。

『伊勢国風土記』逸文に以下のように記されている。神倭磐余彦天皇《かんやまといわれひこのすめらみこと》が東征の折、紀伊の国熊野に入られさらに大和の国菟田下つ県に到着された。そこで天日別命《あめのひわきのみこと》に剣を与えられ、勅命を受けた天日別命は東方数百里に進まれて伊勢津彦が住む国に至り、この国を磐余彦に献上させることにした。伊勢津彦がこの国を去る際次のように記されている。

比及二中夜一、大風四起、扇二挙波瀾一。光曜如レ日、陸国海共朗。遂乗レ波而東焉。古語云、「神風伊勢国、常国浪寄国」者、蓋此謂之也。

また別に（『日本書紀』垂仁紀二十五年春三月条）次の記述がある。

時天照大神誨二倭姫命一曰、是神風伊勢國、即常世之浪重浪歸國也。傍國可怜國也。欲レ居二是國一。

なぜ、東方より波が打ち寄せることが良いことなのか現代人にとっては理解に苦しむところだが、古代

海女の分布図

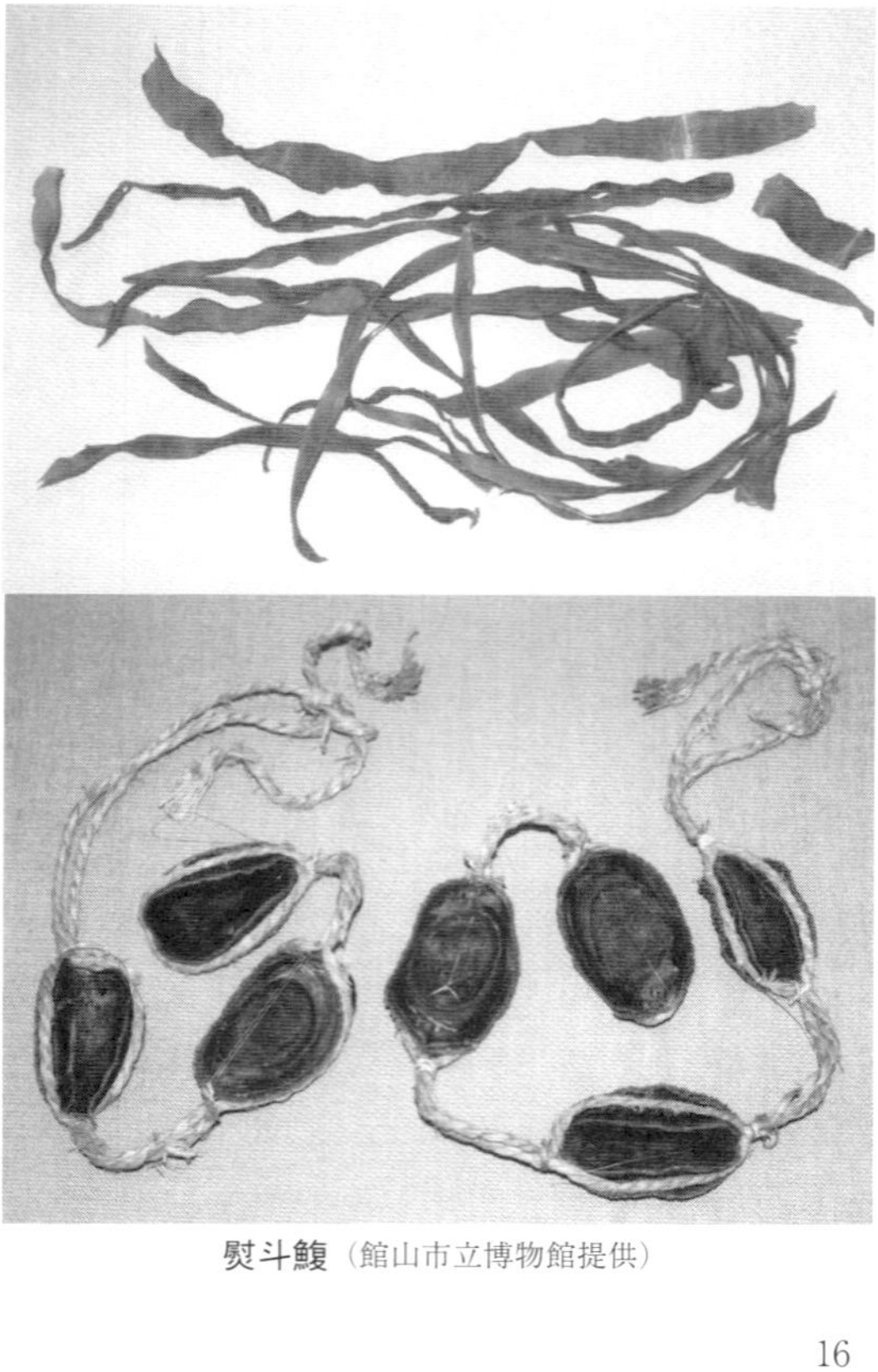
熨斗鰒（館山市立博物館提供）

人は海の彼方にある不老長寿で豊かな国を常世として理想郷としたとされている。中国における神仙思想では、その理想郷としての蓬莱山は東方の渤海（黄海）に存在すると信じられていた。そこで黒潮の東の海の彼方から絶えず波が打ち寄せ海の幸が豊富で珍しい物が打ち寄せられる温暖な国伊勢は、誠に良い国と記したものと思われる。

・東有二美地一、青山四周。（『日本書紀』神武紀）

・武内宿禰自二東國一環之奏言、東夷之中、有二日高見國一。其國人、男女椎結文レ身、為人勇悍。是總

曰二蝦夷一、亦土地沃壌治曠之。撃可レ取。（『日本書紀』景行紀二十七年春二月条）

すなわち、関東から東北南部に広々とした平野があり、肥沃で気候も伊勢に違わず魅力的で理想的な土地がある。そこで東方常世としての理想郷の存在を、これら東国に映しみたのではなかろうか(2)。

そして古代この常世とされる東国への人々の移動には、陸路をつかって開拓にあたった人々もいたであろうし、また黒潮の流れに乗って伊豆半島や房総半島の沿岸を点々と開拓していった人々〝海人部《あまべ》の民〟もいたであろうと考えられるのである。この海人部の民とは、鰒《あわび》や鰹《かつお》などを漁獲する特殊技術をもった漁民のことである。

この鰒を採るために、海人による潜水漁法が我国において古代より行われていたことは、三世紀に編纂された中国の正史『三国志』のいわゆる「魏志倭人伝」に、「人好捕二魚鰒一、水無二浅深一、皆沈没取レ之」と記されていることからもうかがえ、また『日本書紀』にも同様に認められるところである。

潜水漁法をもった海人部の民の海人が専門に漁をしている地方の分布をみると、九州の日本海沿岸や対馬を発して能登半島や佐渡島、そして一方は、四国、熊野、伊勢から黒潮洗う伊豆半島や房総半島の荒磯部に集中していることがわかる(3)。これらの人々の移動は、海路によってなされたと推察するのが最も妥当であろう。

諸国から毎年斎宮寮に入る調庸雑物や、中央の大蔵省その他に請求し斎宮寮に入るものを詳細に記した「延喜斎宮式調庸雑物条」をみると、鰒を貢納する国は、志摩国の雑鰒、鮨鰒以外は、安房国からの東鰒と相模国の腹漬鰒の二国がみえるのみである。また『延喜式』延長五年（九二七）の貢進物の規定によると、鰒の貢進国は、東国においてやはり相模と安房国となっている。したがって、熊野や伊勢などから海人部の民が東国の伊豆や房総半島に海路移動し、特殊な漁獲技術を伝え開拓を計っていたことが推測できる。

## 3　紀州漁民の東国進出

紀州漁民の伊豆や房総での活躍は、近世になると多くの資料も残り明らかとなってくるのである。特に紀州の漁民の活躍の場は、黒潮洗う外洋の荒磯地帯や砂浜地帯における鰹の一本釣り漁や大きな網を用いる鰯漁であった。さらにこれら漁民の特徴は、季節的に太平洋の海路を通って漁場に出漁し、漁が終わると海路故郷紀州に帰るといった漁の形をとっていた。

しかしながら中には、漁場近くの土地に定住する漁民も現れてきた。そして「房総では、漁業を営む旧家といわれる人々は、その大部分が紀州の出身である」(4)とまでいわれているのである。

鰯は、多くの魚の餌になり、江戸時代に入ると干鰯《ほしか》、〆粕《しめかす》として農業の肥料としても多用されるようになった。漁獲法としては、近世はじめから十七世紀の中ごろまでは、八手網《はちだあみ》漁といって海中に大きな網を広げ敷くように入れ、網の上に入った魚を包み込むように船から引き揚げる漁法で、何艘もの船が必要となり漁夫も数十人がかりで行う大規模な漁法であった。江戸時代初期に紀州などの漁民により房総に伝えられたとされている。

一方、十六世紀後半に房総九十九里浜や常陸、陸奥には、大規模な地曳網漁が紀州などの漁民たちにより太平洋岸の東の海の道に沿って伝えられ行われた。

房総九十九里浜は、漁業資源も豊富で地曳網による鰯漁が盛んに行われた。九十九里浜一帯に地曳網漁法が伝わった年代は、弘治年間（一五五五～一五五八）やはり紀州漁民によってとされ、たいへん古くからのものであったが、その後大規模に地曳網漁を始めたのが紀州の西宮久助といわれている。このように九十九里浜での鰯漁はますます栄え、干鰯や〆粕の生産高も増大していった。嘉永年間（一八四八～一八五四）の記録によると干鰯がおよそ四〇万俵、〆粕が四三万俵とされている。

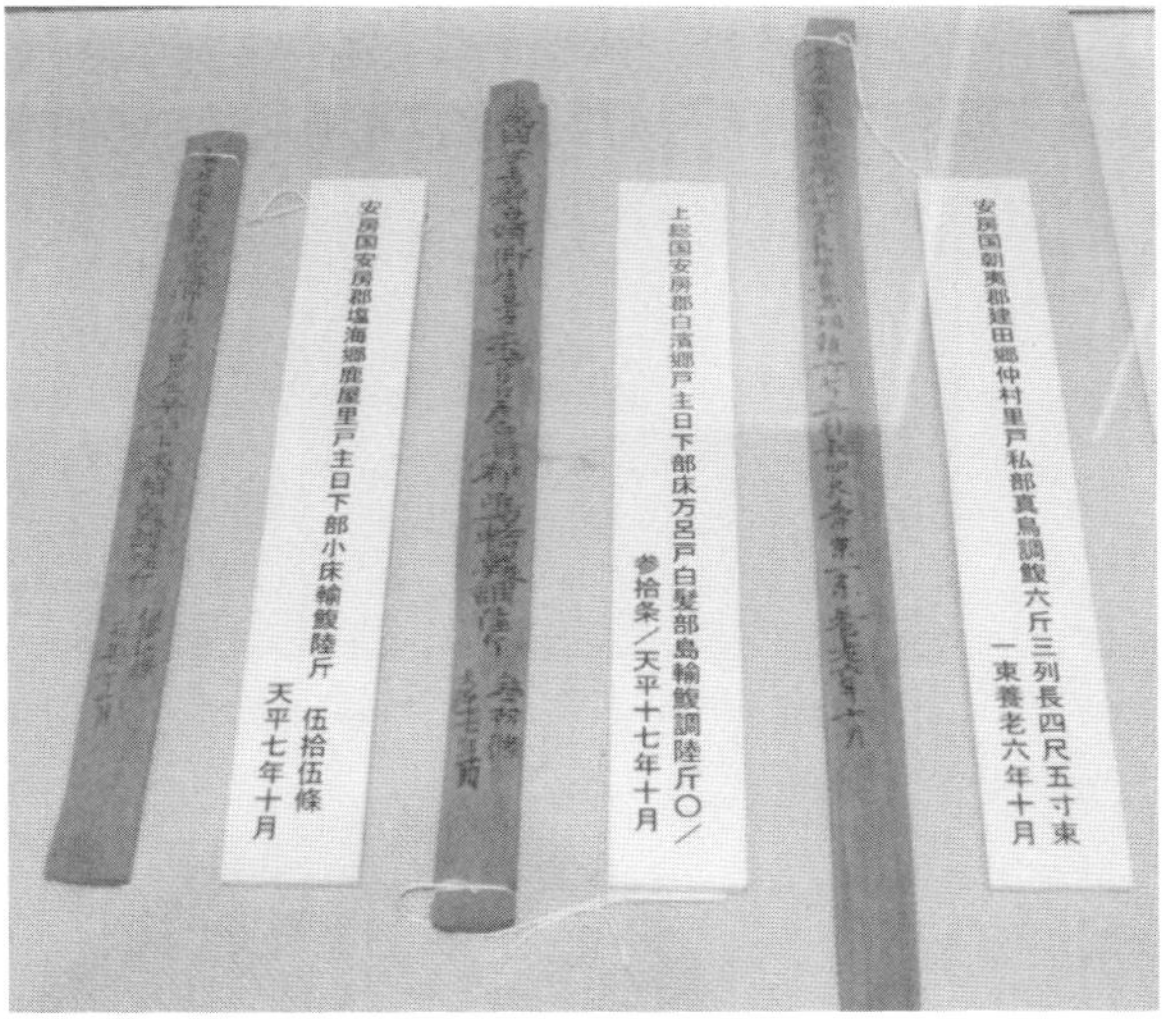

平城京跡出土の房総から国へ貢進された鰒の記載のある木簡複製（館山市立博物館提供）

房総から都へ貢進されていた海産物は、『延喜式』によると海藻類を除くと鰹と鰒それに雑腊《ざっせき》とされている。それを裏付けるように、鰒については、平城京跡から安房国朝夷《あさい》郡から運ばれたとする木簡などが多数出土している。鰹については、『延喜式』には、堅魚すなわち単に乾燥した鰹で安房、伊豆、相模、駿河、志摩、紀伊、阿波、土佐、豊後、日向が貢納する国と記述されている。また、煮堅魚としては、駿河国、堅魚煎汁《かつおいろり》としては、駿河、伊勢が貢進する国となっている。

鰹の漁法は一本釣り法で、房総半島先端部の鉈切《なたぎり》神社洞穴遺跡より縄文時代後期と思われる骨角製の釣針等の漁労具や鰹や鯛などの魚骨が出土しており、たいへん古くから漁獲されていたことが分かる。

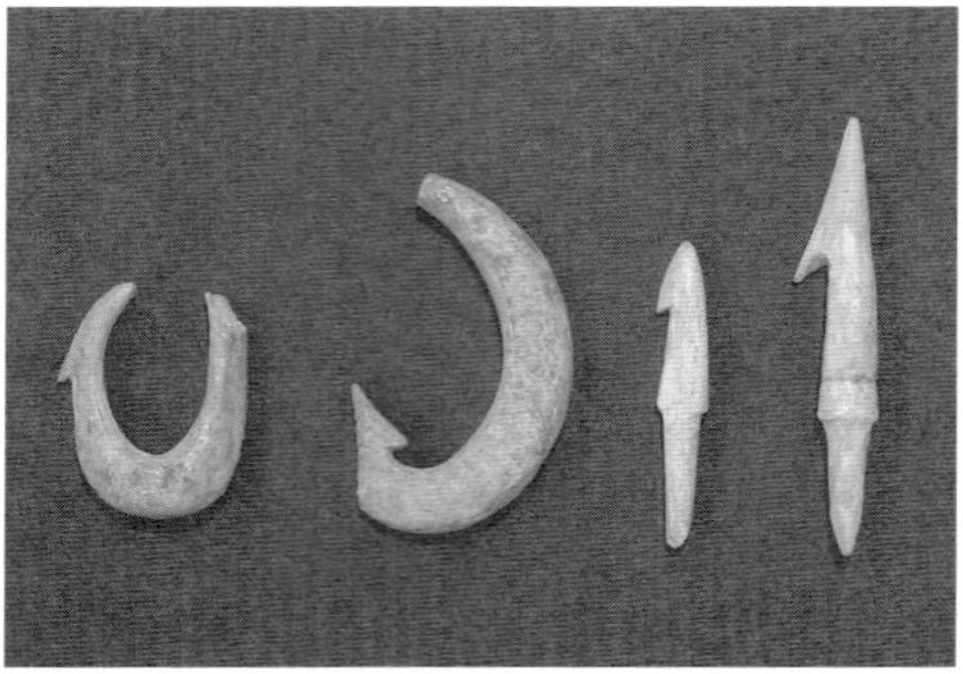

鉈切神社洞穴出土の鹿角製釣針・銛頭
（館山市立博物館蔵）

醍醐組万祝（館山市立博物館蔵）

紀州漁民の鰹釣り漁に関する集団的な季節限定型出漁は、一六〇〇年代初頭からといわれている。関東における鰹漁場を開発した紀州漁民は、さらに三陸沿岸の漁場にも出漁しその漁撈技術を伝えていったのである。その過程では、地元の村人からの抗議などもあったとする史料も認められるが、結果として紀州漁民の東国進出は、東国における漁業の発展に大きく貢献したのである。

鰒や鰹以外にも各国から中央に貢納されていた物品に鯛がある。『延喜式』に楚割鯛《すはやりたい》の記述があり、伊勢の神宮の神饌にも認められる。

房総における活発な鯛漁も、やはり紀州の漁師である栖原屋角兵衛《すはらやかくべえ》によってなされた[5]。漁法は、桂網を用いるもので鯛桂と呼んでいた。漁場は、東京湾口の洲崎から最終的には富津の竹岡に根拠地を置き、漁獲量を増やし大きく発展した。後に北海道開発にも力を尽くし一族の繁栄は目覚しいものであった。

また、第八章に詳述するように、房総においては、縄文時代の遺跡から鯨の骨や加工品が出土しており、その時代に鯨を捕獲し利用していたことが分かる。おそらく積極的な捕鯨を行っていたわけではなく、寄鯨《よりくじら》といって浜辺に迷い込み身動きが取れなくなった鯨を捕獲し利用していたものと考えられる。

江戸時代に入ると、房総に組織的な捕鯨が行われるようになった。創始は醍醐新兵衛《だいごしんべえ》で、家伝によるとやはり紀州から漁民を率いて安房勝山に根拠をおき突漁による鯨漁をはじめたとされている。(6)

## 4　うま味文化の房総への伝来

国際的にも調味料として重用されている醤油は、わが国独自の食文化の中で永い年月を経て江戸時代に今日の形となったといわれている。

醤油の原型は、今からおよそ三〇〇〇年前に中国において粟麹《あわこうじ》を用いた肉醤《にくひしお》とされ、その後大豆や小麦を使った穀醤《こくひしお》が製造されるようになった。この穀醤については、『古事記』や『日本書紀』にも記述があり、おそらく仏教の伝来とともに日本にもたらされたものと思われる。醤《ひしお》は、どろどろの粥状のものであったが、現在我々がみる醤油はさらさらの状態のものである。

醤油の発見は、中国で修行した僧覚信が、建長六年（一二五四）金山寺味噌の製造法を日本に伝え、紀州湯浅町において味噌造りを行った味噌樽の中に溜まった上澄み液を見つけ、この液体を用いた料理がたいへん美味であることを発見したことがそのはじまりとされている。

その後この醤油は、漁業と同じように黒潮に乗って房総に製法が伝えられた。

現在、千葉県銚子ではヤマサ醤油が世界的な企業として醤油を製造している。紀州広川町出身の濱口儀兵衛が正保二年（一六四五）に創始者となり房総において醤油造りがはじめられたのである。(7)

## 5　房総の鈴木姓

鈴木姓とは、数の多さにおいて全国一、二を争う姓である。特に関東、東海、東北地方で多く認められる。この姓の発祥の地として伝えられるのは、紀伊熊野である。孝昭天皇五十三年、十二所権現が龍に乗って熊野の新宮へ降臨したとき、漢の司符将軍の嫡子真俊が権現を新宮鶴原明神の前の一二本の榎木のもとに勧請したことによって榎本の姓を賜り、次男基成は、猪子と餬餅を捧げたことにより丸子の姓を、また三男基行は、龍の食物として稲を捧げ穂積の姓を賜ったと伝えられている。この稲を積むことを熊野においては昔から「スズキ」と呼んでおり、鈴木氏は基行の後裔といわれている。

基行の祖をたどれば宇摩志麻遅命《うましまじのみこと》で物部氏の族、熊野国造の族類で物部国興の子とされている。『源平盛衰記』に描きだされる源義経の家来として武勇を馳せた鈴木三郎重家は、この基行から二十数代後の鈴木判官眞勝それからさらに九代目に熊野八庄の司である重包を経て、「重氏―重廉―重光―重元―重邦―重倫―重家」と連なる人物である。(8) 重家は、紀州名草郡藤白の鈴木氏であり、(9)(10) 全国の鈴木氏はおおむねこの鈴木氏の流れをくむものといわれている。

この藤白と鈴木氏との関係については、『続風土記』に「鈴木氏は熊野三家の一つなり、古へ熊野神領となり鈴木一族、地頭となりてこの地に移りしならん」と述べられる。

鈴木氏がなぜ天下の大姓となったのかについては、鈴木氏が熊野権現新宮の社家の一つであったことからうかがうことができる。当時熊野信仰は朝野にわたり盛んで、鎌倉時代には全国各地に熊野神社が勧請された。とくに農民には、稲の豊作をもたらす神として篤い信仰を集めた。この熊野神社の勧請に際し随従して布教したのが鈴木の姓をもつ熊野の神主等であった。また、東海、関東、東北等東国に鈴木姓が多いのは、南北朝の時代に北畠氏等とともにその家臣たちが熊野からそれら東国に移り住んだ経緯も関係していると考えられる。

下総国における鈴木氏は、『姓氏家系大辞典』[10]によると香取郡松澤村（現旭市松沢）の熊野権現社祠官家、葛飾郡八幡驛（現市川市八幡）八幡社祠官家、匝瑳郡（現八日市場市）松山権現社祠官家等にみられる。市川市八幡の八幡社（現葛飾八幡宮）の氏子の古老によると「神主の鈴木氏を筆頭に十一人衆が紀伊熊野からやってきて八幡の町を拓いた」とする言い伝えがあるという。また鈴木家にも、「紀州から海路を通って八名の郎党を引き連れて八幡の町を拓き、この地に住み着いた」とする家伝が受けつがれている。

**引用・参考文献**


(1) 阪本敏行『熊野三山と熊野別当』清文堂出版、平成十七年
(2) 山田安彦「紀伊・房総両半島における地名分布の類似性と古代日本人の擬き的連想空間」『歴史地理』一二四、歴史地理学会、古今書院、昭和五十七年
(3) 森　浩一ほか『海と列島文化　第8巻　伊勢と熊野の海』小学館、平成四年
(4) 宮本常一・川添登編『日本の海洋民』未来社、昭和四十九年
(5) 田村　勇『海の文化誌』雄山閣出版、平成八年
(6)『房総の捕鯨』千葉県立安房博物館平成二〇年度企画展展示解説書
(7) 一島英治『発酵食品への招待―食文明から新展開まで―』裳華房、平成九年
(8) 奥富敬之『日本家系・系図大事典』東京堂出版、平成二十年

（9）志村有弘編『姓氏家系歴史伝説大事典』勉誠出版、平成十五年
（10）太田　亮『姓氏家系大辭典』角川書店、昭和三十八年

（鈴木啓輔）

# 第二章
# 房総半島の神明神社
## —伊勢の神宮の御分社—

天津神明宮

## 1　神明神社概観

神明神社は、天照大神を祭神とする社であり、伊勢の神宮の皇大神宮（内宮）を勧請した社である。平成二十二年現在の神社本庁のデータによれば、本庁包括化の神明神社（神明宮・伊勢神明宮等神明が冠せられている神社も含む）は全国に四〇七三社存在する。これは八幡神社の七、八一七社に次いで二番目に多い。

神明神社の四〇七三社は神社本庁包括下の神社七九三三五社の中の五・一三％である。この数を多いと見るか少ないと見るかは、見解が分かれるところであろうが、ここでは、神明神社という社名以外で天照大神を祭神とする神社が全国に極めて多く存在している事実を指摘しておきたい。すなわち、天祖神社・皇大神社等や地名を冠した神社がそれである。これに本庁包括外の神社を加えれば、その数は恐らく一万社は確実に超えるであろう。

ではこのように広範な広がりを持つ神明神社は、どのようにして全国的展開をとげたのであろうか。『神道史大辞典』(1)（薗田稔・橋本政宣編）によれば、神明神社は古代末期、神宮の所領（御厨・御園等）があったところ、また神宮に対する特別な信仰のあった所に多く、『吾妻鏡』文治二年（一一八六）正月二日条に鎌倉の「甘縄神明宮」の名がみえており、これが神明社（宮）の初見である。なお、『神道史大辞典』では、御厨は伊勢を中心に五三四箇所列挙している。(2)因みに安房、上総、下総の房総三国は合わせて十箇所の御厨が挙げられている。

室町から江戸時代にかけての御師の活動により伊勢参宮が盛んになると、各地で伊勢講、神明講などが結成され、神明社が創建されたという。以上のことから神明神社の全国的展開に、御厨の存在と御師の活動が大きな役割を果したことは確実である。

さて、次に房総に鎮座する神明神社について概観したい。

千葉県神社庁の平成二十三年の調査によれば、千葉県には神明を冠する神社が一〇七社鎮座している。社名が神明を冠する神社以外で天照大神を祭神とする神社は二二六社である。あわせて三三三社である。なお、豊受大神を祭神とする豊受神社は極端に数が少なく千葉県の合計で九社に過ぎない。地区別に天照大神を祭神とする神社（神明神社以外の社名も含む）分布状況を見ると、

| | | | | | | | | | |
|---|---|---|---|---|---|---|---|---|---|
| 千葉 | 二五 | 市原 | 二〇 | 東葛飾 | 四五 | 印旛 | 二九 | 長生 | 一八 |
| 山武 | 二三 | 香取 | 二五 | 海匝銚 | 一四 | 君津 | 四一 | 夷隅 | 三五 |
| 安房 | 五八 | | | | | | | | |

となる。これらの神社の創建には、前述したように御厨の存在と御師の活動が密接に関わっている。従って、御厨の存在した地域や御師の活発だった地域には、必然的に神明神社が多く鎮座している。天津神明宮が鎮座する鴨川市の天津周辺には東條御厨（白浜）があり、よい例である。

神明神社を中心とする県内の神社には別項で紹介されているように、見事な彩色を施した参宮絵馬や詳細な参宮日記が数多く残されている。これらはなによりも当時の人々の厚い伊勢信仰を物語るものである。

（加茂信昭）

参考文献

（1）薗田稔・橋本政宣編『神道史大辞典』（吉川弘文館、平成十六年）五七〇頁、三橋健氏執筆
（2）同書、九一二〜九二〇頁

## 2 安房

### (1) 安房地域の神社の特色

安房地域には神社本庁包括下の神社が三二九社存する。面積が狭く人口が少ない割には、現存する神社数が多いことが安房地域の特徴である。これには様々な要因が考えられるが、第一に古代から海上交通の衝として西に向かって開かれた先進地域であったこと、第二に漁業、農業を中心に絶えず自然と対峙しつつ生活してきたという、深い信仰を育む強固な地盤が健在であったこと、そして第三は明治政府に強制された神社合祀がそれほど徹底されなかったことが挙げられる。

安房地域の神社の際だった特色は、古代に中臣氏と国家の祭祀権を争った忌部氏に関わる神社の存在である。現在忌部氏の祖神天太玉命を祀る旧官幣大社の安房神社を始めとして次の八社が現存する。

| | |
|---|---|
| 安房神社 | 館山市大神宮鎮座 |
| 洲宮神社 | 館山市洲宮鎮座 |
| 洲崎神社 | 館山市洲崎鎮座 |
| 下立松原神社（二社有り） | 南房総市白浜町滝口鎮座 |
| | 南房総市千倉町牧田鎮座 |
| 莫越山神社（二社有り） | 南房総市沓見鎮座 |
| | 南房総市宮下鎮座 |
| 布良﨑神社 | 館山市布良鎮座 |

安房国がこれらの神社を創建した忌部系の氏族集団によって開拓されてきたことが、『古語拾遺』等に記されている。

## （2）神明神社の社数

さてそのような特色をなす安房地域には神社本庁包括下の神明神社が一七社現存している。また神明神社という社名ではなく、天照大神・豊受大神を主神として祀る神社本庁包括下の神社が二四社現存する。計四一社で安房地域の神社数のおおよそ一二パーセントである。その他神社本庁包括外で二神を主祭神として祀る神社は境内社を含め二〇社存する。

因みに安房地域の本庁包括下の主な神社の数を挙げてみよう。これらはもちろん有力大社を勧請したものである。

| | | | | | | | |
|---|---|---|---|---|---|---|---|
| 八幡神社 | 二九社 | 熊野神社 | 二六社 | 諏訪神社 | 二二社 | 神明神社 | 一七社 |
| 八雲神社 | 一二社 | 稲荷神社 | 八社 | 御嶽神社 | 八社 | 八坂神社 | 六社 |

神明神社は多い順に数えると四番目、これに天照大神と豊受大神を主神として祀る神社二七社を加えると安房地区では最も多い社数となる。平成二十二年現在の神社本庁のデータによれば「神明」を冠する神社は、全国二位の四〇七三社であるという(1)。なお、安房地区では県下の他地域に比して、熊野神社の社数が際立って多いが、これは近世以来の紀州から移住者の増加と密接な関連があろう。

## （3）神明神社の鎮座地

安房は、東は清澄山系、北は鋸山で上総と距てられ、小さいながらも奈良時代の一時期を省き、一国を形成した比較的孤立性、独立性の高い地域である。神明神社を始めとする天照大神、豊受大神を主神とする神社は、次の地図の如く安房の各地域に点在している。

このように、特定の地域に偏ることなく鎮座している。

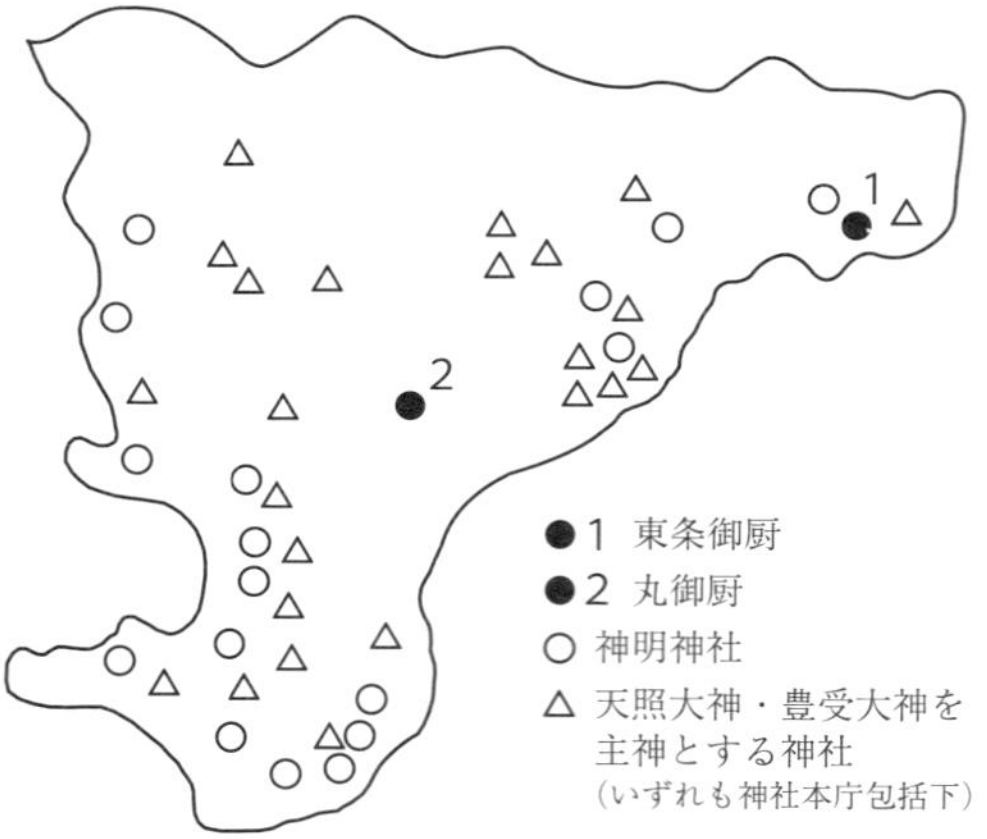

安房の神明社分布図

安房には鎌倉時代に東条御厨と丸御厨の二つの御厨が存在した。丸御厨は平治元年（一一五九）、源義朝が寄進、東条御厨は元暦元年（一一八四）、源頼朝が寄進したと伝えられている。この御厨が神明神社創建に大きく関わっていることは、間違いないだろう。

なお、御厨とは神社経済をまかなう神領のことをいい、その殆どが伊勢の神宮と京都の賀茂神社のものである。そこから米穀、野菜、魚介が上納された。鎌倉時代には源氏等の有力な武家によって次々に寄進され、鎌倉時代末期になると、神宮の御厨は東国を中心に五三四か所に及んだ。

## （4）神明神社の創建

安房地域の神明神社の創建は前述したように、御厨の成立と深い関連がある。従って、安房神社を始めとする忌部系の神社と比較すると、創建年代は新しい。天津神明宮を例に挙げると、その創建は天孫に国土を奉った後、当地に来られた事代主神をお祀りした（庤《もうけ》大明神の創祀）往古にさかのぼるが、石橋山の合戦に敗れた源頼朝が、伊勢の神宮に源氏の再興を祈願し、その宿願を果たしたので、寿永三年（一一八四）に安房の国東条郷に御厨を寄進し、御厨内の現在地に社殿を建立して、庤大明神とともに伊勢の神宮より勧請した天照大神、豊受大神を合祀したことが、語り継がれている。

以下主な神明神社の創建は次の通りである。『千葉県神社名鑑』（昭和六十二年、千葉県神社庁発行）より、創建の年代が記載されている神社を列挙してみよう。

◯館山地区

神明神社（笠名）

嘉保年間（一〇九四～九五）、安房の国国司源親元公の伊勢の神宮遥拝所として創建。

神明神社（上真倉）

建長元年（一二四九）、安房郡司安西孫八郎が当国四郡（安房、朝夷・平郡、長狭）の伊勢の神宮遥拝の宮として勧請。

◯鴨川市

神明神社（八色）

明和四年（一七六七）九月十五日に創建、当地区の氏神として尊崇される。

神明神社（大川面）

昔、神明の松という大樹があり、この松が枯れると、村内安全のため天明元年（一七八一）松の跡に社を創建した。

○南房総市

神明神社（千倉）

明応二年（一四九三）に創建。地区住民によって一宇を造立、天照大神を奉斎した。

このように創建の由来が語り継がれている神社は、天津神明宮を含め、安房地域の神明神社一七社中六社に過ぎないが、創建については次のような事柄が推測できる。

一　平安末期以降に新設された東条・丸両御厨に近接する地域に、伊勢の神宮を遥拝する社として創建された。

二　中世以降の伊勢講の増加拡大に伴い、信仰の中核となるべく創建された。

三　伊勢信仰の普及に伴い、既存の神社に天照大神を奉斎し、社名も神明神社に変わった。

四　明治四年の神仏分離令により、社名のない神社が新たに神明の名を冠した。

以上のことから、安房地域における神明神社の創建は、殆どが十一世紀以降であることが推測される。

なお、安房各地の伊勢講の成立については、御師が関わっていることが推測されるが、安房地域における御師の活動は、残されている文献も少ないことから、他地域に比べると、余り活発ではなかったようである。ただ、伊勢講については、現存する講は少ないものの、かつては、安房地域全体にかなりの数が存在していた。

現在伊勢講が存在する地域は、安房地区の神職の調査によれば、次の地区である。

| 地区 | 講名 | 人数 |
|---|---|---|
| 鴨川市天津 | 天津太々講 | 七〇名 |
| 鴨川市東条 | 東条太々講 | 三〇名 |
| 鴨川市池田 | 池田太々講 | 二〇名 |
| 鴨川市二子 | 二子太々講 | 三〇名 |
| 鴨川市代 | 代 太々講 | 三〇名 |
| 鴨川市川代 | 川代太々講 | 三〇名 |
| 南房総市丸本郷 | 伊勢講 | 一三名 |

奇しくもかつて御厨が存在した地域にかろうじて残存している。また、江戸時代末期から明治時代にかけて、伊勢信仰の興隆に伴い、各神社に絵馬や額・掛軸が奉納された。現在「天の岩戸図」が八点、太々神楽図が二点、伊勢神宮境内図が三点残されている。江戸時代の御蔭参りのような爆発的増加はなかったものの、参宮団も各地域で結成された。館山市正木の諏訪神社には明治四十年に参宮記念碑が建立され、当時の記念写真も保存されている。

なお、昭和二十年以降、安房地域には館山、平郡、長狭、朝夷の四つの氏子総代会が結成され、折に触れて参宮団を結成し、参拝旅行を実施している。

**天照大神掛軸図**
（南房総市富浦町南無谷豊受神社蔵）

## （5）安房地域の神明神社巡り

### ①天津神明宮（鴨川市天津）

創建の由来は前述の通り。頼朝の妻・北条政子が安産を祈願し、二代将軍頼家を出産したことでも知られている。伊勢の神宮の式年遷宮に倣い二〇年に一度、鳥居建て替えを行う「式年鳥居曳祭」が木遣りの声も勇ましく賑やかに斎行されている。例祭は十月十六日。十七日の伊勢の神宮の神嘗祭にならって斎行されている。

境内は深い緑に包まれ、西の太平洋に望むように鎮座。東側には、伊弉諾尊《いざなぎ》と伊弉冉尊《いざなみ》を祀るナギナミ山がある。また、境内には御神水の井戸や珍樹の「まるばちしゃの木」があり、多くの参拝者が訪れる。

### ②神明神社（館山市笠名）

創建年代は前述の通り。県道から北にやや下り、鏡ケ浦を背景に鎮座。八月一日の例祭には豪華絢爛な神輿が出御する。

### ③神明神社（館山市上真倉）

創建年代は前述の通り。低い山並から昇る朝日に向かうように東向きに鎮座。白木の神輿の彫刻がすばらしい。

### ④神明神社（館山市新宿）

館山市北条の旧市街のやや東方に東向きに鎮座。安房地域では最も大きな祭礼である安房国司祭（八幡のお祭り）では、神明丸と称するお船（地車をつけて引き出す飾りの船）を引き出す。また国司祭では安房神社、洲崎神社の神輿のお旅所となる。

※お船は漁村地帯に多く見られ、館山市では、他に柏崎地区、新井地区、相浜地区、船形地区で祭日に引き出される。館山市以外では後述の南房総市の富浦町多田良地区のお船が知られる。

⑤ **神明神社**（館山市神明町）

館山市の中心部北条地区の総鎮守で、三島神社、白山神社を合祀する。安房国司祭（九月十四、五日）では、各町内の山車五台が参入し、祭典を斎行する。社殿は広い境内を前面に東向きに鎮座している。

天津神明宮　式年鳥居曳祭

神明神社（館山市笠名）

神明神社（館山市上真倉）

**⑥神明社**（南房総市富浦町多田良）

創建年代は未詳。西側の大房岬を背にして東向きに鎮座。七月の祭礼当日には豪華絢爛なお船を引き出すことで知られる。

（加茂信昭）

国司祭に出祭する神明丸

**神明神社**（館山市神明町）

**神明神社**（富浦町多田良）**のお船**

## 3　東上総

九十九里海岸に面した鮭で知られている栗山川より南、鴨川市天津小湊までの上総東部の山武・長生・夷隅の三地区を東上総という。

## （1）山武地区

山武郡は武射御厨が存在していた事もあり、天照大神や神明神社は多くあると思われるが山武地区内三四〇社の内、天照神社は三社、天照大神は二社そして神明神社は一社にすぎない。

山武市戸田に鎮座される天照大神社（通称神明様）では古老の伝えるところによれば、元禄二年（一六八九）三月当時の名主源五兵衛という者が敬神の念厚く、伊勢参宮のおり御師杉木宗太夫に懇願し、荒木田禰宜の許可を得て御神体を奉戴して帰郷した。百姓総代源左衛門・小頭等と協議の上、村民にこのことを告げ、細山の東、現在の字日守の地をトして鎮座地と定め社殿を新築した。同年九月二十九日、杉木宗太夫を招き、厳かに遷座祭を行った。戸田地区の総鎮守として尊崇され、大正六年九月氏子の寄附により社殿を改築し現在に至る（『千葉県神社名鑑』）。

山武郡九十九里町宿に鎮座される天照大神は元禄五年（一六九二）、第一一三代東山天皇の御代、山辺郡三門村帝王山妙善寺三〇世の僧日理師により大日孁命《おおひるめのみこと》を勧請。その後、元文五年（一七四〇）五月、再建する（『千葉県神社名鑑』）。

山武地区に於いては熊野信仰の流れが強く見られ、二五社と多い。

## （2）長生地区…全神社数　一八〇社

当地区には、末社を含めて神明の名のつく社は見当らない。しかし、江戸時代に神明宮と称した記録が

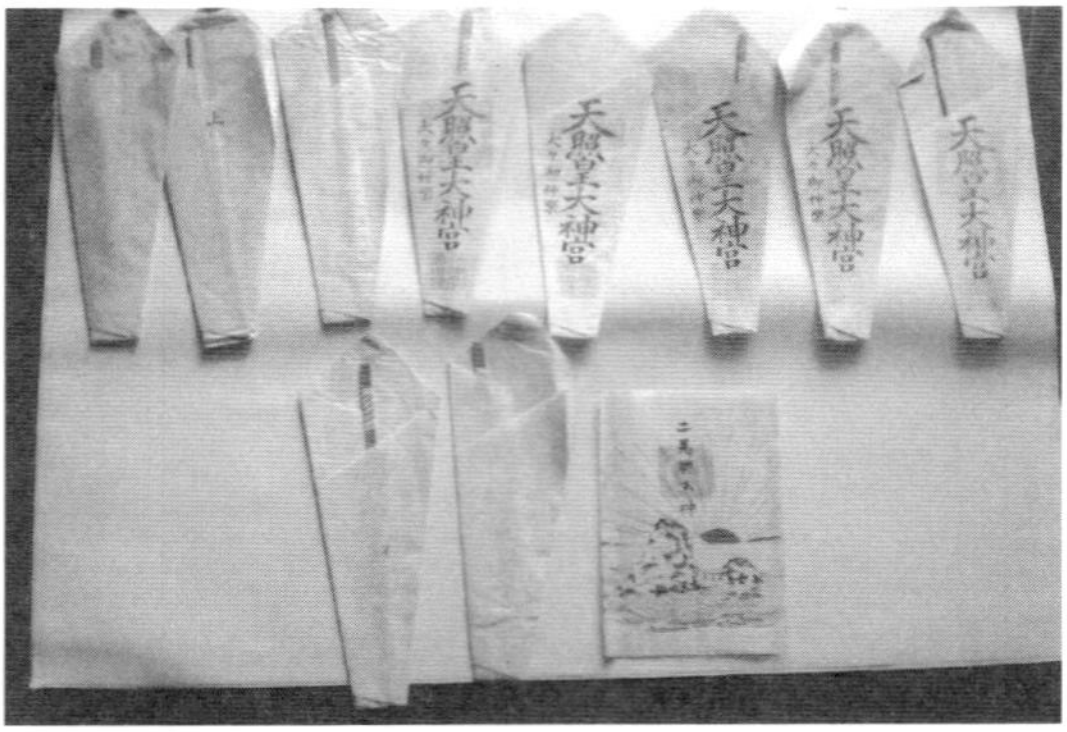

剣先の御祓大麻（茂原市　長谷神社）

古文書には残されている。この地方は古来より熊野信仰が強く、また三峯講の盛んな所でもあった。そのためか本務社から末社まで天照大神を奉斎している神社は一五社と少ない。その内御祭神は大日孁命が九社と多く、次は天照大神四社、皇大御神一社、天日大神の一社である。御祭神が大日孁命で、社名が日之宮《ひのみや》神社に類するものが五社ある。この他にも日之宮神社がある。これは明治三十九年神社合祀により、一町一村を原則に小社や小祠《しょうし》は廃止された。しかし、宗教法人格をもたないものの集落の人々の信仰のお宮として、崇め続けられて来たためである。日之宮様と名のつく神社は他地区にはあまり見られない。

この地区では、世襲で神社を引き継がない社家もあり、またはっきりした由緒書の残っている神社も少ない。

そこで、由緒書のある天照大神に関した神社を次に挙げてみる。

### ① 長谷《ながや》神社（茂原市長谷）

当社は、仁和二年八月創立と伝え、また文明十八年より六百年以前の創立といい、長谷村の郷社という。この長谷村には三〇の小字があり、大正十年三月三十一日に同村の無格社九社を合祀している。伊勢講が存在したかは不詳であるが、宮司家には古い剣先の御祓大麻が多く残されている。古くから参宮を続けていたことをものがたっている。

②豊榮《とよさか》神社（長南町豊原）

旧豊栄村は、各集落ごとに産土神を祀って祭典を行っていたが、明治四十二年当地に新たに社殿を建立、村内の村社一三、無格社一〇、計二三社を合祀して社名を豊栄神社と改称、同四十四年指定村社となる。氏子四八〇戸である。

③日神社《ひじんじゃ》（通称、日天子様　茂原市本納字御船町）

当社は、平朝臣北條の後胤五郎高房という人が、帆丘村（現本納）字神楽坂の地に移り、姓を御園と改姓して住んでいたが、天正年間頃京阪に行き、帰途、伊勢皇大神宮に参拝した。その折、大御神の稜威に畏み、帰家の後の天正七己卯年に邸内に社を勧請して、毎年六月十五日（旧暦）を祭日と定めた。後に慶長十八年五郎の子孫である御園七郎が中心となり、村民と協議の上、御園家邸内より現在地に社殿を遷し、一村の鎮守として奉斎したと伝える。

大日天子宮（茂原市　日神社）

④天照大神《てんしょうだいじん》（茂原市大登）

当社は醍醐天皇の御代、延喜、延長の年間の創祀と伝えられる。時代は下がり戦国の世に土気城主酒井氏の出城たる真名城の番兵たる板倉氏先祖（現在でも屋号を禰宜どんと称す）が当地に土着し、経緯は不明なるも天照大神に奉仕し、現在までも神勤（宮司兼務のため、祭礼以外の日頃の奉仕は板倉家が率先して行っている）されている。

⑤ **犬飼神社**（長柄町鴇谷）

創立年代不詳。明治四十五年十一月九日、日宮神社を合祀する。

## （3） 夷隅地区…全神社数　三五一社

当地区は、安房に隣接しているためか、東上総の中でも山武や長生地区に比べ、神明神社と名の付く神社数は五社と多い。また天照大神を奉斎している神社数も二五社を数える。

御祭神は大日孁命が一三社、次は天照皇大神・天照大神の一一社、日神・月神の一社である。

当地区は社家の変遷もあり、神社の由緒書の残っている神社は少ない。

そこで由緒書のある天照大神に関した神社を次に挙げてみる。

① **天照神社**（いすみ市山田）

当社は社家の変遷もあり、神社の由緒等の古い記録が残されていない。江戸時代には神冥大神宮、天照皇大神と称し明治四年には神社と改められ、明治十八年から現在の天照神社と称している。創建は不詳であるが、いすみ市指定文化財の御神像三体があり、鎌倉時代の作と推定されている。

また周辺の地区では、幾つもの伊勢講が古くからあり、伊勢参りや年一回当番の家で掛け軸を掛け、行事が行われ続けている。

② **日月神社**（いすみ市新田）

明治五年壬申十月二十五日、木更津権令柴原和宛に提出した日月神社神主目良美濃守藤原忠泰と、名主鶴岡弥次右衛門が提出した文書の中に、神社に関する古文書の写しとして、「当社は建長元己酉年御厨台《みくりだい》に創建し、日の神（大日孁貴命）を鎮祭せらる。当地往古伊勢神宮の御料、御厨の地にして且つ高丘なるを以て御厨台といふ。慶長元丙申、現在地に奉遷し月読命を合祀す。以降神域を日居森《ひいもり》、鳥居先を日居口《ひいぐち》と云ひ、是れ日の神の鎮座地の意なり」と記されている。創建以来氏子・崇敬者は代々『産土《うぶすな》様』『鎮守《おちかん》様』と尊称して、五穀豊穣・家族、親族の繁栄・家業の隆昌を祈願し神域を守護している。

**③神明神社**（勝浦市出水）

創立は治承四年三月、覚翁寺の住職が伊勢の神宮に参拝し、御神璽を奉戴し帰着したが寺院内に祀るには畏れ多いと、寺院所有の山林中腹に小宮を建立し奉祀した。のち出水村の産土の神と崇め、部原《へばら》の滝口神社の摂社として祀られている。

**④川津神社**（勝浦市川津）

大同年間の創立と伝えられる。相伝に「慶長年度の海嘯《つなみ》は難を免れしと雖も、後元禄十四年の海嘯に於ける本村の被害は最も甚だしく、全境を挙げて海水横溢し住民は辛くも後背の山嶽に逃れしも、社寺家屋悉く皆漂流に遭遇、幾多の記録悉く消失せり。紀洲加田浦の漁夫本村に移住、漁業を営む在り、同人等の寄進により建立せしものと伝ふ」という。

（荻本稔・宮嵜博之）

## 4　西上総

千葉県は、安房・上総・下総と三つに分けられるが、そのうち、内房（東京湾沿い）の、市原市・袖ヶ浦市・木更津市・君津市・富津市の五市域を西上総と言う。近年、アクアラインが開通し、千葉県の新たな玄関口となっている。

西上総の西部（海岸側）は、工業地帯でもあるが、アサリや海苔等の漁業も盛んであり、潮干狩りシーズンになると、県内外より多くの観光客が訪れている。また中部・東部は、市原庄・飫富《おうの》庄・加津《かつ》庄・菅生《すごう》庄・畔蒜《あびる》庄と呼ばれた田園地帯であり、現在でも農業がたいへん盛んである。

西上総には、神社が六八五社存しており、その中でも八幡神社（八幡宮）・熊野神社、また日本武尊・弟橘姫をお祀りしている神社が数多く現存している。

熊野神社については、君津市箕輪鎮座・熊野神社に「天延年中源頼光朝臣が当国に下向の後、紀伊熊野より箕輪村に勧請。慶安年中土屋民部少輔利直が久留里城主のとき、崇敬厚く、社号を証誠殿と称されたという」と伝えられており、『吾妻鏡』には文治二年（一一八六）六月十一日の条に、「熊野別当上総の国畔蒜庄を知行するなり」と記されている。

現在お祀りされている熊野神社全てが、平安時代の創建ではないが、小櫃川流域には畔蒜庄（現在の木更津市東部・袖ヶ浦市南東部・君津市東部）という広大な荘園があって、その荘園が熊野領であったこと、また熊野信仰が流行ったことから、この地方には、多くの熊野神社が創建されたと推測される。

次に日本武尊（倭建命）をお祀りしている神社は、県内の各地に創建されているが、特にこの西上総に多く、六〇数社現存する。日本武尊を祀る神社の由緒を幾つかあげると左記の通りである。

市原市　　君塚鎮座　　白旗神社　　「御東征の際、御休憩の塚に御杖を立てさせ…」

同　市　　姉崎鎮座　　姉崎神社　　「景行天皇五十三年天皇御東幸の時、日本武尊を相殿に祀る」

君津市　　皿引鎮座　　御太刀神社　「土着の豪族、悪縷王《あくるおう》を鬼泪山《きなだやま》に破り東国平定の先駆となられたが、後世の里人が尊の武勲を顕彰してこの社を創建したと伝える」

同　市　　鹿野山鎮座　白鳥神社　　「尊は東征の帰途伊勢の能煩野《のぼの》でなくなられたが、その魂は白鳥となって、各地に飛来し、鹿野山にも舞い降りたと伝えられ…」

袖ヶ浦市　滝ノ口鎮座　小高神社　　「暫く陣を置き四方の賊を御平定なされた」

この様に、日本武尊の東国遠征に関わる功績を称えて建立されたり、縁のある土地に建立されたりしている。

また、東京湾に入水された弟橘姫をお祀りする神社もある。木更津市吾妻鎮座・吾妻神社には、姫の流れ着いた御袖を納めお祀りをしたと伝えられ、富津市富津鎮座・貴布禰神社には姫の腹巻とされる白布が納められ、同市西大和田鎮座・吾妻神社には、姫の遺品である櫛を社殿に収めて祀ったと伝えられている。

最後に伊勢信仰であるが、西上総の各地域には小規模ながら、伊勢講が行われていたと伝えられている。現在でも君津市俵田・広岡・大阪・平山・亀山・柳城・富水、袖ヶ浦市飯富、木更津市有吉には四名から一〇名程度で「伊勢講」「いせっこ」と呼ばれ行われている。また、市原市諏訪鎮座・諏訪神社には、表面

**八幡神社**（君津市坂田）

に「伊雑皇大神宮」、裏面に「文久四子年二月」と刻まれた、遥拝所の石碑が建てられており、君津市坂田鎮座・八幡神社では、十一月十五日の明治建国祭の後、皇大神宮祭（通称お伊勢様）という遥拝祭が斎行されている。

また、富津市小久保鎮座・神明神社には、「オメシ（馬だし）」「オボリ（オブリ）」という神事が、昭和十年代まで斎行されていたが、神事の明細は伝わっていない。「オメシ」とは神様が「お召しになる馬」の意味と解釈されている。また「オボリ」とは、真竹（約二七〇センチ）二本を束ね、その中央部にタイやイナダ・セイゴ等の出世魚を吊るし、その両側を担ぎ、神輿渡御と同じようにもみ歩く神事である。

現在「オメシ」は、同市西大和田鎮座・吾妻神社に伝承される神事で、弟橘姫の遺品である櫛を、馬の背に乗せて運んだのが「オメシ」のおこりともいわれている。

吾妻神社の例祭日は毎年九月十七日で、「馬だし」「オブリ」「神輿の渡御」の神事が斎行されている。「馬だし」は、氏子の家から選ばれた「オメシ」と呼ぶ神馬《しんめ》の鞍に、大きな御幣を二本をつけ、青年二名が馬の口を持ち、馬の両脇にしがみつき海岸を疾走する。「オメシ」は常にお神輿の前を進み、姫の遺品漂着地と伝えられる地点に着くと、背の御幣《ごへい》をおろし、その地に納める。その際、お供物の米・酒も一緒に納め山型に砂を盛り、その盛砂の上にお神輿が着御される。

また、「オブリ」は例祭日の早朝、岩瀬地区の若い衆が集まり行われる。祭役の合図により吾妻神社に向かい、神社に着くと、吊るされている魚をはずしお神輿に付ける。「オハマデ」と呼ばれる神輿渡御を終えると神社に還御する。

この「馬だし」神事の記録は、西上総の各神社に残っており、その様式は様々ではあるが二〇数社の神社で行われていた。現在では馬を飼う農家の減少により、神事を行える神社も数社となってきている。

吾妻神社神社（富津市西大和田）の「オメシ」神事

天照大神・豊受大神をお祀りしている神社が五一社現存しているのは、御師の活躍、またお伊勢参りの大流行が大きく関わっていると推測される。この地方には、伊賀から伊勢と海沿いの国々を通り、相模より海を渡り、安房・上総・下総・常陸へと続く東海道という古道があったこと、また昔より市原庄・飫富庄・畔蒜庄等の荘園があり、今と変わらぬ田園地帯で農業が盛んであったことから、日の神様である天照大神、五穀豊穣の神様である豊受大神をお祀りするために、神明神社が勧請されたと思われる。

①**神明神社**（市原市姉崎）

元和四年十一月十一日創立。松平羽州侯がこの地に封せられた時創祀。専ら武家の守護神として崇敬された。姉崎神社氏子区域内にある。

②**神明神社**（木更津市田川）

創建は詳らかでないが、享保以前と推定される。始め田川神明宮と称されたが、のち神明神社と変わった。山の中腹にあって東面し、常

皇神社（富津市萩生）境内の「こがね井戸」

に旭光を浴びる神域は尊厳を保つ。五穀豊穣の守護神として里人の崇敬殊に深い。神社の拝殿前に樹齢幾百年の老松があり、松籟は参詣する人の心を澄ませる。裏山に湧く清水は「氏子の泉」と呼ばれ、三〇町歩の水田をもうるおしている。

③ **神明社**（君津市久留里市場）

創立年代は不詳だが、棟札に元禄年中に領主前橋藩主酒井雅楽頭が社殿を造営され、寛保二年以降領主黒田氏から造営料を寄進せられたという。境内神社の八坂神社は久留里城主黒田氏の崇敬厚く、例祭には名代が正面外に出迎え、神輿は「三の丸」に渡御したという。

④ **天照大神社**（君津市大井）

古老の口碑によれば、応永年間伊勢皇大神宮の御分霊を請い造営した。旧大井村の産土神。維新前は旧別当長泉寺の管理中は六所大明神と称し、明治になって天照大神宮と改称。天正二年九月領主永田主殿尉奉幣祈願す。寛文二年九月本殿再建。安政四年九月堀伊豆守、同永田権八郎より高麗狛一対を寄進される。

⑤ **皇神社**（富津市萩生）

創建年代不詳。当地草創からの守護神。当社は東京湾に面し境内山林地内に「こがね井戸」と称する海蝕洞穴があって、常時一定の水位をたもつ三～四畳敷水深七〇センチの水溜りがある。ここに毎年四月頃、黄金色に輝く「ヒカリモ」が群生する。「竹岡のヒカリモ発生地」として国の天然記念物に指定され、生物学会において貴重な存在とされているが、古代の人は光輝く現象から天照大神をここに鎮祭したものと推測される。境内には弁天社・竜神社を祀る。

⑥ **神明神社**（富津市湊）

景行天皇東国巡幸の折、皇后八坂入姫命が長浜浦に遊ばれた時、伊勢の大神を拝み給いし旧跡という。湊村の鎮守。宝暦九年九月神主杉山出雲守義陳の領主宛神社書上げに、神明宮祭礼は九月十九日とある。

現在、八坂神社の神輿を本社の神輿とし、各町会の神輿・山車等をもって神賑わいとする。

（千葉一幸）

# 5　東下総

東下総地域（海匝銚＝海上・匝瑳・銚子、香取）には神明神社、伊勢神宮御分社は約四三社あり、海匝銚では銚子市の「神明大神」をはじめ旭市の「鎌数伊勢大神宮」など一四社。香取では香取市や東庄町の「神明社」をはじめ「香取神宮」内にも祀られていて二九社ある。

## （1）海匝銚地域

① **神明大神**（銚子市八木町）

創建は不明だが、境内に生えている大公孫樹《おおいちょう》の樹齢からその由緒が古いことがわかる。

当社は、「高田神明宮」とも呼ばれており祭礼には神輿が三基渡御する。

式年三社銚子大神幸祭では祭典が行われるところでもある。

②　**鎌数伊勢大神宮**（旭市鎌数）

寛文十一年の創建である。

寛文初年伊勢桑名の藩士辻内刑部左衛門等によって下総国椿海《つばきのうみ》の開発工事がなされたが、時の普請奉行久松越中守定重は梅谷長重に依頼し、伊勢神宮に大業の完成を祈った。長重の祈願後数年でようやく太平洋に通ずる疎水が完成し、干潟となった椿海に一八か村を開村した。そこで、現在地に社殿を建立し、干潟地区の総鎮守となり、昭和三年郷社に列した（第四章2（1）参照）。

## （2）香取地域

①　**神明社**（香取市〈旧小見川町〉川頭）

延宝年間の創建とされていて、川頭地区の鎮守様として尊信が厚い。

②　**神明社**（香取郡東庄町夏目）

元禄年間に椿海干拓の工事が成るに及び里人らが相計り、伊勢皇大神宮の御分霊をいただき干潟鎮護・五穀豊穣の守護神として元禄十四年創建。

この神社で独特なのが、神事、奉謝《びしや》祭の祭典終了後、次の当番は神明社の祠を当番家へ運び一年間保管するということである。

（石田房嗣）

# 6　印　旛

## （1）印旛郡市の概要

県北総中央に位置する印旛郡市（成田市・佐倉市・四街道市・八街市・印西市・富里市・白井市・酒々井町・栄町）は北に利根川、中心部に印旛沼があり水資源が豊富なことから稲作を中心とした農業が主たる産業である。また成田・佐倉・木下《きおろし》街道を代表とする街道筋の整備に伴い各所に宿場町や門前町が設けられるようになると商業も発展を見せるなど、古くより水陸交通・物流が盛んであった。戦国時代では千葉氏宗家、江戸時代になると徳川幕府の親藩や譜代大名が江戸守護の為に領地として治め、明治時代より先の大戦までは歩兵第五十七連隊（佐倉市）や陸軍野戦砲兵学校（四街道市）が置かれ、国防の要としての機能も持ち合わせていた。

時代が下ると共に水運は鉄道へと変わるが、街道沿いには国鉄の総武本線、成田線（成田～我孫子・成田～松岸）、私鉄の京成本線が敷設され、成田市に新東京国際空港が開港してからは日本の玄関口としての顔も併せ持つようになる。また千葉県が主体となって白井～印西～本埜～印旛にかけて千葉ニュータウンが開発され、現在は郡市各地でニュータウン事業や宅地造成が行われ、新規住民の転入により人口が増加し東京圏へのベッドタウンの様相が濃くなっている。

## （2）印旛郡市の神明神社

印旛郡市の神社は中央に位置する印旛沼を巡って埴生神社三社（東方）・麻賀多神社一八社（南方）・鳥見神社二一社（北西）・宗像神社一三社（北方）が集中して鎮座するのを基とし、神社本庁所属神社は三四九

皇太神宮社（印西市浦部）

神明社（佐倉市王子台）

皇大神宮（印西市宗甫）

神明社（八街市小谷流）

埴生神社（相殿神）（成田市郷部）

社をかぞえる。そのうち神明神社、あるいは天照大御神・豊受大御神を祭神（相殿神を含む）とした神社は二八社、割合で約八%《パーセント》になり郡市内に点在して鎮座しているせいか、あまり多いようには感じられない。しかし境内外の摂社・末社や邸内社を含めると祭神数はかなりの数に上ることと思われる。これについては改めて後述したい。

神明神社（祭神）自治体別鎮座数【神社本庁所属神社】

・成田市　八社　・佐倉市　四社　・四街道市　二社　・八街市　三社　・印西市　三社
・富里市　一社　・白井市　一社　・酒々井町　三社　・栄町　三社

＊　成田市には旧下総町と旧大栄町は含めない。

＊＊　八千代市の新川より東側は旧印旛郡阿蘇村等にあたるが、千葉県神社庁の区分に於いては千葉支部扱いとなるので総数に含めていない。

## （3）伊勢詣りと時代による変遷

いつの時代も旅行は楽しいものである。今で言う観光旅行の先駆けが有名神社仏閣の参拝を名目にした旅であり、かさばらない土産が御神札や旅行先の土地歌などである。その代表格が伊勢詣り、伊勢の神宮への参宮旅行だ。御神札は今の神宮大麻、土地歌は伊勢音頭。地元の人達に餞別をいただき、江戸時代は伊勢御師に導かれ徒歩または航路で、明治以降は主に鉄道、近頃では新幹線や自家用車で伊勢路に向かうのである。

郡市内の神社の拝殿には「伊勢神宮参詣図」や「伊勢参宮記念額」が掲げられているところが多くみられる。また数社の境内には「伊勢太太神楽講参拝記念碑」が建立されている。これは「日本人として生まれたからには一度はお伊勢さんへお詣りしなくては」というごく自然の考え方と共に、幕末まで活躍していた伊勢御師による影響が大きいのは議論を俟たないところである。郡市内では伊勢御師に関する記録等はあまり残っていないが、旧家の神棚にはお祓いの幣などが祀られていた形跡もみることが出来る。

たとえば佐倉市では地区ごとに住民が一定年齢に達すると男女それぞれグループを作り伊勢詣りをする習慣がある。また地区により順序は前後するが男子は出羽三山へ、女子は秩父三十三カ所詣りへ出かける。満願になると佐渡旅行をして氏神神社境内や共有地へ記念碑を建立、大宴会を催し晴れて一人前と見なされる。旅路を共にした者はこれ以降、義兄弟の付き合いをする。

前述のように伊勢までの交通機関は時代と共に変わってはいるが、参詣図や記念額の奉納は明治以降に急増する。これは「入り鉄砲に出女」といわれた江戸時代の移動制限がなくなったことと、明治二十二年に東海道本線が全線開通した影響が大きい。ただ明治初期では江戸時代と同じように徒歩での参詣が一般であったろうから、その決意と労苦は並々ならぬものがあったことが解る。

交通手段の変遷と同じように伊勢参宮後の記念事業も変わりつつある。江戸期より明治時代に掛けては参詣図のような伊勢の神宮に詣でる姿や社殿を描いた物が主流であったのが、昭和初期になると文字が主体の記念額へと変わる。少ないながらも建立されている記念碑は昭和三十年前後に建てられた物が最後のようである。現代に近づくと記念額から内宮宇治橋前での記念写真を奉納するようになり、出羽三山講や秩父三十三カ所詣り後の記念碑建立とはかなりの差があるのが寂しく思う。いずれにしても印旛郡市での伊勢参

浦部皇太神宮社手水石（明治37年）

浦部皇太神宮社参拝碑
（昭和28年）

香取神社参拝絵馬（四街道市鹿渡）

麻賀多神社摂社（佐倉市城）

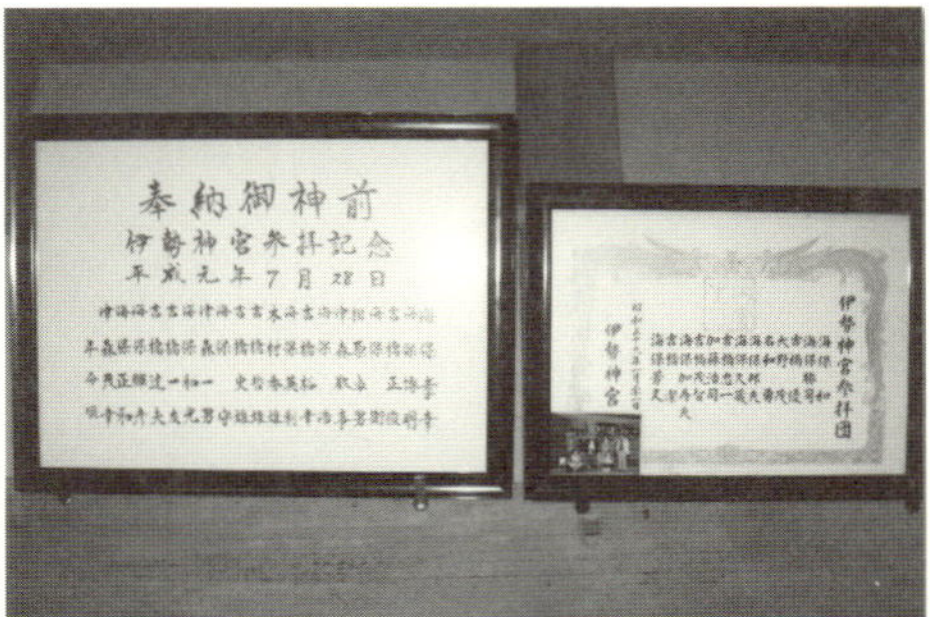


鹿渡香取神社参拝記念額（昭和59年・平成元年）

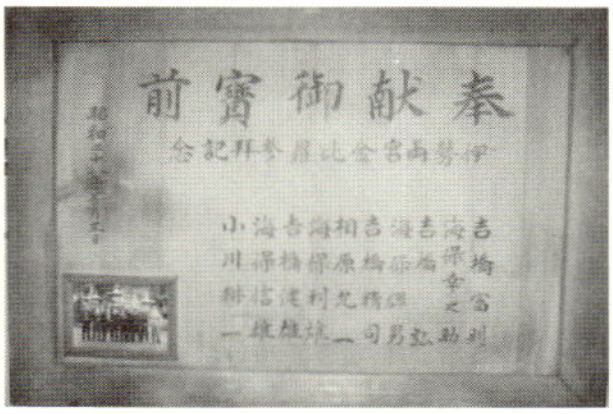


鹿渡香取神社参拝記念額
（昭和28年）

宮単体の「伊勢講」は途絶えている模様であるが、近年では神社氏子会や総代会などの旅行あるいは家族旅行としての「伊勢神宮詣り」が盛んになっている。また女性グループなどからはパワースポットとして注目されている。これはある意味現代の「伊勢講」と言えるのではないだろうか。団体の形態は変わりながらも、いつの時代もお伊勢さんへの旅路は盛んである。

### （4）印旛の稲荷信仰の一例

自身に一番身近な「食」を司る神様は日本には沢山いらっしゃる。その代表たる神様がお稲荷様。一般に京都の伏見稲荷大社を本社として、その分社は全国八万社といわれる。

家の庭先や裏手の山に小さな社や祠（邸内社）がお祀りされているのをしばしば見かける。都心ではビルの屋上にも見えるこの小さな神社は、その殆どがお稲荷様である。会社や商店では商売繁盛、農家では豊作をお願いするといったところではないだろうか。その神社にはすべて倉稲魂命がお祀りされているかといえばそうではない。

ではどなたをお祀りしているかというと外宮の祭神である豊受大御神、またの御名を豊受姫神《とようけひめのかみ》。やはり衣食住を司り、神宮内宮にお祀りされている天照大御神にお食事を差し上げる御饌都神《みけつかみ》であるとされる。

たとえば佐倉の麻賀多神社の祭神稚産霊命《わかむすびのみこと》（和久産巣日神《わくむすびのかみ》）は豊受姫神の親神にあたり、社殿西側に本殿を向き稲荷神社として御子神の豊受姫神が祀られている。佐倉や酒々井では邸内社をお祀りしている家庭も多く、鎮守神社として親神の稚産霊命をお祀りし、各家庭の邸内社では御子神の豊受姫神を祀ることにより、私たちは親子の神様方にお守りいただいていることになる。

十月十七日前後にお稲荷様へ甘酒などを御供えする風習があるところは豊受姫神をお祀りしていると考えて良いと思われる。その日は宮中と伊勢の神宮では神嘗祭が行われる大事な日である。ちなみに麻賀多神社の例祭は十月十四～十六日。明治五年の改暦に伴い九月から十月へと換わった。

倉稲魂命と豊受姫神、神名は違うが同じような御力を持つ神様のことを異名同神という。お稲荷様には、ほかにも大宜津比売神《おおげつひめのかみ》、保食神《うけもちのかみ》等もお祀りされており、総て衣食住を司る神様方である。

麻賀多神社摂社
（佐倉市鏑木町）

鹿渡香取神社末社
（四街道市鹿渡）

## （5）五社様

その名前の通り五柱の神々をお祀りしたもので、五角形の石柱に神名を刻み印旛郡市内の神社境内や道路脇の山縁などに鎮座している。主に佐倉市・四街道市・酒々井町などに多く見られるが印西市などでは報告例が無い。

石柱の高さはだいたい四〇～六〇センチ程。地域により祭神の違いが若干見られるが、建立されている柱の正面には必ず天照（皇）大神がお祀りされている。その神名を見ると五穀豊穣と殖産興業を願う私たち祖先達の姿が浮かぶ。また柱を立てる形式は神々をお招きする神籬（神柱）ともいえ、古来からの信仰を現すものではないだろうか。

佐倉市大篠塚の麻賀多神社境内の五社様は祭神が若干異なり石柱

**五社様**
（佐倉市大篠塚麻賀多神社境内）

**五社様**
（佐倉市飯田麻賀多神社境内）

**五社様**
（四街道市鹿渡香取神社境内）

ではなく五角形の木柱を立てる。柱の奉製は年番の当主が自ら角材を削り出し奉書している。この形式は常時鎮座する石柱を作成する以前の古い形を受け継いでいる。

◎一般的な五社様の祭神

・天照（皇）大神　・倉稲魂命　・埴安姫（媛）命　・少彦名命

・大己貴神

◎佐倉市大篠塚の五社様

・天照皇大神　・豊受姫命　・稚産霊命　・倉稲魂命　・五穀豊穣

基本的に祭典は年二回、二月と九月の月末に行われ、年番家が準備・祭祀・直会を司り神職の出向はない。年番は祭典日前にお祓・幣束・紙垂を宮司宅より授かり当日を迎える。式次第は五社様の清掃を行い石柱の廻りに注連縄を張る。石柱正面の天照大神の大前に神饌（特にその地域で収穫された物）を御供えし時刻を待つ。氏子達が時間迄に三々五々集まり祭典の開始。先ず年番がお祓を持って五社様と参列者を祓う。そして幣束を五社様に供えてから代表者が順次玉串奉奠。祭典の納めに年番が五社様に一礼をして御供えした御神酒をそれぞれ頂きお開きとなる。時間として一五分ほど。地区によっては直会を別席に設けて賑やかに懇親するので時間は掛かるものの、祭典としては短時間である。しかし年番となった者は湯浴みをし神職の代わりとして、そして氏子住民の代表として祭典を司るのである。年番は毎年順番に替わる。三〇軒の地区であれば三〇年毎に、五〇軒の地区であれば五〇年毎に当主が祭典を務める。家によっては一代飛ばしの事もあり、年番が回ってくることは名誉でもあるが緊張の年でもある。

年二回の祭典にはどのような意味があるのであろうか。一月十五日の小正月以降、二月中旬まで御奉射《おびしゃ》と呼ばれる年の吉凶を弓矢で占う行事が基本的に神職が出向して各地区で行われる。そして御奉射の直会である予祝行事。予祝とは「今年はいい年だ、だから神様豊年満作をお願いします！」と今年の五穀豊穣を無理矢理に神様へ押しつけるかの如く大宴会を開き予め祝ってしまう。そして月末に五社様の日を迎える。先述の通り神職の出向はないがしっかりとした祭典が行われる。そして田植えが始まり氏子さんであるお百姓さんの奉仕により秋の収穫となる。印旛郡市のお祭りの大半は、収穫が一段落した秋に行われる。現代はお米の品種改良と早稲米栽培の推奨により八月末には稲刈りをしているが、印旛郡市は本来九月下旬に稲刈りとなっていた。そこで九月末に再び五社様の祭典を行い、十月には神社で秋の御例祭を行い神職が祝詞を奏上する。

しかし今では、その五社様の祭典を行っているところも少なくなってしまったのは残念であるが、いつまでも続けてほしい行事である。

（宮本勇人）

## 7　千　葉

### （1）神明社の比率

千葉市・習志野市・八千代市の三市の神社のなかで、神明宮つまり天照大神（あるいは大日孁貴）と豊受大神を奉齋する神社は、三三社となり、全神社数の二割強を数える。

千葉市でも二五社、八千代市では七社であるが、この中には、稲荷神社の主祭神として豊受大神が奉斎されている場合も含まれている。また、習志野市は全体の神社数があまり多くないこともあり、菊田神社（津田沼）に「保食尊《うけもちのみこと》」の神名が見えるのみである。この神名は八千代市の稲荷神社（米本）にも見えるが、これを豊受大神の別称と考えればさらにその数は増え三四社ということになる。但しこれらの場合は、稲荷神社として別に考える方が妥当であろう。

### （2）豊受大神と稲荷神社

神明神社として天照大神を奉斎するのはごく自然なことであるが、同時に豊受大神を併せ祀る神社はなく、稲荷神社の主祭神となっているものが二例ある。千葉市の小倉町と稲荷町の二社である。多くの稲荷神社が倉稲魂を奉斎している中、珍しい例とおもわれるが、古代の穀物霊が神格化して倉稲魂神、保食神、大《おお》気津比売神《けつひめのかみ》、登由宇気神《とようけのかみ》（豊受大神）、豊宇加能売神《とようかのめのかみ》、若宇加能売命《わかうかのめのみこと》、御食津神《みけつかみ》、御膳魂《みけつむすひ》など多くの神名となって顕れたと言われているので、もともと同一神と考えられる。奉斎している神社が少ないことからも、統計数には入れたとしても、やはり伊勢信仰とは切り離して考えた方がよさそうである。特異な例として、千葉市天戸町の稲荷神社の主祭神が天照大神となっている例があるが、創建年代が明応二年（一四九三年）と古く、正確な由緒については不明である。むしろ逆に古くからの伊勢信仰がそれだけ強かったという見方もできそうである。

## （3）創建年代の推測

さて、昭和六十二年十二月発行の千葉県神社名鑑によれば、殆どが創建の年代不詳となっているが、古文書等により、明確なものや再建の年代がわかる部分がいくつか見られるので、次に記してみる。

○神明社（千葉市亥鼻）　文明元年（一四六九）正月二十日勧請
○寒川神社（千葉市寒川町）　文明十三年（一四八一）獅子面宮殿再建
○蘇我比咩神社（千葉市蘇我町）　徳川家康より代々朱印あり
○今井神社（千葉市今井町）　寛文十年（一六七〇）三月徳川氏の代官曽根五郎左衛門の支配となり、毎年九月九日午の刻、社に参拝の上永代御供米として玄米二石を奉納。元禄十三年佐倉藩堀田家の所領となり、供米の儀は中止された。
○五社神社（千葉市多部田町）　寛文十年（一六七〇）九月社殿再建
○六社神社（千葉市古泉町）　寛永二年（一六二五）一二月同所字六所より遷座。社殿再建
○稲荷神社（千葉市小倉町）　万治二年（一六五九）二月の勧請。当時は大檀那当所知行赤井弥平兵衛直忠の崇敬社であり、地区民も兵神として崇敬したとある。
○稲荷神社（千葉市稲荷町）　「千学集」によると、千葉常兼が大治元年（一一二六）六月一日御達

報（地名）の稲荷大明神を千葉の守護神とする。

○稲荷神社（千葉市天戸町）　明応二年（一四九三）九月村中一同社を創建。文化五年（一八〇八）九月再建

○第六神社（千葉市川井町）　本殿慶長十年（一六〇五）改築と伝えられる。

この他にもその後、文書等が見つかっているかも知れないが、多くの神明社の創建が室町時代かそれ以後、伊勢信仰がより広まっていったのは江戸時代という推測が成り立つであろう。

（4）伊勢詣で

まとめに、千葉市犢橋町の三社神社の由緒沿革に、いかに古くから伊勢信仰が根付いていたかを示す一文があるので、記しておく。

創立勧請の年代が詳らかではないが、往古より土神一社を産土神として尊崇した。一方郷中では男子が一五歳になると、必ず伊勢大明神に参拝し、帰路相州鎌倉宮に詣でて、始めて男子の仲間入りをする習慣があったが、中古の国乱によって参詣がままならず、伊勢・相模の両宮を勧請し土神と併せ祀って三社神社と称した。

（白熊　大）

# 8　東葛飾—柏市塚崎神明社

『下総荘園考』に相馬御厨の御厨神明と記載のある塚崎神明社は、柏市塚崎一四六〇番地に鎮座している。社有地の山林一帯は昭和五十二年に「町民の森」（旧沼南町）に指定され、遊歩道や休憩所などの諸施設が造られて一般に開放されている。境内には、杉・桧・椎などの古木大樹が多く、正に森厳という表現が当てはまる趣のある社である。

下総国は、葛飾《かつしか》・千葉・印旛・匝瑳《そうさ》・相馬・結城・豊田・海上・香取・埴生・猿島の十一郡から成り、『和名類聚鈔』には、相馬郡を分けて、相馬郷・大井郷・布佐郷・古溝《ふせ》郷・意部《おぶ》郷と余戸《あまりべ》（後の守谷郷）の六郷があったと記されている。

これらの地域には其々に、塚崎神明社（大井郷）・中峠天照神社（意部郷）・米ノ井神明社（守谷郷）・上高井神明社（相馬郷）・蛟蝄《みずち》神社（布佐郷、後に文間郷）といった天照大神を祀った社が点在している。相馬御厨の範囲をこれらの地域と重ね合わせて考えてみるのは、強ち的外れではないように思われる。

相馬御厨を伊勢の神宮に寄進する際、開発領主から神宮へ納めた寄進状の写しが『鏑矢伊勢宮方記』にある。その内の三通の寄進状を見てみる。

**①　下総権介平経繁寄進状**（千葉常重、常胤の父）

大治五年（一一三〇）

四至《しいし》　限東蚊虻《もんま》境、　限南志子多一合并手下水海、
限西廻谷并東大路、　限北小阿高・衣河流、

これらを現代の地名に当てはめてみると、

東限北相馬郡利根町立木《たつぎ》、　南限柏市篠籠田《しこだ》と手賀沼、

西限野田市目吹、　　　北限つくばみらい市足高と小貝川、

に比定されている。この四至から示される区域は北相馬と中相馬であり、荒木田神主を通じて内宮に寄進された。

**②源義朝寄進状**（源頼朝の父）

天養二年（一一四五）三月十一日

四至　東限須渡河江口、　南限藺沽《いぬま》上大路、

　　　西限繞谷并目吹岑、　北限阿太加并絹河、

①のように現代の地名に当てはめてみると、

東限竜ヶ崎市須藤堀町、　南限柏市大室の遊水池から布施弁天のあたりか、

西限野田市目吹、　　　北限足高と小貝川、

となり、この四至から示される区域は①より南限が北に寄った利根川流域の北相馬である。源義朝が開発領主として外宮に寄進している（①②とも塚崎神明社のある南相馬は含まれていない）。

③千葉常胤　久安二年（一一四六）

四至　東限逆川口笠貫江、　南限小野上大路、
　　西限下川邊境并木崎廻谷、　北限衣川常陸國堺、

①②同様に当てはめてみると、

東限利根町蛟蝄《みずち》神社付近、　南限（所在不明）、
西限野田市木野崎、　北限小貝川と牛久沼南端、

となる。

東西北の限は場所が比定されているが、南限の「小野上大路」が所在不明と言われている。相馬御厨の範囲は手賀沼以北の地域というのが通説ではあるが、あえて「小野上大路」を塚崎、藤心地区周辺に求め、相馬郡内屈指の神域（一七〇〇〇坪）を有する塚崎神明社を御厨神明と推定することは、間違いと思えず、かえって自然のように感じる。『沼南町史第一巻』［沼南町　一九七九］にも「急斜面の表参道は伊勢神宮の方角（南南西）に向かい、（中略）塚崎明神、土人称伊勢明神とあるなど、伊勢神宮の相馬御厨と当社の関係が、きわめて密接であったことが知られる。相馬御厨は、伊勢神宮領として平安時代末期には何度も寄進されているから、当時この神明社が、相馬御厨の重要な聖域として創建されたことが推察される。」と記されている。

神社の創建は、県指定天然記念物の大榊（現在は枯死）から推定すると一三〇〇年前後遡ることができる。社殿は三社の御本殿があり（享保十八年造営）中央に天照皇大神、右本殿に応神天皇、左本殿に武甕槌神を

塚崎神明社参道（柏市塚崎）

塚崎神明社社殿（正面左側より望む）

祀る。

例祭は十月十七日に斎行され、午前は塚崎地区の氏子が集まり、午後には藤心地区・藤ヶ谷地区の崇敬者から「オゴゼン」の奉納がなされる。古くは、風早・土・鎌ヶ谷の四か村一七部落からも「オゴゼン」の奉納があり、神主・守出羽守家に於いて、直会を行うのが恒例であったと伝えられている。

特筆すべきは、町指定無形文化財（昭和五十年十二月）の十二座神楽である。印西市浦辺の神楽との後先は不明なれど、本埜村中根・八千代市村上に伝わる神楽と系統を同じくする、船橋市高根の神明社・秋葉神社に於いて奉納される神楽は、塚崎より伝承されたものと口伝されている。

これらの地域に伝わる神楽は、其々に最初に座清め、座固めの舞に始まり、『古事記』『日本書紀』等の神話に現れる神々の御稜威御神徳を讃えた演劇的要素の強い舞が大部分を占め、終盤、天の岩戸が開き大団円を迎えるという構成になっている。

（千葉　敏）

# 第三章
# 御厨神明と在地信仰

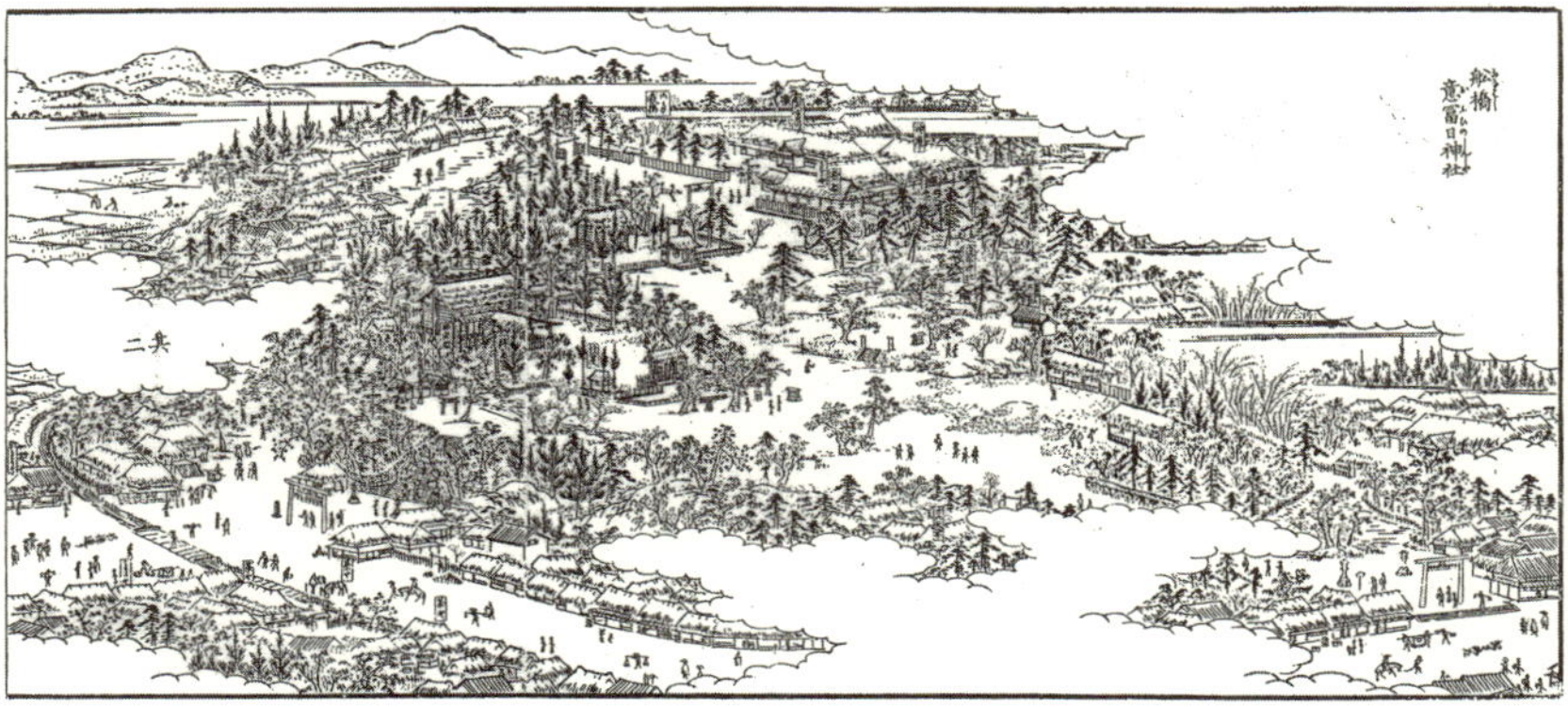


江戸名所図絵「船橋　意冨日神社」

## 1　神宮の御厨・御園の全国的展開

### （1）御厨成立と神戸

神宮の神領として知られる御厨・御園は、祭祀に用いられる魚介類を貢納するのが御厨、果物・野菜などを貢納するのが御園という区別があった。どちらも全国的に分布しており、その歴史的展開をうかがえる史料に、建久三年（一一九二）の『伊勢大神宮神領注文』と、南北朝期に内宮の祠官が鎌倉時代を中心とする神宮の神領を国別に類聚した『神鳳鈔』がある。

この二つの史料によって御厨についてみると、『伊勢大神宮神領注文』の時点では一〇〇か所を少し超える程度であったのが、『神鳳鈔』に記載された御厨は、四五〇か所ほどに達しており、鎌倉時代に御厨の数が飛躍的に増えたことがわかる。

だが、鎌倉時代が始まった十二世紀末時点で、既に一〇〇か所以上もの御厨が存在したことは、この頃までに御厨の形成が本格化していたことを物語っている。

では御厨はいつから存在していたのだろうか。現在知られている初見史料は、『太神宮諸雑事記』延長六年（九二八）四月十三日条の次の記事である。

一志神戸島抜御厨預等申文云。当神戸者是二宮御塩調備供進之所也。而御塩浜四至。阡陌所レ指有レ限。爰彼御塩浜之内有二不意之死人一。不レ知二誰人一。若有二神戸之内住人一者。以二彼所由一且令レ取二弃其屍骸一且可レ令レ祓二清御塩浜一者也。然而依レ不レ知二由来一。雖レ令レ觸二知在郡司一。専無二肯承引一。況乎神戸住人等各稱二禁忌之由一早不二掃弃一之間。朝夕之勤闕怠。而宮司以二此由一雖レ示二在郡司一。遁二事於左右一依レ不二承引一。牒二送国衙一之處。国司賜二庁宣於郡司一擬レ令二掃弃一之間。件死人為二犬烏一被二喰散一云々。恐此穢気及二于数月一。御塩勤懈怠也者。

この史料は、「一志神戸」の「島抜御厨預等」が、「二宮御塩調備供進」を担う「神戸」で発生した穢れの事案について上申した文書を引用する形で、神戸の人々が塩浜で発見された死骸の取片付けを身体が穢れるとして拒否をしたため、死骸は犬烏に食い散らかされてしまい、その穢れのため塩の調進が出来ない様子がうかがえる。その後、同史料の同年八月中旬条に「天皇御薬坐。仍被二卜食一之處。勘申云。巽方太神依二神事違例一御祟也者。仍被レ尋二捜其由一之處。注二申上件死人條一了。」とあり、この一連の事が原因で、時の天皇であった醍醐天皇まで祟りが及んだことがみえる。

この史料には幾つかの注目する点があるが、その一つは、「一志神戸島抜御厨」という表記である。これは、現在の三重県津市雲出島貫町付近に所在したと考えられる「島抜御厨」が、一志郡内（現、三重県津市）にあった神戸に包摂されていたことを示している。また、「一志神戸」の事案を上申したのが「島抜御厨預等」とされていることも着目できる。これは、「御厨預」という御厨の管理者が、神戸の代表者という資格でも行動し得る存在であったことを示している。

これら二点からは、御厨が単独で成立したというよりも、もとからある神戸の一部が御厨となして形成されたことと、当初は神戸と御厨は明確に区別される存在ではなく、むしろ一体的な関係にあったことがうかがえる。そして、この史料にみられる神戸が、神宮の祭祀に供する塩を採る場として、その役割が限定的に決まっていたことが特徴としてあげることができる。

そもそも神戸は律令制の中での制度で、神社に付属した民戸で組織されており、神宮の神戸は、伊勢国の他、志摩国・尾張国・三河国・遠江国・伊賀国・大和国などをはじめ諸国に存在した。そして、『神祇令』神戸条によると、神戸より出す調・庸・田祖は全て神社の造営・供進の料に充てられ、余剰分は出挙せずに貯蔵し、国司がこれらの事務を取り扱い神祇官に報告するという形をとっていた。つまり、神社の祭祀に用途を限られた国家公認の神社所領のことで、神社にとっては神域同様に他の介入を受けない祭祀関係の場であった。穢れを殊更に忌避していた一志神戸の例は、このことを明瞭に示しており、そこは神域にも等しい場であった。

すなわち、神戸と御厨の間には、祭祀用途に限定された所領という点で、共通性があったのである。律令制のもと、国家の公的な神社領としての神戸に対して、御厨は、後述するように平安時代以降、神宮社家の度会家・荒木田家が主体となり形成したものであった。このようにみれば、御厨は律令制の弛緩とともに神戸の基本的性格を引き継いで生まれた可能性みることができる。

## （2）神郡と御厨

神宮の経済は、御厨・御園・神戸の他に、律令制の下で国家的に認められた神社所領として「神郡」がある。神郡は、直接的には、御厨とは関係ないが、御厨の成立年代と神郡の拡大した年代が重なっていることは、注目できる。

神郡とは、一つの郡の全ての課戸を神戸として、神社に付属させたもので、伊勢国の多気郡と度会郡が最も早い段階に神郡とされたことが知られている。

この二つの神郡に関しては、『類聚三代格』弘仁八年（八一七）十二月二十五日太政官符によると、郡内の神社・溝池・駅家・正倉・官舎の修理、桑漆の催殖、百姓訴訟の裁決などの権限が全て大神宮司に与えられており、祭祀用途に限定されていた神戸とは異なり、より包括的で多岐にわたる性格を有していた。

この二つの神郡に次いで神郡となったのは、伊勢国飯野郡である。飯野郡の神郡化については、『類聚三代格』寛平九年（八九七）九月十一日、太政官符に、次のように記されている。

応下以二伊勢国飯野郡一寄中大神宮上事

右郡依二去仁和五年三月十三日勅一。一代之間奉レ寄二彼宮一。大納言正三位兼行左近衛大将藤原朝臣時平宣。奉レ勅。自レ今以後永以奉レ寄。仍須下貢物官舎等之類准二弘仁八年十二月二十五日格一行上レ之

寛平九年九月十一日

この史料から、伊勢国飯野郡は、仁和五年（八八九）に、当時の宇多天皇によって天皇一代の期間に限って神宮に寄進されたものが、寛平九年（八九七）に、新たに即位した醍醐天皇の勅によって永代寄進とされ、先の弘仁八年十二月二十五日格に准じた神郡となったことがわかる。神郡は、天皇の意向を背景に国家として神宮に寄進された神領だったのである。

そして、この寛平九年の飯野郡の寄進以降、平安時代末期までに、伊勢国内において員弁郡・安濃郡・朝明郡・三重郡・飯高郡が新たに神郡として形成され、神宮が鎮座する伊勢国の一三郡のうち、八郡が神郡と

なるまでに拡充した。

『太神宮諸雑事記』天喜元年（一〇五三）正月六日条によると、それまでに成立した神郡について、大神宮司が、文・図・田籍等の基礎台帳を保管していた事がみられ、この時点で神郡が神宮の経済を支える重要な基盤として確立していたことがわかる。

このように神郡は、九世紀末から平安末期にかけて拡充したわけだが、この時代は、既に見たように御厨が全国的に形成されていった時代でもあった。

このような、御厨の登場と、国家的な寄進地としての神郡の増加との間に、どのような関連性があるのかは、必ずしも明らかではない。だが、これが同時並行的に起こっていたことは、この両者が無関係ではないことを示唆している。神郡の拡充が、国家的な神宮崇敬維持への意思の表れであった可能性、また、国家の意向を背景にした神郡の拡充に対する社家主導による神領拡大への意欲の表れが御厨の成立と増加であった可能性が、考えられるだろう。

### （３）『伊勢大神宮神領注文』と『神鳳鈔』にみる御厨

『伊勢大神宮神領注文』『神鳳鈔』には、御厨・御園の全国的な分布状況が記されている。それによれば、大部分の御厨は、神宮の鎮座する伊勢国・志摩国に集中しており、それに次いで、尾張国・遠江国・参河国に多く分布している。これら神宮近隣地域には、古代より神宮の経済基盤として機能していた神郡・神戸が集中して分布していた国であるという共通点がみられる。

古代における御厨は、土地支配を含むものではなかったが、十一世紀中頃より、これらの神宮の近隣国の御厨は、荒木田氏・度会氏らによる在地村落への上分米貸付と、これを契機とした神領獲得が取組まれ、主に荒木田家・度会家が給主《きゅうしゅ》となり直接領主的支配を行う形態をとることが多いことが特徴として指摘されている。

一方、主に東国を中心とする地方に分布する御厨の多くは、荒木田家・度会家が神宮の神威を背景として、在地領主への上分寄進を働きかける例が多くみられる。その際、荒木田家・度会家は「口入神主」と呼ばれる仲介役となり、それぞれの御厨からの貢納物から自分の得分を収取したうえで神宮へ納める体制を作っていたことが知られている。

以下に、全国に展開した御厨を地域ごとにみていきたい。

建久三年（一一九二）に編纂された『伊勢大神宮神領注文』によると、全国に御厨が一〇〇か所以上に所在していた。その内、神宮が鎮座する伊勢国に最も多くの御厨・御園が集中し、それについで多いのが、尾張国・三河国・遠江国である。

これらの国々は、神宮と深い関わりをもつ伊勢湾を囲む立地環境にあり、また、各国々の御厨は沿海地域もしくは、河川流域に分布しているという特徴がある。これは、魚介類の御贄を貢納するという御厨本来の性格と関係がある。

例えば、南北朝期の『神鳳鈔』によると、伊勢

**建久年間の御厨・御園の全国的展開**

| 国名 | 御厨御園数 | 国名 | 御厨御園数 |
|---|---|---|---|
| 伊勢 | 41 か所 | 下総 | 2 か所 |
| 大和 | 1 か所 | 常陸 | 1 か所 |
| 伊賀 | 5 か所 | 信濃 | 4 か所 |
| 近江 | 4 か所 | 伯耆 | 1 か所 |
| 美濃 | 5 か所 | 但馬 | 3 か所 |
| 尾張 | 15 か所 | 加賀 | 1 か所 |
| 三河 | 9 か所 | 越前 | 1 か所 |
| 遠江 | 11 か所 | 越中 | 2 か所 |
| 駿河 | 5 か所 | 丹波 | 1 か所 |
| 伊豆 | 1 か所 | 丹後 | 1 か所 |
| 相模 | 1 か所 | 長門 | 1 か所 |
| 武蔵 | 4 か所 | 能登 | 1 か所 |
| 上野 | 6 か所 | 総計 | 130 か所 |
| 下野 | 2 か所 | ＊『伊勢大神宮神領注文』より作成 | |
| 安房 | 1 か所 | | |

国・志摩国では、貢納物として塩を出す所が多く、志摩国においては、「不レ及レ指二田畠所当之勤一、只以二海業魚貝一依レ勤二進御贄一」として伊勢湾の海産物が貢納されていた事も記されている。

また、河川流域に多い点については、貢納物の運搬と関係しているものと考えられる。『神宮雑書』によると、伊勢国の安濃津が神宮の流通・交易の要となっており、各国からの貢納物も、河川を経て伊勢湾の海運を利用して神宮に納められたものと推察される。

（鈴木聡子）

## 2　安房の御厨と安房大神宮

### （1）安房大神宮

安房国は、房総半島の最南端に位置し、神武天皇から東征の勅命を受けた天富命が、四国阿波の忌部一族を率いて、海路黒潮に乗り上陸された処である。此処で一行は、麻や穀《かじ》（紙の原料）を播殖して、殖産業開拓地域を広めていった。天富命は、この無事は祖先の御加護によるものだと考え、この地に、忌部の祖神である天太玉命（祖父）をお祀りした。これが安房神社の創祀となるのである。すなわち、かつては房総半島全域に相当する地域を「総《ふさ》（麻のこと）の国」と称していた。

その後、律令制の確立期にこの「総の国」が上総国と下総国とに分かれた。『続日本紀』養老二年（七一八）五月二日の条によれば、上総国から安房・平群・朝夷・長狭の四郡を割いて安房国が置かれたと記されている。ところがそれから二三年後、『続日本紀』天平十三年（七四一）十二月十日の条によれば、安房国は廃されて上総国に併合されたことが記されている。しかし、その一六年後、『続日本紀』天平宝字元年（七五七）五月八日の条によれば、ふたたび安房国が前記の四郡をもって設置されたことがわかる。

その後、『延喜式』の「式部上」によると、「安房郡を神郡となす」と定められている。

延喜の制では安房神社は名神大社に列せられ、月次・新嘗の祭には、朝廷から奉幣があった。神階叙位については『続日本後紀』承和三年（八三六）七月の条によれば、無位から従五位下を授けられている。その六年後の承和九年（八四二）十月の条によれば、正五位下に昇叙された。その後、『日本文徳天皇実録』の仁寿二年（八五二）八月の条によれば、従三位に叙されている。そして、『日本三代実録』の貞観元年（八五九）正月の条によれば、正三位に昇叙されている。

では、なぜ東国の辺僻の地にありながら、朝廷が安房神社や安房郡を重要視したのだろうか。

先ず、その当時、安房国が「高橋氏」＝膳氏と密接な関係があったことから考えてみたい。

かつて安曇《あずみ》氏と並び内膳司《ないぜんし》であり、朝廷に仕えていた高橋氏が、安曇氏との間で主導権争いをめぐり、自家の優位を示すために延暦八年（七八九）、両氏がそれぞれ朝廷に提出した家記と、これを裁定した同十一年の太政官符を含めた『高橋氏文』という古記録がある。高橋氏と安曇氏は、代々律令制下で内膳司《うちのかしわでのつかさ》（宮内省に属し天皇の調理や試食を司る役所）で奉膳《ぶぜん》と呼ばれる長官を任ぜられ、他氏が長官の場合は内膳正《ないぜんのかみ》と称され明確に区別された。そして、結果的には、この『高橋氏文』の朝廷への奏上によって、安曇宿禰継成を失脚させることとなった。

現存するものは逸文のみで、『本朝月令』などに引かれている。その『本朝月令』には、磐鹿六雁命《いわかむつかりのみこと》伝承と安房浮島宮のことが記されている。それは、「景行天皇は、皇后の八坂媛と共に、皇子の日本武尊が征旅の帰途において亡くなられたのち、その皇子の跡を偲んで、皇子が東征のため通られた諸国を巡幸する旅に出られた。五十三年の十月、東海道から上総の国に至り、海路により淡《あわ》の水門《みなと》に渡られ、安房の浮島宮に逗留された。御滞在中のある日、天皇は北の方四〇キロあまり海上を隔てた処にある、葛飾野へ狩猟に出かけた。その留守中、皇后の八坂媛は、ガクガクと鳴く不思議な鳥（覚賀鳥＝ミサゴ）に興味を持ち、従臣の磐鹿六雁命に命じてその鳥を探させた。そこで命は舟に乗りその鳥を捕まえに出かけたが、近づけば鳥は驚いて飛び立つので、ついに捕えることが出来なかった。やむなく引き返す途中、たくさんの堅魚が舟を追って来たので、弓を射て多くの堅魚を捕ることが出来た。そして、舟が浅瀬に乗り上げた時に、舟の下の砂を掘ったところ巨大な白い蛤を見つけた。そこで磐鹿六雁命は、行宮《あんぐう》に帰着してからそれを調理して天皇の御食に供しようと思い、心を込めて料理した。そして、膾《なます》や刺身、焼魚、煮魚など、たくさんの御馳走を用意し天皇の帰りをお待ちしたのである。しばらくして、狩猟から帰られた景行天皇は、この見事な料理をご覧になり大変喜ばれ、「これはただ磐鹿六雁命だけがこしらえてくれたものではない。天にいます神の思し召しに依るものである」と云って、「命やその子孫代まで末永く、天皇の御食を担当する役職に付けよう」と云われ太刀をそえて賜った、という記録である。

そして、その地にあった安房大神を御食津神（天皇の食事を司る神）として大膳職《だいぜんしき》（宮廷用の食膳を司る役所）に祀った。この安房浮島宮の所在地についてはいくつかの説があるが、伴信友は安房国の平群郡の勝山に比定している。現在の安房郡鋸南町勝山の沖にある浮島である。

『高橋氏文』を裏付けるものとして、『類聚三代格』巻第十、天平三年（七三一）九月十二日の条に、膳職で「阿房之刀自部に膳神《かしわでのかみ》を祀らせよ」と記されている。このことから、奈良時代前期には、膳職に膳神が祀られていたことになる。そして、「阿房之刀自部」の「阿房」とは安房のことで、「刀自」は成人女性をあらわす語で、「部」が集団とすれば、安房地方の女性祭祀集団に奉斎させた神というのであるから、「膳神」は安房大神の可能性が高い。最近、平城京の遺跡から出土した木簡中に、安房からの貢納を示すものが三七点もあり、『延喜式』によっても、古代より安房の地から朝廷に多くの鰒《あわび》が貢納されていたことがわかる。当時、鰒は薬膳料理として用いられていた。

当時の東海道は、相模国から走水《はしりみず》（浦賀水道）を渡り、上総国に赴く人たちの通路で、交通・産業上でも、重要な場所であったといえる。

安房国では、平安時代に荘園は少なく、後期になって「群房荘」「丸御厨」「東条御厨」「白浜御厨」といった伊勢神宮の神領としての御厨が建立された。「群房荘」は、「ヘグリアワノショウ」または「グンボウショウ」と呼び、「平群郡」と「安房郡」にまたがった地域にあったとされている。その所在については、現在の南房総市府中の東側に「不入斗《いりやまず》」という地名が残っているが、これが「群房荘」の一部であったと思われる。また、この東方には、豪族である安西氏の館があったといわれる「池ノ内」や「御庄」という地名があることから、「群房荘」は、一つのまとまった荘園ではなく、所領があちこちに散在した荘園であり、それらの荘園の管理には、安西氏があたっていたようである。

## （2）安房国に分布する御厨

### ① 丸御厨

「丸御厨」については、『吾妻鏡』治承四年（一一八〇）九月十一日の条によれば、

一、武衛（頼朝のこと）が、石橋山の合戦に敗れて治承四年（一一八〇）八月二十九日、海路安房猟島に逃れたが、翌九月十一日には丸五郎信俊の案内で「丸御厨」を巡見したこと。

二、源頼義が前九年の役（一〇六二）の功により、朝廷より恩賜として与えられたもので、荘園の性格をもった私領であり、源義朝が父為義より譲与された最初の所領であること。

三、平治元年（一一五九）六月一日に頼朝が自らの官位の昇進を祈念して、この所領を伊勢大神宮に寄進し、神宮領の御厨が成立したこと。

等が記されている。この所在については、現在の南房総市丸山町地区と思われている。この地は、式内社莫越山神社の周辺だが、神社に伝わる方図によると、この地には「御田」や「封切」といった地名があったという。そして、「丸御厨」には開発領主と思われる丸氏が存在していた。丸氏は、古くからこの地方に勢力を占めていた氏族である。『万葉集』巻二十には、安房朝夷郡上丁丸子連大歳の名があり、『続日本紀』延暦三年紀では、「丸子連石虫に従五位下を授く」と記しその理由に、軍糧を陸奥国に贈輸したからであるとしている。丸氏というのは、これらの丸子連の子孫であったと思われる。

### ②東条御厨

「東条御厨」は、現在の鴨川市和泉から小湊にわたる広い地域にあったとされる。『神領注文』によれば、寿永三年（一一八四）源頼朝が「朝家安穏」のため、伊勢外宮に寄進した。給主は「外宮権神主光倫」とある。頼朝は、その寄進状に「四至如旧」と書いている。これは、「御厨の東西南北の四境は今までの如し」ということである。

『吾妻鏡』養和元年（一一八一）十月二十日の条によれば、「太神宮権禰宜度会光倫」は祈祷すべき願書を頼朝から賜ったため、前日本宮より鎌倉に到着したという。その後、光倫は鎌倉に住居を与えられ、伊勢の神宮との連絡を担当すると共に、相模国金剛寺住侶の訴状を頼朝に読申役として読み上げている。

### ③ 白浜御厨

「白浜御厨」については、『神鳳鈔』のみに記載されており、詳細は不明である。「東条御厨内」とあることからも、東条御厨内が新たに開発されることによって成立したものと思われる。その所在については、「天津御厨」とも呼ばれており、現在の小湊・砂田地区としている。

（藤森益樹）

## 3　天津神明神社

鴨川市天津に鎮座する天津神明神社（以下「同社」と記す）は、古くから「あづまお伊勢」（東国のお伊勢さま）や「房州お伊勢」と呼ばれ、多くの人たちに大切にされてきた。この地に生まれ、日蓮宗の教えを開いた日蓮も同社をたいへん敬い、度々お参りされていたと言われる。かつては同社を敬う人たちで組織された講社が数多くお参りに訪れており、房総の伊勢信仰において重要な神社の一つである。

### （1）天津神明神社にまつられている神々

現在、合祀（他の神社の神を合わせまつること）により、天津神明神社には境内社もあわせると多くの神々がまつられているが、主祭神は次の三神である。

天照大御神《あまてらすおおみかみ》…伊勢の神宮の内宮《ないくう》（皇大神宮）にまつられている神。
豊受大神《とようけのおおかみ》…伊勢の神宮の外宮《げくう》（豊受神宮）にまつられている神。
八重事代主神《やえことしろぬしのかみ》…大国主神《おおくにぬしのかみ》（大黒さま）の子。エビス神と同神と言われる。

天照大御神、豊受大神は伊勢の神宮にまつられている神で、後述する天津神明神社が建てられた歴史に深く関わっている。八重事代主神は大国主神（大黒さま）の子で、エビス神と同一の神とも言われる。天津神明神社が建てられる前、はるかむかしから同所にまつられていたと伝えられている。

## （２）『安房志』に見られる記述

天津神明神社の創祀については、明治四十一年発行の齋藤夏之助著『安房志』に次の文がある。

神明神社は天津村宮前岡にあり天照大神を祀《まつ》り、事代主神、豊受姫命を合祀す。往古《むかし》事代主神を祀り、㕓大明神《もうけ》と号す。康平五年壬寅源頼義、寛治元年丁卯源義家、東夷征伐の時、参社祈願す。又治承四年源頼朝安房に渡りし時も先例により祈念ありて、御具足神馬等を奉納せり。寿永三年甲辰五月三日頼朝更に伊勢神宮に乞い神璽《しんじ》を此に移し、㕓社に合祀す。爾後、東條御厨《とうじょうみくりや》と称す。

平安時代末期の治承四年（一一八〇）、伊豆の石橋山の戦いで平氏に敗れた源頼朝は家来数名とともに命辛々、房総半島南部、安房国へ逃れてきた。源頼朝はしばらくこの地に身を隠していたが、源家の祖先である源頼義が康平五年（一〇六二）に、八幡太郎義家が寛治元年（一〇八七）に東方征伐の際、天津神明神社が建てられる前に元々あった庤明神の祠《ほこら》に戦勝祈願していたことにならって参拝し、源家の再興を祈願した。
そのとき、この地の風景や環境が伊勢によく似ていたため、源頼朝は伊勢の神宮に「もしこの日本国を源家の世とできたならば、この地に社殿を改め造り、大神をおまつりしましょう」という内容の文書を送り、誓いを立てた。その後、短期間の内に軍勢が集まり、平氏との戦いに勝って、ついに天下平定を遂げ、鎌倉に幕府を開いて、武家政治の基礎を築いたわけである。

源頼朝は誓いを果たそうと、伊勢神宮に奉仕していた、岡野小太夫《こだゆう》に命じ、伊勢の神宮の神宝をこの地に

天津神明神社（鴨川市天津）

天津神明神社　例祭　修祓

天津神明神社　例祭　神賑行事

移しまつり、社殿を改築し、社領（神社の領地）・田畑などを寄進して、寿永三年（一一八四）、伊勢神宮の神（天照大御神、豊受大神）を安房国東條御厨として勧請（神の御霊《みたま》を分けて移しまつること）した。こうして建てられたのが天津神明神社である。源頼朝は同社をたいへん敬い、ことあるごとに祈願した。文献『吾妻鏡』によれば、妻である北条政子が出産するとき、三浦平六を使いとして安産祈願をし、神馬領地を寄進されたという。

ちなみに岡野小太夫は天津神明神社に奉仕する岡野家の祖先にあたり、小太夫を初代として、現在の岡野哲郎宮司で第六十六代を数える。

## （3）厗明神のナゾ

源頼朝によって天津神明神社が建てられる以前には、前述したように、厗明神の祠があったと言われる。祠の起源は不詳で、神代のむかしよりあったとされている。祠には現在も主祭神の一柱である八重事代主神がまつられていた。八重事代主神は大国主神の子にあたる神で、エビス神と同一の神とも言われている。八重事代主神は国譲り（高天原から地上の国を新たに治めるために降りてくる天孫に、大国主神がそれまで治めていた国を譲った出来事）の後、事勝国勝長狭命を誘い、はるばるこの地にやってきて長い間滞在されたところ、地域がたいへんに潤ったため、人々は八重事代主神のおかげと喜び感謝して、「思いもよらぬもうけかな」と八重事代主神を厗明神として敬いまつったと言われている。これが厗明神の祠の始まりである。

厗明神の祠は東條郷にあったと古い文献には記されているが、実はその場所には諸説ある。現在でも東條という地名は鴨川市に「東条」地区として残っているが、天津神明神社のある天津は現在の東条地区には含まれていない。だが、当時の東條郷は現在の東条地区よりも広い範囲を指すとされ、天津も含まれていた。「東条村の生まれ」と記される日蓮の生まれた小湊は天津よりもさらに東に離れた集落であることからもうかがえる。したがって、東條郷にあった庤明神の祠、後の東條御厨の場所は現在の天津神明神社の場所と考えても矛盾はない。

しかし、端的には結論づけられない問題がある。実は天津神明神社とは別の場所の、鴨川市西町に庤神社が存在する。鴨川市西町は現在でも東条と呼ばれている地区である。前述した安房誌の中にも「東條西村に滝口庤神社と言う社があり、東鑑に謂う庤社は西村なるか天津なるか詳かならず」と記されている。このような事由もあり、以前は正統性をめぐって、天津と西村（西町）の間で論争が巻き起こっていたこともあるそうであるが、現在は議論も落ち着き、和合の道をたどっている。

庤神社（鴨川市西町）

千葉県神社庁『千葉県神社名鑑』（昭和六十二年十二月二十七日 発行）によると、鴨川市西町の庤神社の祭神は天大日孁貴命《あめのおおひるめむちのみこと》、天日和志命《あめのひわしのみこと》とされ、由緒として「創立年代は不詳であるが、往古の勧請であるという。治承四年源頼朝は逃れて、当社に平家追討の祈願をこめられ、後に所願成就したので、この地を伊勢の神宮に寄進し御厨の地としたと伝える。また一説には源頼朝がこの地を滝口神社の御厨料として寄進され、その後社殿を建てて滝口庤神社と称したともいわれる」と記されている。

現時点における筆者の考えは次の通りである。

元来天津にも西村にも庤明神の祠は対となって存在した。鴨川市西町の庤神社の祭神である、天大日孁貴命は天照大御神の別称であり、天日和志命は四国阿波国忌部氏の祖神である。天大日孁貴命（天照大御神）が源頼朝によって伊勢の神宮から勧請されたと考えると、忌部氏が安房国に渡来した年代の方が古く、西村の庤明神の祠には元々天日和志命がまつられていたのではないか。庤明神の「モウケ」は、地域の振興によって人々が「もうけた」と喜んだことを起源としている。すなわち、〈庤明神＝地域に振興をもたらした神〉とすれば、庤明神は必ずしも八重事代主神だけを示さず、阿波や紀州より漁法などをはじめとする文明・文化を伝えた忌部氏の祖神を示してもおかしくはない。よって、天津の庤明神の祠には八重事代主神をまつり、西村には忌部氏の祖神である天日和志命をまつり、人々は敬っていた。安房に逃れてきた源頼朝は対になって存在している庤明神の祠両方を参拝し、祈願を立てた。頼朝はこの地を伊勢の環境に似ていると考えた。とすれば、東国に第二の伊勢の神宮を建てようと考えたのではないか。つまり、一二五社からなる伊勢の神宮のように、複数の神社をこの地に建てようとしたのではないだろうか。天津神明神社と庤神社の関係は伊勢の神宮における別宮、あるいは内宮－外宮のようなものかもしれない。

### （4）日蓮と天津神明神社

安房国東條郷小湊（現在の鴨川市小湊）で生まれた日蓮も天津神明神社を大切にしたと言われている。日蓮の著した文書を読むと、そのようすをよく知ることができる。

弘安二年（一二七九）巳卯十月、門人などに与えられた文章の中に「去る建長大歳癸丑四月二十八日に安房の国長狭郡の内東條の郷今は郡なり、天照大神の御神栖《みくりや》、右大将家（源頼朝）の立て始め給ひし日本第二の御神栖、今は日本第一の社なり、此の郡の内、清澄寺と申す寺の諸仏坊の持仏堂の南面にして、午の時に此の法門を申し始めて今に二十七年になり……」と記されている。【要約　建長五年（一二五三）、安房国長狭郡東條郷は郡となった。源頼朝が建てた天照大御神をまつる御厨（天津神明神社）は、かつては日本第二の神社であったが、いまでは日本第一である。私は東條郡にある清澄寺で二十七年間、（天津神明神社のある）南の方角を向いて悟りを開いてきたのだ】

また、文永十一年（一二七四）二月に記された彌源太への返信の中には「……日蓮は日本国の中には安州の者也。総じて彼国は天照大神の住はせ給ふ国なり……安房の国の御厨なり。此の国の一切衆生の慈父慈母なり。かかるいみじき国なれば定て故ぞ候らむ。日蓮又彼国に生れたり、第一の果報なり」という文章がある。【要約　天照大御神がまつられた御厨＝天津神明神社が鎮座する安房の国に生まれた日蓮は第一の果報者である】

さらに『録外御書　第十二巻』の中には「即ち、……安房国東條ノ郷は辺国なれども日本国の中心の如し其故は天照大神跡を垂れ給へり、昔は伊勢国に跡を垂れさせ給てこそありしかども、国王は八幡賀茂等の御帰依深くありて天照大神の御帰依浅かりしかば大神念りおぼせし時、源の右大将軍と申せし人起請文を以つて天津岡野小太夫殿に仰付て……東條の郷を天照大神の御神栖と定めさせ給ふなれば、此大神は今は安房国東條ノ郷に住せ給ふ。例せば八幡大菩薩は昔は西府・中比は山城国男山に移り給ひ、今は相州鎌倉鶴岡に栖み給ふ此れもかくの如し。日蓮一閻浮提の中日本国安房国東條ノ郷に始て此の正法を弘通したり。……」とあり、天照大御神の御厨の地の天津神明神社のあるこの地を日本国の中心のようであるとまで表現し、そのような良い土地であるからこそ、ここから妙法の教えを悟り、広めるのだと述べている。文中にはかつて伊勢にまつられていた天照大御神が源頼朝によって移され、いまでは伊勢ではなく、安房国東條郷にいらっしゃるという考え方が述べられている。これは日蓮独特の説で、御分霊（神の御霊を分けておまつりする。元の神社にも、新たな神社にも御霊は存在する）という概念からは必ずしも的確な表現とは言えないが、それほどまでに日蓮が天津神明神社を敬っていたことがうかがえる一節である。【要約　安房国東條郷は日本の東端になる地域であるが、日本国の中心のようである。それは天照大御神を（天津神明神社に）いただいているからである。かつては伊勢国にまつられていたが、源頼朝が岡野小太夫に命じ、東條郷に天照大御神の御厨を建てた。ゆえに、いまでは天照大御神は東條郷にいらっしゃるのだ。例えるならば、これは八幡大菩薩がかつて山城国男山に移り、いまでは鎌倉の鶴岡に移りまつられていることと同じである。日蓮もこのすばらしい東條郷から妙法の教えを広めていくのである】

天津神明神社には日蓮の最初の曼陀羅と言われる「川向《かわむこう》の布本尊」が社宝として伝えられている。建長五年（一二五三）四月二十八日、清澄山旭森で悟りを開いた日蓮は妙法の教えを天照大御神の力を借りて世に広めようと考え、天津神明神社に百日参りをしたと伝えられている。その満願の日、大雨のため、神社の前を流れる宮川が増水し渡ることができなかった。ちょうどそのとき一人の老婆が川の向こうにやってきたので、老婆から長狭木綿の布を投げてもらい、その布に題目を記し老婆に託して同社に納めた。これが「川向の布本尊」である。

## （5）伊勢の神宮にならった式年鳥居木曳祭

天津神明神社には二〇年に一度鳥居（一ノ鳥居、二ノ鳥居）を建て替える、式年鳥居木曳祭がいまも伝えられている。この祭は伊勢の神宮で行われる式年遷宮にならったもので、創建当初の鎌倉時代から始まっていたと言われている。

当初、同社も伊勢の神宮と同じように二〇年ごとに社殿を建て替えていたが、鎌倉幕府が滅び、足利氏の時代より戦乱の世に突入したため、また、里見氏が此の地を領有するようになると、同社の御領地を没収するなどもあって、社殿の建て替えは困難となってしまった。そこで、鳥居のみを二〇年ごとに建て替える式年鳥居木曳祭として受け継がれることになったわけである。

前年の秋に山から御用材を伐り出し、当年、三日三晩かけて天津の街中を地元の氏子たちに曳かれ、天津神明神社に納められた後、鳥居として建立され、十月十六日の例祭を前に通初式が執り行われる。次回の式年鳥居木曳祭は平成二十七年に行われる。

このように房総、広く言えば東国の伊勢信仰の中心的存在であった天津神明神社であるが、同社を敬う人々が組織する講社が数多くつくられ、参拝が絶えなかったという。それらは神明講や伊勢講、太々講と称し、長狭郡内（おおよそ現在の鴨川市）はもとより、上総や下総など広い地域にわたって各地で組織されていた。同社に記録されている、昭和三十～五十年代の講社参拝者の名簿を見ると、講社の多さ、盛況ぶりをはっきりと知ることができる。

講社を組織し、天津神明神社に参拝することは、かつて交通網が未発達であった時代において、同社に参拝することで伊勢の神宮に参拝するのに同じという古くからの信仰に基づくものである。また、お伊勢参りに行く前には必ず同社に参拝してから出かけ、帰ってきたらお礼参りをしなければならないとも言われていた。

現在では交通網の整備により、以前よりお伊勢参りが容易になったこともあり、また生活の多様化、地域の過疎化・高齢化なども相まって、講社は次々に解散してしまっているが、それでも地元の天津太々講など、大切に継承されている講社もあり、参拝が続けられている。

（岡野大和）

## 4　上総（武射）の御厨

宝治合戦の後、幕府によって没収された千葉秀胤の遺領は足利左馬頭正義（義氏）に戦功恩賞地として与えられた。正義はその上分を伊勢の神宮に寄進して下総国遠山形御厨（成田市）と上総国武射御厨（成東）を成立させた。やがて、正義の子息である足利三郎長氏は正嘉三年（一二五九）に上総守護に補任されるが、宮内少輔泰氏は秀胤遺領の下総埴生庄（成田市北部）を伝領していた。しかし、建長三年（一二五一）泰氏が幕府に告げず出家したため、幕府は埴生庄・武射郡の領地を没収して同年十二月に北条氏の一門である金沢実時へと給与された。

足利氏失脚の後、武射御厨の領有関係は不明となるが、観応三年（一三五二）の『宝戒寺文書』によれば

「武射郡内小松村・工藤中務右衛門跡」とあり、工藤氏は一般に得宗被官であるとされるので、小松村が北条氏領あるいは被官領であったことがうかがえる。

この小松村は武射郡南郷の中央部に位置する村落であるが、元弘の変（一三三一）によって収公され、やがて足利長氏の末裔である尊氏に宛行された。観応三年七月、後醍醐天皇（一三一八〜一三三九）の開基なる円頓宝戒寺（天台宗・鎌倉市小町）の造営に際して、尊氏は南郷小松村を宝戒寺に寄進している。当時、小松村の周辺には、印東一族である南郷氏など在地武士が存在していたものと推測されるが、その動向については詳細には知り得ない。

応安元年（一三六八）の編纂といわれる伊勢の神宮の所領目録『神鳳鈔』には、下総国では遠山形以下、相馬・夏見・葛西猿俣・萱田神保の五御厨がある。一方、上総国においては武射御厨のみである。

（萩本　稔）

## 5　夏見御厨と船橋大神宮

はじめに船橋大神宮が鎮座し、また、夏見御厨にもゆかりの深い船橋市中心部を俯瞰してみよう。

旭町・塚田を水源とする長津川が夏見台西側の谷を南に流れ天沼弁天公園付近で分流し、本流は東に流れて海老川に合流している。支流は暗渠となって南に向かい、海神と本町の境を通って三田浜に流れ込んでいる。

東に目を転じれば、金杉・馬込付近を水源とする海老川が東夏見の谷を南に流れ、飯山満川・前原川、長津川などと合流して宮本と本町・湊町の間を漁港に向かって流れている。流域面積は二七・一二平方キロ、流路延長八キロ、川幅は長津川合流点の上流部で一〇メートルの広さを持つ市内最大の川を見ることができる。海老川流域は泥炭地を持つ長津川流域と比較して広い面積と良質な土質とともに稲作に適した土地を古代から提供してきた。

この二本の川の流域に天照大神を祀る金杉神明社・高根神明社・飯山満町神明神社・前貝塚神明神社・米ヶ崎意富比神社・東町意富比神社、そして宮本意富比神社と深い由緒を持つ海神入日神社が鎮座している。

その昔、旧船橋町（五日市村・九日市村・海神村）の辺りは、大神宮より東側は砂が風に吹き寄せられて小高く積もり砂丘の態をなし、海神山の方は砂嘴となり（天の橋立、三保の松原のように）海中に突き出ており、宮本・夏見台・海神山に囲まれた海老川河口および天沼弁天池公園周辺は、浜名湖・八郎潟の如き潟湖を形成していた時期があったと言われている。

平安時代末期に書かれた『更級日記』に菅原孝標の娘が通ったという黒砂から松戸への道行きや、源頼朝が鷺沼から市川国府台へ向かったときの古記録にも船橋付近の記述がないのは先に記述した潟湖とそれを迂回して通る旧街道の存在があったためと思われる。

## （1）夏見の地名と大結馬牧《おおゆいのうままき》

葛飾《かつしか》郡内には葛飾・度毛・八島・新居《にいき》・桑原・栗原・豊島・駅家《うまや》の七郷と余戸《あまるべ》があり、葛飾郡の国史文献上の初見は「下総国葛飾郡大嶋郷戸籍」『正倉院文書』（養老五年）である。この文書には葛飾郡大嶋郷の戸籍が記載されているが、郷名は八島郷でなく大嶋郷である。この件に関して、八島郷は大嶋郷の誤写であろうと多くの研究者は言っている（例・『千葉県の歴史　通史編　古代2』一〇六七ページ「大島郷の誤りならば…」）。これと同じように「度毛」は「夏見」ではないのか、という研究もある。『船橋市史　前篇』には次のような記述がある。

「和名類聚抄には夏見の名はないけれど、葛餝郡度毛郷という名がある。この度毛という二字は、昔、和名類聚抄伝写の際、夏見の二字の草書体を誤り読んだのではないかと疑うべき余地もないではない。」として、二つの事例をあげている。

①船橋市立西図書館所蔵の天保三年十月、並木信行作と思われる下総国大絵図と題するものの中に東夏見・西夏見を東度見・西度見と誤り記している。

②元治元年船橋戦争の際、夏見の台というべきを度見の台と誤り、やがて是をトミと読んだ例もある[1]。

更に、長谷川芳夫氏の研究によれば、明治七年五月二十七日付内務省地誌課が調査した『千葉県管下区別村名取調書』を見ると、第一二大区下総国葛餝郡第三小区総八ヶ村として、船橋海神村・船橋九日市村・船橋五日市村・米ヶ崎村・七熊村・高根村・東夏毛村・西夏毛村の村名が記録されている。ここでは夏見の見の字を毛と表示して、わざわざナツミとふりがなをしているとある。

これらの研究から、御厨のあった夏見の地に一郷があったと考えることが十二分に可能と思えるのである。

次に、大結馬牧《おおゆいのうまのまき》についても、平将門を官牧司と推定するところから、茨城県内に比定する説が有力であるが、夏見御厨付近とする説もある。それは、『延喜式』神名帳に葛餝郡意富比神社があり、伊勢の神宮の大祓馬などに下総国牧馬をあてることから「はじめ意富比神社は大結《おほひ》牧*にあり、中古その地は伊勢の神封となり船橋御厨と称す、大結牧の名を廃したのはそのためである」とあって、大結牧の名は、そこに伊勢の御厨ができたためになくなったと言っている。これに対し三橋健氏は「意富比神考」の中で『結』を「ヒ」と読むことができるかどうかいささか無理なようにも思われるのである、と述べられている。

＊　邨岡良弼『日本地理志』第十九巻・梅田義彦『式内社調査報告』第十一巻

## （2）夏見御厨

ＪＲ船橋駅の北から夏見、金杉にかけての土地は、広く平らかで地味もこの地方としては割合に肥えていたので、早くから開発され、御厨とされたのであろう。

資料Ⅰによると、夏見御厨は、保延四年（一一三八）に立てられていた。すなわち、今より約八七〇年前には夏見御厨から白布二〇反と布三〇反が神宮に奉納されていた。

**資料Ⅰ　神宮雑書　建久三年**（一一九二）

二所太神宮神主

依職事仰并次第事（ママ）知注進神領子細事

（中略）

下総国

（中略）

夏見御厨内　○給主内宮一禰（ママ）成長　件御厨、去保延四年建立、代々国司奉免了。

**（葛飾郡）**

供祭物　白布廿端、別進起請布卅端

次に、資料Ⅱの『吾妻鏡』をみれば、文治二年（一一八六）・（平家の亡びた翌年）三月十二日の条に、下総国院御領船橋御厨とある。院というのは後白河法皇のことで、当時この御厨は後白河法皇の御領であり、この院御領について、幕末の国学者黒川春村は著書『墨水鈔』の中で「院御領とあるは写誤にて大神宮御領なるべし院御領なることわりなし」として「院ノ御領はみな某庄とありてまがひなくみえたり」と述べている。

**資料Ⅱ　『吾妻鏡』文治二年（一一八六）三月十二日条**

十二日庚寅（中略）又関東御知行国々内乃貢未済庄々注文被下之今日到来。召下家司等可加催促給之由云々。

注進　三箇国庄々事　下総信濃越後等国々注文

合

［また関東御知行の国のうち、年貢未納の庄園の一覧が下され、それが今日到着した。下家司《しもけいし》を呼んで催促をするよう命じられたという。注進します。三カ国の庄園の事（下総・信濃・越後の国々の一覧）。］

下総国

殿下御領　三崎庄　　同　大戸神崎

千田庄　　三井寺領　玉造庄

熊野領　匝瑳南庄　　成就寺領　印東庄
延暦寺領　白井庄　　八条院御領　千葉庄
院御領　船橋御厨　　同前　相馬御厨
八条院御領　下河辺庄　　按察使家領　豊田庄
二位大納言　橘并木内庄　八幡

さて、資料Ⅰにある夏見御厨と、資料Ⅱにある船橋御厨は同じものであろうか。『神鳳鈔』には夏見御厨一名船橋二百丁と記載がある。これにより夏見御厨は一名船橋御厨と呼ばれていたことがわかる。なおここでは内宮上分の布三〇反であり、これを世話する御師の分も布三〇反とある。

**資料Ⅲ　『神鳳鈔』延文五年**（一三六〇）

安房国

外宮

東條御厨。上分四丈布五段。長日御幣紙五百六十帖。雑用料布百段。　白濱御厨。東條御厨内也。號二阿摩津御厨一。

上總国

武射御厨。一名南郷
　下總国
相馬御厨。内宮上分布五十段。口入百段。雑用布百段。外宮上分四丈布五十段。御幣紙三百六十帖。千丁。
内宮
夏見御厨。内宮上分布三十段。口入三十段。一名船橋。二百丁。　遠山形御厨。
葛西猿俣御厨。百八十丁。新御厨在之。　萱田神保御厨。

建久八年のものと推定される『香取文書・遷宮用途注進状』に作料八十斛を負担したとの記載がある。この御厨はいつの頃まで続いていたのであろうか、一つの考え方としては、葛西の御厨と同様に小田原北条氏が勢力を拡大してきた時代に衰退したのではなかろうか。

### （3）船橋大神宮（意富比《オホヒ》神社）

房総三国において『延喜式』神名帳に記載のある神社のうち、現在天照大神を祀る神社は、下総国葛餝郡意富比神社と安房国朝夷郡天神社《あまのかみのやしろ》の二社で、天神社は昭和二年に下立松原神社に合祀されているので現存する社は意富比神社一社のみである。

房総の神社の最終的な位階は、香取神宮が正一位、安房坐神社と后神《きさきかみ》天比理乃咩命神社が正三位、玉前神社が正四位上、意富比神社が従四位下であった。意富比神社は御厨成立以前、神祇官で祀られていた。

それでは意富比神社の縁起とはどのようなものであろうか。

諸国名所百景「下総舟橋大神宮」
（二代広重：万延元年〈1860〉）

『意富比神社明細帳』（明治十八年）の由緒書に、次のような記載がある。「意富比神社の創祀は景行天皇四十一年、日本武尊が東征の際、船橋の湊郷に上陸し、旱魃に苦しんでいた里人に対して祭場を設け、伊勢の皇大神宮を遥拝したところ降雨となり、その後、海上から幣帛を垂れ、榊を立てた船が漂着し、その船の中の鏡を天照大神の御霊代として奉斎したのがその創祀である。景行天皇五十三年に豪雨のため湊郷が洪水となり、船を浮かべて橋としたのが船橋の地名の起こりと言われている。不便なため、社地を湊郷から北方の高陵の地夏見村に遷し、その後現在の社地（宮本）に遷した」とある。

しかし、これに対して三橋健は次のような考察を提供している。

湊郷が洪水で社地を高陵の地に遷したのは夏見村でなく、現在の大神宮の社地という。そして、船橋大神宮こそは夏見村に勧請された皇大神宮の神明社であり、夏見御厨が衰退するとともに神明社も衰退し、ここに同じ太陽神である意富比神社に合祀され、合祀後はこの地方の日神である意富比神社が日本国の日神である天照大御神に国（土地）を譲るかたちで、合祀された方の神明社が一躍有名となって舟橋天照大神宮などと称されるようになるのである。

とはいうものの、それとともに意富比神の名が全く消え去ったわけではなく『江戸名所図会』に「意富日神社…世に船橋太神宮と称す」とあり、慶長十三年の棟札にも「意富日皇大神宮」と記してあり、式内社意富比神社の名を忘れていないのである。

**資料Ⅴ　棟札**

（表　面）

願主征夷大将軍源家康　　奉　行　伊奈備前守忠次

奉祈意富日皇大神宮一宇造営天下泰平武運長久諸願成就所

于時慶長十三年戊申七月十八日　　添奉行　杉浦五良右衛門

同　渥美太良兵衛

（同裏面）

大禰宜清胤　　佐久間図書直道

御遷宮

小禰宜重高　　大夫兵部重之　　小仲井主計兼興

神主富中務大輔基重　同息彦十郎基治

大工小笹源左衛門則重　小工藤代内匠正次

鍛冶石井藤左衛門定時　錺師白銀介次郎吉久

江戸名所図絵「意冨日神社　九月廿日祭祀之図」

何れにしても御厨の成立と衰退は、意富比神社に多大な影響を及ぼしたことは事実である。御厨衰退の後に、船橋大神宮が主張した神領域は船橋六郷として、高根村・米ヶ崎村・七熊村・下飯山間村・金曽木村・夏見村であり、御厨と同じ地域であった。江戸時代は御朱印地五十石を賜り、隔年の正月年始には御祓大麻に茂侶神社より択んだ根引きの若松を添えて江戸城に登城の上、献上する栄誉に与ることになる。

『船橋市史』にある一文は江戸時代の当社の姿を述べている。

　徳川時代に入って船橋宿は九日市及び五日市本宿が最も繁昌し、一般参拝者は多く是等の方向から出入りしたけれども、此の社は一向に其の方向を是等繁華街には向けなかった。江戸近郊の名社大宮八幡、井草八幡等は何れも徳川時代に入って其の参道を新しく開けたる街道の方向に改め、江戸方面より来る参拝者の便宜を図った。この他多くの神社の中には、この便宜のため本殿の方向を換えたものすらあるけれど、此の社は依然として旧態を改めなかった。本殿は昔ながらに南方海面に向かい、正参道も旧状そのままに繁華街とは全く背中合わせの方向を取り、海上の方面に向かって居る。海上守護は此の社に一貫したる神徳であったかのようにも思われる。さればとて此の社は伊勢大神宮を合祀した精神も忘れない。今でも此の社の本殿は茅葺きで（現在は銅板葺き・筆者注）伊勢皇大神宮を模したる造りである。此の社は誠に昔ゆかしき社である。

**参考文献**
千葉県東葛飾郡船橋町『船橋町誌』昭和十二年
船橋市『船橋市史　前篇』昭和三十四年
船橋市史編さん委員会『船橋市史資料編』一～一〇　昭和五十八年～平成十二年
改訂房総叢書刊行会『改訂房総叢書』昭和三十四年
（財）千葉県史料研究財団『千葉県の歴史　通史編　古代2』平成十三年
長谷川芳夫『船橋地誌―夏見潟を巡って』崙書房出版、平成十七年
三橋健「意富比神考」『國學院雑誌』八十二巻一号、昭和五十六年
綿貫啓一『船橋歴史風土記』崙書房、昭和五十九年

（千葉　敏）

## 6　下総国の御厨

神宮の御厨が、全国的に分布し展開するなかで、下総国における神宮の御厨はどのような実態であったのだろうか。

南北朝期（正平十五年〈一三六〇〉をあまり降らない時期）に、内宮の祠官によって編纂された神宮の神領を国別に類聚した史料である『神鳳鈔』によると下総国には、相馬御厨・葛西御厨・萱田神保御厨・遠山形

（方）御厨・夏見御厨の五つの御厨が存在しており、最も御厨が多く分布していた国であった。これら下総国の御厨は、いつの時代にどのような経緯で神宮の御厨となっていったのだろうか。また、これらの御厨を通して、下総国と神宮の間にはどのような繋がりがあったのだろうか。

本節では、下総国の神宮との関わりを御厨を通して見出していきたい。

## （1）相馬御厨

下総国の中で、最も早く神宮の御厨となったのは、相馬御厨である。以下、神宮の御厨になる過程を大治五年（一一三〇）の史料を中心に紹介しながら概観していきたい。

相馬御厨に関する史料上の初見は、大治五年の『平経繁寄進状写』（『櫟木文書』）があげられる。

正六位上行下総権介平朝臣経繁解申　寄進私領地壱処事

在下総国相馬郡布施郷者

四至　限東蚊虻境　　　限南志子多谷并手下水海
　　　限西廻谷并東大路　限北小阿高并衣河流

右件地、経繁之相伝私地也、進退領掌、敢無他妨、爰為募神威、任傍例、永所寄進於伊勢皇太神宮如件、但権禰宜荒木田神主延明、為口入神主、於供祭物者、毎年以田畠地利上分并土産鮭等、可令備進、至于下司之職者、以経繁之子孫、無相違可令相伝也、仍勒事状、以解

大治五年六月十一日

正六位上行下総権介平朝臣経繁

（以下略）

これは、大治五年に、平経繁が伊勢皇太神宮（内宮）へ下総国相馬郡の布施郷を寄進し、相馬御厨が成立した事を示す史料である。この寄進には、神宮の神威を借りて所領の保全を図るという目的があったことがうかがえる。

寄進に際しては、神宮の権禰宜である荒木田神主延明が口入神主として仲介役となり、また、現地の下司職は経繁の子孫が相伝し、毎年の田畑からの地利上分や土産鮭を、神宮への供祭物として備進する旨が記されている。この供祭物に関しては、『荒木田延明請文写』（『櫟木文書』）大治五年八月二十二日条から、より具体的に見ることができる。

謹解　中長起請進御厨供祭物事

□総国管相馬郷者

右件地、彼国権介平経繁私地也、而以権禰宜荒木田神主延明、為口入神主、所寄進当宮也、其起請云、任開作田数、毎年之勤田段別米壹斗伍升、畠段別伍升其他干雉佰鳥・塩曳鮭佰尺可備進也者、然則件濟物之内、相分半分定供祭料、当時一禰宜元親神主迄至御子孫之時、永可沙汰進也、仍為後日、注事状、以解、

大治五年八月二十二日権禰宜荒木田神主
（以下略）

史料によると、地利上分は、一反につき米一斗五升、畠一反につき五升、また干雉一〇〇鳥・塩曳鮭一〇〇尺を神宮に納める事がうかがえる。また、これらの半分を神宮の祭祀料として内宮の一禰宜である元親神主とその子孫に納め、残りの半分を寄進の仲介役の口入神主の得分とされた。

この様に、相馬御厨から神宮に対して干雉と塩曳鮭が大量に納められていることが具体的に見ることができ、また、御厨から神宮に品物を貢納する過程には、神宮の神職達の深い関与があったことが理解できる。

## （2）葛西猿俣御厨

『神鳳鈔』によれば、「葛西猿俣（内宮）百八十丁新御厨」とあり、内宮の御厨であったことがわかる。この中で、「百八十丁新御厨」とみえ、南北朝期における御厨の領域をうかがい知る事ができる。

応永五年（一三九八）八月の『葛西御厨田数注文写』（『櫟木文書』）によると、

下総国葛西御厨注文

一　猿俣　十六町三段三百分　公田二町九反大

一　小鮎　九町一反六十分　公田一町五反大

一　金町　十一町七段半　公田九反

一　飯塚　五町四段小　　　公田九反
巳上四之郷田数四十二丁六反三百分
香取社宝殿造営役所　　荒張二丁七反三百分
一　曲金　十八丁五段小　公田二丁九反半
一　長嶋　二十七町　公田四十七反（町か）
一　下小岩　二十三丁九反　公田三十六反（町か）
一　鹿骨　十一町九段　公田一町六反
一　二江　四十三丁五反大　公田七丁五反
合六ヶ郷田数百卅七丁九丁九反六十分半

とあり、香取社の宝殿造営役所でもあった猿俣、小鮎、金町、飯塚の四郷の田数四二丁六反三〇〇分と、荒張、曲金、長嶋、下小岩、鹿骨、二江の六郷の田数一三七丁九反六〇分を合わせると、『神鳳鈔』に記載されている一八〇町とほぼ同じであることから、これらの各郷により御厨が構成されていたことが理解できる。

葛西猿俣御厨の成立に関しては、諸説あるものの、永萬元年（一一六五）三月二十一日の年紀のある「占部安光文書紛失状写」（『櫟木文書』）に、その成立の事情が記されている。

この史料によると、葛西御厨は「本領主葛西三郎散位平朝臣清重」の先祖が神宮に寄進してきた神領であり、また、占部安光は領家口入職を先祖代々受け継ぎ神宮に上分してきたという。それが、兵乱（保元・平治の乱）のために伝えられてきた文書の悉くを紛失してしまい、先祖代々領家口入職を受け継いできた事を証明したい占部安光は、紛失した文書が出てきたならば、盗んだ者を重科に処すとしたうえ、証明できた暁には、これまでは神宮の内宮にのみ上分してきたが、外宮にも上分し、両宮の御神領となる旨を記している。

ただ、この史料は、これまでの研究により偽文書であるとされており、永萬元年以前に葛西猿俣の地域が神宮の御厨となっていたとは考えられない。後の時代に書かれた「伊勢大神宮神領注文写」『神宮雑書』建久三年（一一九二）八月日の中には、葛西猿俣御厨に関する記載がなく、建久四年（一一九三）以降に葛西清重もしくはその子孫によって神宮の御厨として寄進されたと考えられている。

### （3）萱田神保御厨

萱田神保御厨は、南北朝期成立の『神鳳鈔』にその名がみえるが、この御厨の初見史料は、弘長四年（一二六四）の「関東評定事書」（『新編追加』）である。そこでは「萱田神役（保カ）御厨」の名で登場し、次のように記されている。

下総国萱田神役《ママ》御厨者、雖送数百歳、依為神領、預御成畢

これによると、萱田神保御厨は、弘長年間には既に、御厨となって数百年を経ているとされていたことがわかるが、神宮への貢納物など具体的な関わりは、史料上の制約から確認することは難しい。ただ、この史料

に、「御厨」としての立場と「神領」としての立場との対立関係が垣間見えるのは、当時の社会における「御厨」の位置付けを考える上で興味深い。

この御厨は、萱田郷と神保郷の二つで構成されていたが、この二郷については、建長元年（一二四九）の香取社造営に際して作成された「造営所役注文」に、

一、火御子社一宇　　萱田郷役　　千葉介
一、勢至殿社一宇　　神保郷役　　千葉介

と記されている。つまり、香取神宮に対して、萱田郷は火御子社の造営、神保郷は勢至殿社の造営と、それぞれ役所を負担する「神領」でもあったのである。

だが、「関東評定事書」の記載からすると、「御厨」としての立場の方が「神領」としての立場より優先すると考えられていたことがうかがえる。この点は、次に述べる遠山形（方）御厨の場合に、更に明確になる。

## （4）遠山形御厨

遠山形（方）御厨は、南北朝期成立の『神鳳鈔』にその名を見ることができる内宮の御厨である。

この御厨に関しては、文永年間（一二六四〜一二七四）の「造営記録断簡」（『香取神宮文書』所収、香取神宮文書九号）に次のように記されている。

酒殿一宇五間　葺葺
作断（料）官米　百石
河栗、遠山方本役也、仍地頭等造進之、但宝治者、号御厨、給主等掠先例、雖申下宣旨、以新立神領、不可対捍本役之旨、関東御式目分明之上、被下院宣之間、除神宮上□之外造進之、今度者無違乱、令造之、

これより、宝治三年（一二四九）までに河栗郷と遠山方郷とが御厨と号していた事がわかる。また、この二つの郷に関しては、この史料より以前に、建久年間（一一九〇～一一九九）頃の史料である「香取神宮遷宮用途注進状」（『香取文書』）に次のようにあり、

河栗郷　　籾十石　　布二段　　絹一疋
遠山方郷　籾十石　　布五段　　絹一疋四丈

両郷ともに香取神宮の遷宮用途を負担していた事がわかる。

だが、「造営記録断簡」によれば、宝治三年香取神宮の式年遷宮が行われた際、両郷は、神宮の御厨であることを理由にして、香取神宮の式年遷宮に関する所役を免れようとしていた。

それに対して、その時には、「御厨」としての先例を言い立て、「新立神領」であるからと所役負担を逃れ

ることができないことは関東御式目に明らかであるとして院宣まで下し、ようやく伊勢神宮への貢納分を除いた費用を負担させたという。

この史料からは、「御厨」が一宮である香取神宮の「神領」としても把握され、「御厨」であることが「神領」としての費用負担を免れる正当な理由になり得た時代があったのが、次第にそれが否定されていったという道筋がみえてくる。このことは、言い換えれば、本来「御厨」であることは、他の所役負担から免れることが出来る重要な手段であったということを意味する。それは、既述の相馬御厨の成立の背景に、御厨となることによって所領の保全を図るという意図があったこととも符合する。

遠山形御厨もまた、そのような意図があって、御厨となった可能性も推測できる。ただ、そのような経済的な利益が、次第に「神領」に移行されていくものの、伊勢の神宮との精神的な結びつきは残ったに違いない。そのことを示す事として、遠山形御厨の一部であった河栗の地には大正期まで、神明社が存在していたことがあげられる。

以上、下総国に分布する御厨について見てきたが、下総国に御厨が成立した最も早い例として、相馬御厨の成立をはじめ、次々に御厨として形成されていき、十三世紀までには、夏見御厨・葛西御厨・萱田神保御厨・遠山形御厨・相馬御厨が確立していった。

また、葛西猿俣御厨は香取社宝殿の造役所として、萱田神保御厨は香取社（火御子社・勢至殿社）の造営役所として、遠山形御厨は香取社の遷宮用途を負担するなど、神宮の御厨である一方で、下総国一宮の香取社（現、香取神宮）の社殿造営・遷宮用途を負担する役をも担っていた。この二面性は、下総国の御厨の共通する特徴としてとらえることのできる点と考えられる。

（鈴木聡子）

# 第四章 江戸時代の大麻頒布

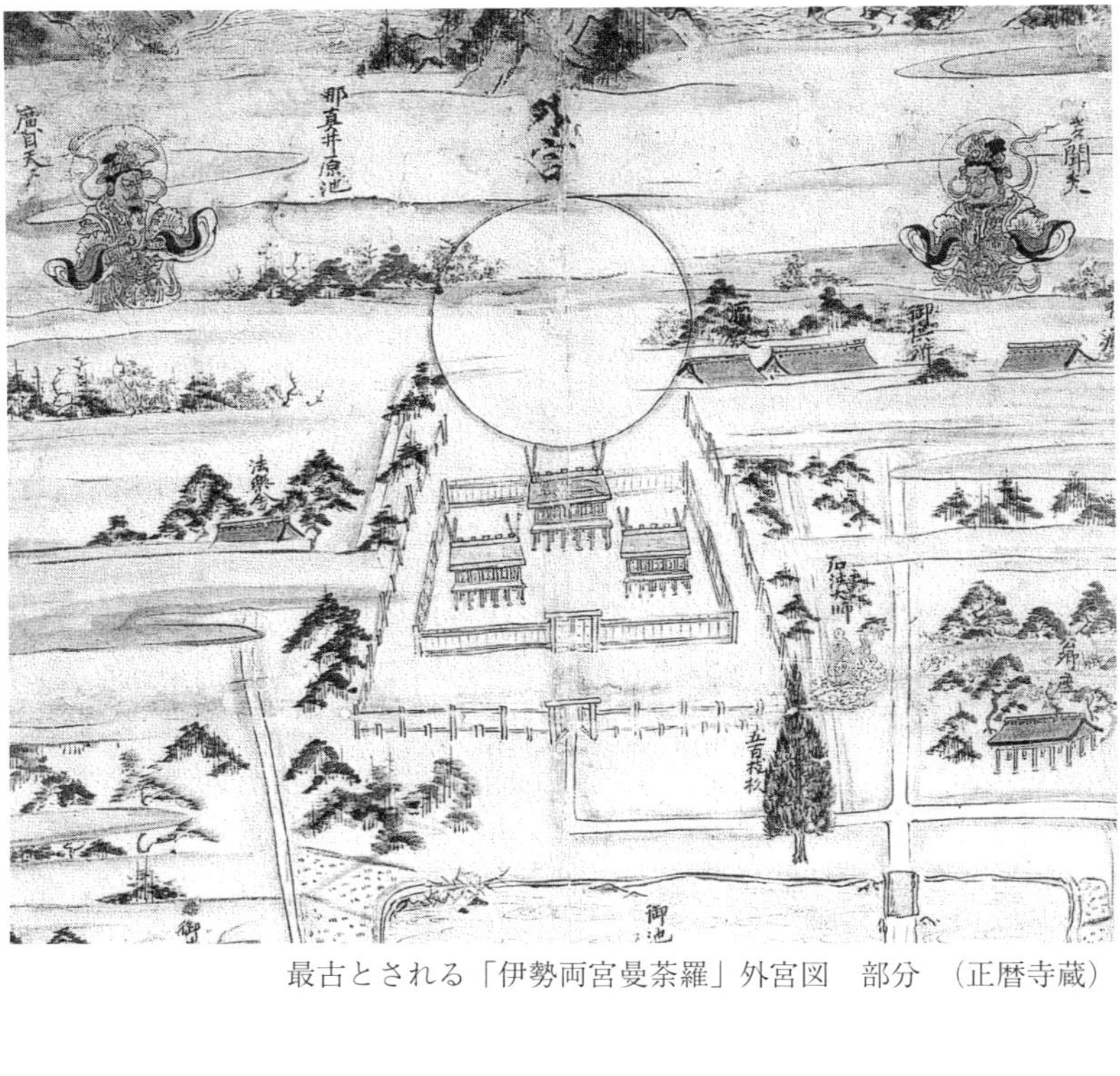


最古とされる「伊勢両宮曼荼羅」外宮図　部分　（正暦寺蔵）

## 1　御師の活動

### （1）御師

現在神社の社頭で、あるいは神職さんが氏子内に配布している伊勢の神宮のお札、所謂「（頒布）大麻」と言われる神札、これが家々に祭られるようになるのは、今から一四〇年ほど前からであった。

しかし、実はそれ以前に神宮の祠官たちによって全国に配られた神札があった。江戸時代の後半には特別に民衆の爆発的行動ともなった「お陰まいり」「抜けまいり」など、あるいは「札が降る」などの元になったのは、全国的に展開していた伊勢の配札があったからと言えよう。これは江戸幕府が命令したのではなく、時の朝廷が動いたものでもなかった。

後期封建制と言われ、鎖国という限定された世界の中で、どちらかと言えば自由な活動による宗教運動でもあった。古代律令制による神宮の維持管理が崩れ、荘園制となり、経済的基盤が変化していく。武家政権の成立、土地の実力支配となる中で、権門に出入りし、祈祷することにより彼等を守護すると共に実力者から寄進を受け神宮の運営に資することから始まる「御師」なるものが、源頼朝の頃より社家の内に現れ、近世に変化する世の中で、大名・領主ばかりでなく、大衆を対象として活動がなされていく。

鎌倉時代後半の「神は人の敬によって威を増し、人は神の徳によって運を添う。」という文章に始まる「貞永式目」は近世寺子屋の教科書となって読まれ、大衆化する。

伊勢では御師（おんし）と呼ばれ、他では「おし」と言われるこの人々は、特に伊勢、熊野、津島、美濃白山などがよく知られ、東北の出羽三山や日光、富士などの修験・講中の形態とは少し異なるようである。

八幡の荘園に八幡社が祀られ、国郡衙荘園に春日社が祀られるように、伊勢の御厨に神明社が展開していくのも中世的世界の中であり、これらが相まって、より一層普遍化していく。私幣を禁じられたとはいえ、より強い神に対する信仰は押さえることが出来ないものであった。必要に応じて作り出されていく制度として「御師」の活動があったと言える。

祈祷、そしてお祓い大麻の頒布、参宮を誘《いざな》い、旅行斡旋業的でもあり、宿泊を引き受け、神楽を奉納させ、時には古市などで酒席を設ける。信心から観光的大衆娯楽まで、人々の心を把んで経済的基盤、繁栄を導いていった。時代的要請であり、正規なものでないとしても、明治の全国的大麻頒布が無視できないところに追い込み、戦後の国民総奉賛の基礎を作っていったと言えよう。

歴史的にはすでに触れたように頼朝の頃に存在していたことは『吾妻鏡』などにみえ、その後、江戸幕府徳川家の御師や、禁裏御師など、祠官の内でも上層部の者が務めているようだが、諸国を広く分担している御師の家は権禰宜クラスと言われている。廃止となってから一四〇年余りたつが、今でも一部立派な門が残っており、何と言う御師の家の門であったと言われている。しかし今回少々調べてみたが、御師に関する研究は少なく、不明のことが多い。

### （2）房総の御師

房総の伊勢信仰の本を造ろうとして回を進める内に、資料が持ち寄られた。江戸時代の剣先祓や神楽の箱札に「二見大夫」「曽禰二見大夫」などの名が見えた。数も少なく、地域が偏っているので、全県下知ることはできなかった。伊勢へも何度か足を運んだが、昭和四年（一九二九）一月発行の『宇治山田市史』以上の史料はほとんど見いだせなかった。

この『宇治山田市史』の上巻には、御師のことも触れられているが、国別担当まではない。同書に引用された文書中には「二見大夫」「二見将監」「梅谷左近」「梅谷左京」など房総に関係するかと思われる二見大夫家や梅谷家などが見えるが、これも何家かあったようであるから、即断はできない。

また伊勢市立郷土資料館で平成十四年三月に開催された第一三回特別展『伊勢の町と御師―伊勢参宮を支えた力―』の図録は簡易に御師について概観できる書であるが、下総の九九パーセントが大世古町の龍淡路であることが見え、岩渕町の久保倉弾正に下総が入っていることが分かる。またこの時の資料集『御師廃絶一三〇年記念シンポジウム　伊勢の町と御師―伊勢参宮を支えた力』（御師廃絶一三〇年記念シンポジウム実行委員会、平成十四年三月二十三日刊）には皇學館大学史料編纂所所蔵史料などにより御師の家の位置、屋敷内の配置図（間取り）、明治十二年の「旧師職総人名其他取調帳」などから主な御師家の概要がわかる史料が載せられている。

皇學館大学の岡田登教授が、明治十二年の調査から書き出してくれた下総、上総、安房の御師について以下にあげておく。

**宇治（内宮）御師**

1　大郎館大夫　下総（銚子）
2　白髪大夫　下総（葛飾関宿）
3　泉杢助大夫　下総（葛飾9）

4　藤波神主　下総（結城水野家、結城36）
5　中川新神主　上総（五井有馬家）
6　蓬莱大夫　下総（結城水野家）
7　中之館大夫　下総（葛飾相馬51）
8　佐八神主　下総（葛飾10）
9　八羽石大夫　下総（印旛23、埴生10、香取72）
10　小川地大夫　安房（勝山酒井家）
　　下総（葛飾5）
11　同　下総（海上町方並25、匝瑳25）
（柳作大夫）　上総（武射16）
　　下総（香取町方並51）
12　梅谷大夫　下総（多古松平、匝瑳12、海上16、香取41）
　　上総（佐貫阿部家、武射3）
13　山本大夫　下総（佐倉堀田家、関宿久世家、小見川内田家、葛飾関宿）
14　中川神主　下総（古川土井家、葛飾町方外20）
15　腹巻大夫　下総（猿島、葛飾）
16　上野清大夫　下総（結城1）

17 沢瀉大夫　下総（葛飾39、猿島30、岡田19、千葉12）
上総（望陀32、夷隅20、市原30、埴生13）
18 上野左大夫　下総（葛飾19）
19 礒部主馬大夫　下総（猿島8）
20 十文字大夫　下総（高岡井上家、葛飾5）
21 礒部館大夫　下総（海上、銚子）
22 車館大夫　下総（相馬54）
23 八幡大夫　下総（葛飾23、児玉7、榛沢11、加美11）
（中林鯛屋大夫）［慶応三年］
24 岩井田右近　下総（葛飾15、猿島27、相馬1、結城1）
25 世木兵大夫　下総（相馬71、印旛19、岡田28、豊田4）
26 小川清大夫　上総（市原鶴牧）
27 坂三頭大夫　下総（印旛佐倉）
安房（長狭花房）
28 浦田大夫　安房（館山稲葉家）
29 倉谷大夫　上総（姉ヶ崎水野家）
30 楪《ゆずりは》千大夫　上総（天羽、夷隅、長柄）
31 上野館大夫　上総（木更津貝渕林家）

32　金谷大夫　　上総（五井有馬家）

## 山田（外宮）御師

1　筋向橋小林大夫　上総（望陀一円、市原2、周准2—一〇七〇〇軒）
[下中之郷町]
2　綿谷主税大夫　下総（海上3）
（岡村又大夫）[下中之郷町]
3　堤大夫　上総（海上3、望陀10）
4　釜谷大夫　上総（久留里）
（高田大夫）[下中之郷町]
5　岡村源大夫　上総（三一三軒）
6　二見舎人　上総（九二〇〇軒）
（曽禰二見大夫）[曽祢町]
7　龍大夫　下総（葛飾226、相馬161、千葉97、印旛236、香取246、埴生63、海上66、匝瑳66、岡田42、
豊田76、猿島87、結城44—八四二三九軒）
[大世古]
8　安田重大夫　上総（夷隅、市原、埴生）
（杉木宗大夫の名代）[大世古]
9　小枝須彦大夫　下総（猿島）

（龍大夫の名代）［大世古］
10　松村宗大夫　　　下総（海上、岡田、匝瑳）
（龍大夫の名代）［大世古］
11　笠井大夫　　　上総（天羽84、周准103）
（曽禰二見大夫）［八日市場町］
12　杉木権大夫　　　上総（市原、夷隅、長柄、埴生、武射、山辺、望陀）
（杉木宗大夫）［一之木町］
13　山田大路御炊　　　下総（印旛、佐倉304戸）
（御炊左大夫）［下馬所前野町］
14　久保倉弾正　　　下総（1190）
（久保倉大夫）［岩渕町］

以上が岡田登氏のメモによるものだが、同氏によれば軒とあるのは安政頃の資料であろうとされ、山田分は二、三丁脱漏があるとされる。この「旧師職総人名其他取調帳」では、宇治で一九〇家、山田で四八〇家の御師の家があり、明治十二年六月の扶助金下賜の折には帳簿記載六六五戸の内四〇三戸に一律三〇円の扶助金が与えられた。

この下総、上総、安房関係の御師について重複、時代年代による別、脱漏等確認しなければならないが、山田（外宮）の「1　小林大夫」と「6　二見大夫」の上総だけで一万九九〇〇軒、その他を加えると二万軒

龍大夫邸看板

を越している。

また「7 龍大夫」は下総で八四二三九軒とあり、宇治（内宮）では旗本をはじめとする殿様（城下）関係が多いようでもあるが、これらの数を合わせると三国でかなりの数の家々が伊勢の神札を受けていたことになる。なお下総国には現在東京都、茨城県、埼玉県、栃木県に繰り入れられた地域も入っている。

また安永六年（一七七七）調の『外宮師壇方家数改帳』によれば、安房二万一二三九戸、上総二万二一三戸、下総八万五四二九戸とある。この時全国では、四二一万八五八四戸に配布されていたという。当時の家数からすると、大きな比率であるとされる。

なお宇治（内宮）の「12 梅谷大夫」については本章次節「鎌数伊勢大神宮」を参照されたい。

## （3）宇治と山田の御師

房総半島における御師の活動を理解するために今少し伊勢の御師をみておこう。

すでに述べたように宇治（内宮）と山田（外宮）に分かれて神宮の師職（神職）家があり、古代では内宮は荒木田、外宮は度会の家系であったが、その後、神領としての自治組織も発達し、近世では、江戸幕府の山田奉行の支配を受けながらも、身分差によるピラミッド型の組織が存在していた。神宮の禰宜職を世襲する神宮家を頂点として、内宮には宇治会合家、外宮には山田三方家があって自治行政組織の年寄役を出していた。全国に先がけて「山田羽書《はがき》」と呼ばれる紙幣、紙の通貨を発行するなど商業活動を行っている。これは藩札の手本となったとも言われ、さらに「為替《かわし》」切手も通用させて、遠方との決済に現金を直接移動させない現代の小切手に先がけた方法も行っている。これらは組織力と信用度の大きなものでなければ成り立たな

| 種類 | 内容 |
|---|---|
| 薬用万金丹 | 万病薬—野間・小西・山原・岩城の四家、治効圓（小児薬—小西家）、はらや（伊勢白粉—飯高郡丹生・多気郡射和産—梅毒薬・化粧品） |
| 海産物 | 熨斗鮑（鳥羽藩より買入、当地で加工）・小貝醤・干栄螺《さざえ》（志摩産）、真珠（禁裏・大名へのみやげ）、伊勢干鰹（熊野産）、鯔《ぼら》（なよし—近国は生魚、遠国はからすみ）、鮫のたれ（志摩産）、干魚（あじ・さば）、するめ、数の子（他国産）、若《わか》布《め》（坂手島産は上等）、ひじき（志摩宿浦産は上等）、青海苔（神前浦産は上等、宮川下流産）、あまのり・ふのり（志摩産）、昆布（他国産）、伊勢海老（古代以来、都へ贈答したことに由来する名称） |
| 衣類 | 反物（薄物・厚物）、帯 |
| 日用 | 箸（竹製で漆塗—田丸箸・宇治の利休箸）、櫛（黄楊櫛—岡本町産）、扇子、小刀・針（河崎町産）、紙たばこ入（多気郡稲木村壺屋池部氏、同明星村堀木氏創製の擬革紙を利用）、墨（奄芸郡白子村産） |
| 器物 | 春慶塗（伊勢春慶—重箱・銚子・枕重箱・丸盆・四方額など—八日市場町大主家）、足袋（他国にない絹糸さし・綾さし・数寄屋さし）、玩具、物さし |
| その他 | 干瓢（高向村特産）、茶（伊勢茶—宮川上流産、飯高郡河俣産は上等）、嘉例状（檀家に渡す挨拶状—美濃紙に木版刷）、杉原紙、鳥の子紙 |

**土産物一覧**（伊勢市立郷土資料館『伊勢の町と御師』より）

いものである。

御師の回檀、檀家あるいは道者などと呼ばれる諸国の自分に所属する家々を、年末に近い頃、訪ね回ることを回檀とも言っている。御師の当主ではなく、多くは代官、手代、先達などと呼ばれる家来が、裃姿で、供の者をつれて大麻を配る。館山市の上真倉の上宿には御師宿があったというが、常々定められた宿に泊まって、その地方を廻る。当然のことながら、帳面を持って、年々同じように準備し、配っていく。檀家に持っていくものは、神札の他に、暦、薬、伊勢の産物等があった。暦は伊勢だけではないが、伊勢暦は、中世北畠氏の保護を受けた飯高郡丹生村の賀茂杉大夫が伝えた丹生暦からの流れと言う。これは毎年、藤波祭主家より朝廷に願い、陰陽家支配の土御門家から受けたものを元として、幕府の許可をもらい版木におこし、刷る。宇治の佐藤家、山田の箕曲、保利田など二〇軒ほどの暦師と呼ばれる家があった。暦の普及は大麻の広い頒

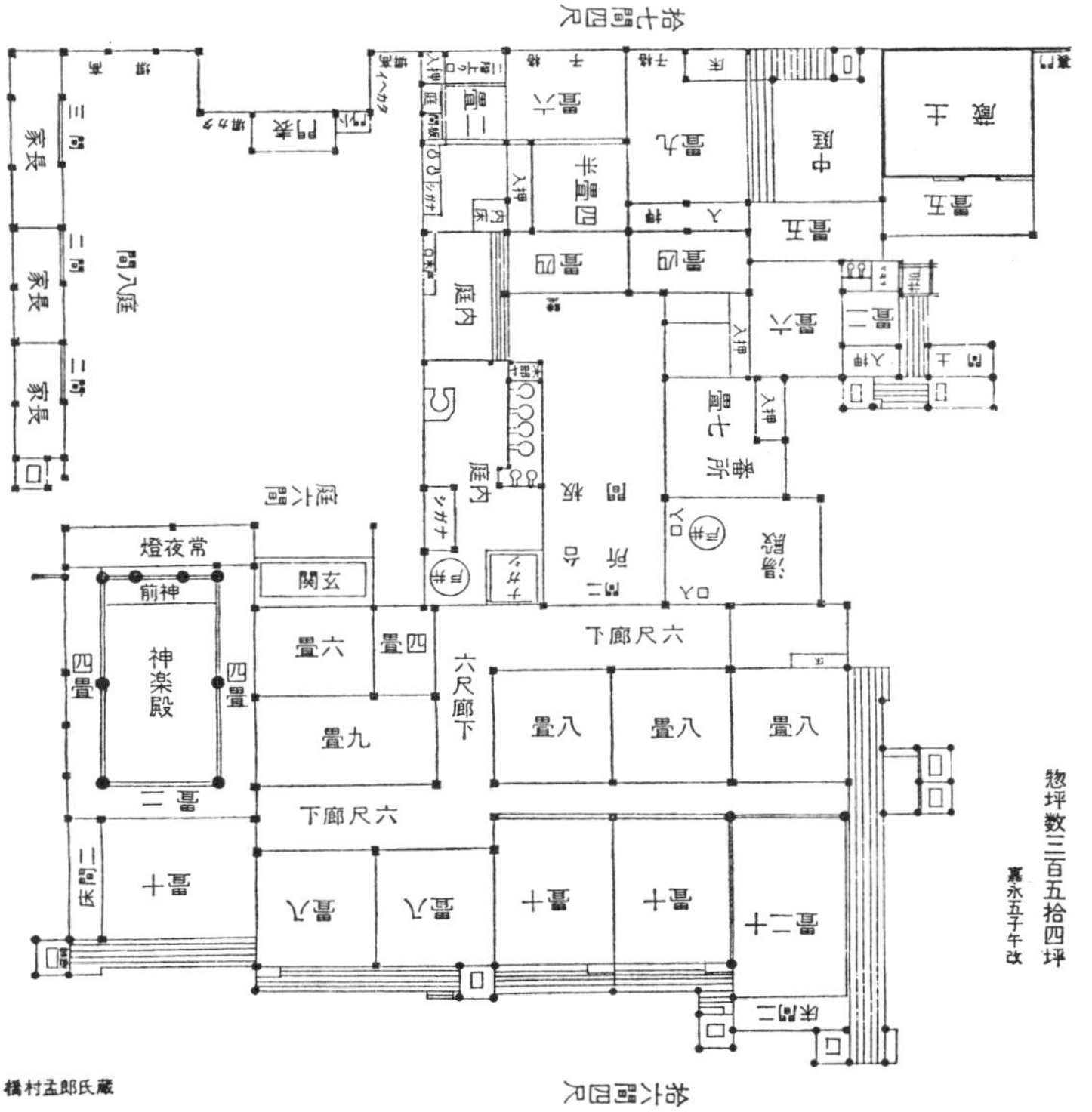


御師橋村大夫邸平面図（藤本利治『近世都市の地域構造—その歴史地理学的研究—』より）

布と共に統一された重要な情報であった（本書二二四・二二五頁参照）。

薬は万金丹、伊勢の他にも当時、吉野の陀羅尼助とか、木曽御嶽の百草丸等々あるが、御師の廻村には必ず薬があったと言える。産物については伊勢市立郷土資料館『伊勢の町と御師』（前出）に載せられていた表を使わせてもらうことにする。

比較的軽い物とか、地方の人々が喜ぶ物が選ばれているが、廻村に先だって、宿あるいは講元などの所へ送って置く。また初穂は銭だけでなく、米やその地の産物で納められるが、これも銭に替えて送るなどの方法がとられている。

御師の一方での大きな仕事として、檀家の伊勢参宮の世話がある。宿泊、参宮案内、神楽祈祷等々である。神宮では神前で参拝するが、御祈祷は神楽殿で行われた。当時大きな御師の屋敷には神楽殿があって、ここで太々神楽を奉納し、御札を受けた。御師の屋敷地には、一八〇〇坪ある家、また一〇〇人以上宿泊させる家など、規模の大きいものもあり、使用人の数も多かった。この御師の家を拠点として、房総の人々が、さらに熊野詣でや金比羅参りをしていることは本書第五章によられたい。

（杉山林繼）

## 2　鎌数伊勢大神宮

### （1）神明社の建立

#### ①椿の海の干拓

別名椿沼・椿湖などと呼ばれる椿海は、古く玉の浦（九十九里東の古称）が、香取・海上・匝瑳の三郡にわたり湾入し、いつしか口が塞がれ一つの湖沼となって出来た湖である。徳川時代の初め、水野家の家臣で大坂の役に出陣したが敗走し、更に追放されて江戸の商人となっていた杉山三右衛門が、湖の干拓に尽力した。というのは彼も市人として終わることなく再び功名を得たいと思っていたようで、ここに湾口を塞ぐことに力を注ぎたいと企てていたようである。

彼は干拓により、新田十万石が得られるであろうと時の大老酒井忠勝に申し出たが決することが出来なかった。その後白井治郎右衛門という者が後を継ぎ、再三に亘って幕府に働きかけ、ようやく寛文七年三月幕府より代官伊奈半十郎が現地検分のために派遣された。しかし検分の答申により干潟の干拓が不許可となったので、幕府の大工棟梁であった辻内刑部左衛門に誘いかけ、辻内の力により再度現地検分が行われることとなった。そこで、地方奉行であった妻木彦右衛門・細田重右衛門・平野治郎右衛門が遣わされ再び検分を行った結果、東側の松ヶ谷村から西岸の飯塚村に至るまで、湖心の直径がおよそ三里、南岸の太田村から北岸の諸徳寺村までは直径一里十九町あることがわかった。更に、外海より二丈五尺低いことが測量され、湖の口を塞げば田圃に適していることが報告された。幕府は遂に寛文八年月に許可を出し代官の関口作左衛門・八木仁兵衛に監督を命じ、目付伴野九郎右衛門・瀬戸彦右衛門の二名に沿岸の境域を検査させ、寛文九年十月起工に到った。

ところがそう簡単に事は進まなかった。財力が不足し江戸の富商野田市郎右衛門・栗本源左衛門の二人に財主となってもらい工事を進めた。

先ず井戸野、仁玉二村の間を掘削。旧川の湖口から更に南へ、成田村太田村の間を経て井戸野の南へと掘り進めたが、うまく行かずに中止となった。そこで、改めて三川村溝原村の間を掘削しようと試みたが、砂地の上に地下に岩盤がありこれも中止となってしまった。とうとう費用が続かず、辻内は、江戸白金の瑞聖寺の僧鉄牛に幕閣への取りなしを懇願し、時の大老酒井忠清より出金六千両を借りることが出来た。時に寛文十年のことであった。こうして、今の新町より吉崎に向けて掘り、川幅十五間、左右堤防七間半、川口幅三十間とし、掘ること二丈六尺延長三里十九町四十四間の川が寛文十年十二月二十八日完工し、翌十一年春には湖水は全く涸れた。ここに「田肥沃にして禾穀穰熟す」と識されている。出来上がった耕地の売却が延宝二年の春から始まり、灌漑用の用水も作られ現在のような耕地となった。

## ② 神明の祈誓

こうして三度にわたる工事の停滞にもかかわらず、これを遂行に導いた大きな力があった。白井治郎右衛門・辻内刑部左衛門の二人は、この工事の頓挫するに及び、湖に舟を浮かべ測量しながら、太田村の下に至ったとき、遙か伊勢の皇大神・天照大神に祈誓した。墾田の工が成った折には、社殿を建立し「新田の総鎮守として崇め奉る」と祈り、標木を流したところ、今の鎌数の地に流れ寄り止まった。その後工事は順調に進み大業が成ったということである。神明の祈誓のことは梅谷家伝承とは多少異なる所もある。

そこで、新しくできた一八村の村人たちは祈誓により、元禄九年に仮の遙拝所を現在の地に設け、後一年を経ずして神殿を造営し、延宝六年には神田一五町九反七畝二二歩・社地七反六畝二四歩を得ることになった。かくして村社天照皇太神となり、明治二年境外地を上地し、現在の神域は九〇二坪ということになった。

一八村とは、夏目・八重穂（東庄村）・万才（萬歳）・入野・米込（中和村）・万力・秋田（古城村）・米村（豊和村）・鎌数・新町（共和村）・春海（椿海村）・幾世・清滝（滝里村）・大間手・長尾（鶴巻村）・高生・琴田（嚶鳴村）・関戸、総面積五、一三〇町二畝、周囲一〇里八町六間一尺、草高二〇四四四石二斗六升二合と古記にあり、なお、砂地で耕作出来ないものが六四七町四反六歩である。

工事費用返済のため延宝二年春新田を売却し、一町歩を金五両とし、五年春になって一五〇〇町歩が売却され、七五〇〇両になり、三年間で分納することになった。その他道路・堀など正徳三年以降、整備が進み、村毎に新たに名主を置き、明治二十二年にはおよそ現在の姿に近いものとなった。

## （2）梅谷大夫と鎌数伊勢神明社

### ①梅谷家のルーツ

前項にて椿海の開拓に行き詰まり、寛文の始め伊勢桑名の藩士辻内刑部左衛門・栗本源左衛門・野田市郎右衛門等によって、伊勢の神明に祈祷したところ大業が成就し、三里余りの大疏水（新川）が見事に完成し、一大干潟となり十八村が新たに開けたことを述べた。時の普請奉行久松（松平）越中守定重が伊勢内宮の御師梅谷左近大夫長重を頼って神明祈誓をしたことが、梅谷家の『古譜之抜書』[1]にある。このことにより、現在地・神領が出来、神社の建立が新田百姓の願いによってなった事が知られる。

ついで、この大業成就により「総州椿新田御師職」を越中守定重公に願い出たところ、聞き入れられた。誠に「祝着」であると、大関五兵衛・三輪権右ェ門が、極月二十九日と同二十八日に梅谷左近大夫宛に親書をしたためている。これによって梅谷左近大夫は内宮の御師として、また干拓地の「神明の神主」として例祭等には参向してきたようである。そのような一端が『覚』によって知られる。

覚

先　触

梅谷左近内

多気市左衛門

箕田大助

行徳より鎌数村迠
一、山駕籠　一挺
但し人足　三人
一、馬　二疋
右此度御用向ニ付鎌数へ被罷越候ニ付宿々村々馬無遅滞差出可給候　尤明後二十八日に江戸表被致出立候　以上
正月二十六日
梅谷左近内
多気市左衛門印
箕田大助印
宿々村々
御役人中
行徳　船橋　大和田　臼井　二十八日泊
酒々井　加茂　多古　松山　八日市場　二十九日泊
鎌数村　朔日着
猶以此先触宿々村々聊無遅滞鎌数村役人中へ相達可給候　以上

『久松家梅谷家由緒書』（一冊）によると、菅原道真の九世子孫道標の嫡子標定が、久松家の祖となり、後

朱雀天皇　長暦元年にその次男標長が梅谷家の祖となったことが記されている。梅谷家は代々尾張国知多郡英比庄に居を構え、南北朝の争いの折には、南朝側の武士として奮戦し討ち死にした。その孫二八代長房が始めて伊勢に居を移し、神宮の神職となった。宝徳年中には権禰宜となり荒木田姓を賜り「長時」と称し、梅谷家の中興の祖であると記されている。代々その居を継ぎ、応永年中、四四代目の長重が椿海干拓の祈願をし、霊験を被って「神明」の初代神職・御師を兼ねながらその職に就いたということである。

### ② 梅谷御師

梅谷家は代々内宮神職で、権禰宜であった。禰宜は川を渡り外に出ることが禁じられていた時代で、従って権禰宜の御師として神宮の私幣祈祷に当たることが出来たわけである。明治三年七月神祇官より御師の由緒について尋問があったことに回答している文書がある。長くなるが理解のために抄録することにする。

往古御祈祷師或詔刀師ト称スルヲ略シ、御師ト唱フルハ通称ニテ、起原明白ニ書記ナシト雖モ、寿永三年豊受太神宮権禰宜光親年来御祈祷師タルヨシ東鑑ニ所載セタレバ、七百年前有来リタルナルベシ。伊勢二所大神宮ハ、朝廷御尊敬天下ノ諸社ニ異ナル故、私ニ幣帛ヲ奉ル事重ク禁断セラレ、式文ニ其由ヲ載セ給ヘリ。併シ参宮ノ事ハ御制止モ無カリシニヤ。承平・永久ノ頃既ニ参宮人千万アリタルヨシ、雑事記・雑例集ニ記シ、文保二年諸国参詣ノ輩精進ノ服仮令庁宣現存セリ。

養和・寿永ノ乱以前マデハ、二ノ宮トモニ神領多カリシ故ニ、私幣ヲ禁ゼラルト雖モ神宮モ祠官モ更ニ闕乏ノ患ナカリシナリ。元弘・建武依頼神領三郡并諸国神戸御厨等、乱世ノ程ニ押領セラレ御崇敬ノ神宮モ御衰廃甚シク成タルハ、歎クニ堪ザル御事也。其頃ヨリ今ノ如ク専ラ諸人民ノ祈祷ヲ勤メ、則チ私亭ニ於テ御祓執行致シ、其身并初穂ヲ清メ、祈祷ノ詔刀言上、別宮摂社教道拝礼。私亭江止宿イタシムルハ御師ノ職務ナリ。私幣ハ宮中江差置ク事禁ゼラルルニヨリテ、直ニ御師ニ受納得分トナシ、漸ク神務進退イタス事ニナリタリ。亦諸国ノ人民ヲ建久ノ頃ヨリ檀那或ハ檀家、参詣ノ輩ヲ道者或ハ参宮人トモ称シ、各持分ヲ家領ニ致シ、互ニ譲り融通イタシタル古券、旧家ニ数多伝来セリ。永禄・元亀ノ頃ニ至リテ旦家ト称スル各国江祓大麻ヲ持行キ、神税ヲ取立テ神事ノ料ニ充テ、其余分ヲ口入ノ神主得分トナシ、祓ノ大麻ヲ諸国江持下リシ旧例ヲ存シ、今初穂ヲ納メシム。参宮人ヲ御師ノ家ニ止宿ナサシムルハ、元神領ノ人民神税ヲ持参シタル輩ヲ、口入ノ神主ノ家ニトメタル遺風ナリ。右等流例トナリテ今日ニテハ檀家ノ収納ヲ以テ師職一般活計スル事トナリタリ。御高察ヲ奉レ仰ノミ。

（『宇治山田市史』）

私幣を禁じられてはいるが、神宮も祠官も闕乏している。従って諸民の祈禱を勤め、私宅に於て「御祓執行、初穂を清め祈禱の詔刀言」を言上し、更には諸国に持ち下って旧例を生かしながら、参宮の人を御師の家に止宿させるなどし、遺風をしっかりと継いでいくことが大切なことだということが述べられている。

なお、従来の「御師職式目之条々」も御師職の心得であり、ここには出ていないが「講参の儀は誰の檀那であっても、親講の御師方で御馳走することなど」勝手に振る舞ってはいけないと筋をきちんと通させている。

御師職式目之条々（文句難解に付意を取る）

一　御道者本国在所を御立出で何方に居住せられ候とも其の人は申すに及ばず子々孫々まで本国先祖の御師に御着あるべく候事

一　御道者久々無音の間、余の御師より御祓を上り居り、たとへ年月を経とも、聞付け次第本の御師に帰せらるべく御参宮の時余の御宿へ御着成さるるとも、本の御師相届候はば其の宿を改めらるるべき事

一　往古数代相伝之御道者、証文ある者稀なれば証文の有無に拘らず、先祖の御師たるべき事

一　養子は相続の家御師に付くべき事

一　入聟右同断

一　女は夫に附くべく候、後家は亡夫の扶持を得るに於ては他所に御入り候共亡夫の御師に付くべき事

一　相輪の御道者御参宮に於ては、付来り候方まづ御宿申すべく、御神物は中に預かり置き、御公事落着次第其の沙汰に随ふべし。

一　論所の御道者は御祓を御振あるべく候。其の儀成難き御方は双方の御師御鬮に任すべき事

一　他人の御道者を証文に書き入れ売候儀を、本御師改め出し相届くるに於ては、右の売主の跡式ある者は買戻して本の御師に返し申す可し。若し売主跡式これ無きに於ては買損たる可く候。御道者売買之儀に付き売渡主を穿鑿あるべき事

一　御道者の方より借物の申入に対し、本の御師の成難きに乗じ、取替たる者が御師となり候儀有るまじき事

一　在所一円諸事の処に他所より来往の人は、本の御師露顕なる間は在所の御師に付くべき事
一　寺の住持は誰の子たりとも其の寺の御師に付き新地建立の寺はその檀那の御師につくべき事
一　余人の御道者は一切旅篭仕るまじき事
一　他国他所の者当町に在付候とも其身一代は御師成るまじき事
慶長十乙己極月吉日　　山田三方

（『宇治山田市史』）

このような「定」によって梅谷御師も一種の株を持つと言うことで御師が主で、当時は祭祀に下総の地まで通ってきて、その威儀を正していることが、前記の「御師下向」の覚の通りである。(2)

## （3）梅谷《うめや》御師の檀那

梅谷家は先述のように内宮の御師であり、『御師式目』に決められた条々により代々檀家を全国に持っていた。次に「宇治御師」より千葉県内の檀家を記すと、梅谷の数は下総（多古松平・匝瑳十二・海上十六・香取四十二）、上総（佐貫阿部家・武射三）とある。また梅谷長泰御師（社司）が明治五年神宮司庁へ書き上げた『配札致来候　国町村家数覚』によると、

下総国匝瑳郡之内
鎌数村　太田村　新町村　井戸野村　小笹村　平木村　川口村　長塚村　若林村　米倉村　琴田村

秋田村

合計十二ヶ村　家数四百二十五戸

その他として、東京　西宮　大阪　桑名　尾張知多郡　三河国碧海郡　上総国武射郡　下総国香取郡

同海上郡　常陸国鹿島郡　上野国山田郡　大和国宇智郡　紀伊国伊都郡　那賀郡　海部郡　備後国深津郡　伊予国温泉郡　越智郡　喜多郡　宇和郡

以上一万三千百八十九戸

とある。東京・西宮・大阪・桑名は範囲が知れないが全てで一万余ということであろう。これと檀那・諸人が対象ということで広大な地域に渡り今の茨城県から和歌山県・奈良県、更に四国に及んでいる。どのようにしてこれらの地を廻ったのだろうか。大麻の頒布を中心とした暦・伊勢土産（万金丹・白粉・白子墨・茶・のり・のしあわび・箸など）を持って、先達や代官手代と呼ばれている人々を回檀（派遣）し檀家との間を信仰を通して強いきずなを結んでいったのである。時には「神木」という白紙の幣をつけた榊を持って、御神体と拝ぎ、神灰（外宮の御神饌殿の灰）を持って不信心なものを呪詛したりもしたようである。

なお、宝暦六年正十月の古記に天下泰平・五穀豊穣・氏子安全の祈願をもって、当地方伝承の十二座の神楽が納められ、毎年三月二十六日より二十八日まで晴天三日執行されることになった。この神楽も今日まで継承されている。(3)

## 註

（1）『梅谷家古譜之抜書』他二通（享保二年）

梅谷古譜之抜書　一冊横帖

一、下総国八万石新田御取立仁付御奉行定重公御勤時尓新田塩草旱不成就依之定重公当家江御祈禱被仰付爰至新田成就則椿新田止号因茲御公儀仁被仰達伊勢田寄附則神社建并新田百姓旦方之儀願所仁願之通被仰付此時状左記

岡田六兵衛殿御登り候間一筆致啓上候先以其御地益御堅固被成御座候之旨珍重奉存候誠仁毎預度貴札殊御新田成就之御祈禱被遊御祓種々御取揃被懸御意過分至極ニ奉存候昼夜方々相勤申候ニ付手前取紛時々ニ至御報毛不申上背本意奉存候先以御影故大分之儀出来仕大慶不過之候則此度御神領田弐拾町ト居屋敷弐町七反歩六兵衛殿ヘ引渡申候限永代相違御座有間敷候□奉行衆中ヘ毛右之通申達候間左様ニ御心得可被成候委細者六兵衛殿可被仰達候間不能具候尚期後音之時候恐惶謹言

辻内善左ェ門[判]

四月廿一日

野田一郎左ェ門[判]

栗本源左ェ門[判]

梅谷左近大夫様

今月十六日之御状令拝見候然者総刕（州）椿新田御師職之儀御望之通相叶御満足之由得其意候別御紙面之趣越中守ニ為申聞候之処御念入之段被致祝着候私方より相心得可申進之由被申候猶来場可申宣候　恐惶謹言

大関五兵衛[判]

極月廿九日

梅谷左近大夫様

御札令拝見候其元御無事之由珍重ニ存候御同姓勘五郎殿より御伝書忝存候御意得可被下候御貴地別条無シ両旦那弥御勇健候之間可被御心易候然者椿新田御師職之儀辻内刑部左ェ門領《ママ》掌申御満足之旨御尤ニ候御紙面之通可申聞候猶永春可得御意候恐惶謹言

極月廿六日　　三輪権右ェ門判

梅谷左近大夫様御報

（2）『永代御神楽由縁記』

一、永大御神楽　定日毎年三月廿六日より同廿八日まで晴天三日

来　由

抑〃奉当社天照皇太神宮申者椿新田湖水之時願人奉伊勢内宮ご祈願漫々たる水上へ御祓を□め候所新得不思議也此所に御祓流れより神の御告にまかせ当社を奉建しその場所を椿海悪水落し是誠御神徳によって新田成就仕る依て時之御奉行神徳を御感あって椿新田の惣鎮守ニ御免被遊候而当社に勧請仕候迄図らざりき。元文元辰年御宮炎焼よって□□敷造立も無之漸以他力を宝暦戊年再たび御宮建立仕候

益□天下泰平氏子安全五穀豊穣成就毎年於神前御神楽執行仕候雖然小村之儀艱及自力依御信心之御方不限物之多少候御神楽之御施主附可被下候

一、此方より勧請化一切出之不申候以上

一、永代御神楽料　金二百疋

一、一度御神楽料　青銅三拾疋

宝暦六年正十月　椿新田鎌数村

願主宮守　作兵衛

同村名主　小兵衛

（3）鎌数伊勢神社―天照皇太神宮―略歴記（神原記）

寛文十一年（一六七一）　干拓
延宝六年（一六七八）　社地（七反六畝廿四歩）定む
元禄四年（一六九六）　仮殿建立
享保二年（一七一七）　伊勢御師梅谷隼人大夫（長乗）宮守（伊勢屋）作兵衛
元文元年（一七三六）　火災社殿炎上
宝暦三年（一七五三）　社殿再建
宝暦六年（一七五六）　神楽初めて奉納
文化十三年（一八一六）　御師梅谷左近大夫
明治五年（一八七二）　「配札」区域書上　御師梅谷長泰
明治十二年（一八七九）　宮守作兵衛を神主に当てる
大正十三年（一九二四）　宮守（薄田）作兵衛神主を解く　梅谷長祥神主となる
昭和三年（一九二八）　拝殿建立

（神原靖夫）

## 3　明治五年の大麻頒布

### （1）神宮の御改革

明治二年第五十五回御遷宮が、江戸時代の流れの中で行われ、これが終わると神宮にも改革の手が入る。

明治四年五月十四日、太政官布告により、官幣社、国幣社以下が定められ、同年七月四日には郷社定則が決められる。

明治四年七月十二日、太政官達第三四六号によって、神宮御改革が仰出された。これによって従前の職は全て廃され、司庁が設けられ、新しい職員令による神職が置かれることになる。また「師職並らびに諸国郡檀家と唱《とな》へ、御麻配分致し候等の儀、一切停止せられ候事」と、これまでの御師による大麻等の頒布が禁止されることになった。つまり御師などの職も認められず、毎年行われていた数百万の大麻頒布も停止されたのである。

しかし、「全国の民、年々神札を拝受するは数百年の慣習たるに、一朝これを止るを以って苦情すこぶる多く、加るに外教所在蔓延せんとするを以って、神宮司庁より大麻を頒布せんことを請ふ」（浦田長民「自叙履歴」）と大麻の頒布を希望する者があり、時の神宮大宮司から神祇省宛に明治四年十二月十八日付で請願書が出された。これは同月二十二日付神祇省告諭によって認められる。これは従来の振合を以って、海内一般へ頒布というのであるが、明治五年四月一日の「神宮大麻御璽奉行式」の祝詞には、「天皇《すめらみこと》の大命以て、天の益人等に、朝に夕に皇大御神の大前を慎み敬ひ、拝みしめ給ふとして、今年より始めて、畏き大御璽を、天下の人民の家々に漏れ落る事なく頒ち給はむとす」と天皇陛下の思し召しによって頒布するのだという。同年六月十日の教部省達に「皇太神宮大麻、此節神宮司庁より諸府県へ頒布致すべき処、右は諸社配札同様の儀にこれなく」と司庁より諸府県への頒布する大麻は、諸社の神札とは異なるのだという。こうして明治初年人民の教化、国の統一を考えた行動もその後信教の自由問題などから、明治十一年三月には地方官の関与が停止され、大麻の受不受は人民の自由に任せることとなる（内務省達乙第三〇号）。また頒布組織も神宮教院、神宮奉斎会、神宮神部署等変化していく。

## （2）千葉県における頒布

伊勢の神宮文庫には、多くの史料が残されているが、その中で、『千葉県大麻頒布日誌』から実際の当時の様子を見ていこう。なお明治五年にはまだ千葉県は成立していなかった。

### 木更津県

明治五年六月朔日権禰宜柳尚簡、東京江戸橋より乗船、木更津県におもむく。

同二日着、同日出庁、多記轍出会、頒布の方法委細申し入れ候処、只今即答も申し難く候間、追ってこの方より申進むべき旨に付、頒布方法の義、諸県同様取りはからひ候儀も出来難く候え共、まずまず此程三重県へ頒布致候方便、よろしきにて都合仕候間、右の振合に御取扱これあり度、拙者心得迄に三重県管下へ申達候書面の写、お目にかけ候旨、申入候処、右書面、暫時拝借致し度、追て御左右申し進むべき旨に付、旅宿申し置き、何分早々御承知これあり候上、御沙汰これあり度旨申述べ帰。

権禰宜の柳尚簡が、五年六月一日の夜、江戸橋より船に乗り、翌朝木更津に着き、木更津県庁に行く。多記轍が面会し、大麻頒布の申し入れをしたが、即答は得られなかった。そこで心得までに三重県下で行った方法を書面で見せたところ、それをしばらく貸してほしいと言うので、それを置いて宿に帰った、という。これが県下への初めての交渉であった。

当時の木更津県庁は、木更津市の南部、貝渕（旧桜井県庁）にあった。なおこの書付は二本あって、多少記述が異なっている。

同三日出頭、昨日の談合にて、多記輸面会、同人より申し聞候は、昨日書面にて御駈合の大麻頒布の儀、委細承り申し候、かつ三重県方法の儀など承知致し候処、当県管轄下は、かれこれ散在し、ことに五十区に別ちこれあり、十五里或は二十里も懸隔致し候所故、それぞれ戸長呼寄候事も、手数相懸り、その上この節、戸籍取調中にて、かたがたもって戸長等、御用多き故、頒布官員にて廻村あらせられ度、もっともそれぞれ村へは申し達し置、添翰も差し出し申すべく候間、そのつもりにて御取はからいこれあり度く候、もっとも五十区の内、村名ならびに戸数総活は、只今取調居り候間、書付でき次第、差上申すべく候、依て答、当県管下五十区に相分れ散在の儀故、三重県同様の振に取扱でき難く、殊に戸籍調中戸長等繁用の旨懸難く、さりながら廻村致し候ては手数も相かかり、手おくれにも相成、迷惑致し候事なり、よって当県直支配の向、廿七区の内を三つに相分け、当所最寄りの九区へは当所にて戸長へ相渡し、戸長よりそれぞれ頒布せられ候よう、九区を三分にして頒布致し、余りの所も同様、出張所へ罷出、左様の振に致し度候間、出張三ヶ所へも前もって廻達これあり度く、もっとも此度、拙者罷出候は、右等の方法の義、御談申し置候上、頒布の者、罷出候はば、直に頒布に取りかかり申し度手引の為、右等の事、御談に出張候事故、右の振に御取扱い積に御承知これあり度、兼て東京出張所へ相役外、官員の者も出張致し居り候間、右の振合も委細申し渡し申すべく候へども、多分今日御駈合の通り御取扱これあり度候、万一相変儀もこれあり候はば重ねて頒布の者より御談し申すべく候、これによって戸数およその数、書取をもって承りたく、少々の過不足はこれあるべく候えども、心得として承知致し度候間、右書付申し受け度旨、申し述ぶ。

多記云う、委細承知致し候、しかし只今直に差出し申す儀もでき難く候間、一先御引取これあり度、御旅宿へ向使をもって差遣し申すべき旨にて帰る。

三日に出頭して多記轍に会うと、大麻頒布の儀は承知したが、当県は各区が散在して、それぞれ離れていることと、今戸籍取調中で戸長が忙しく、三重県のようにはいかないので廻村してほしいと言われた。しかし廻村していたのでは時間がかかりすぎて、手遅れになりそうなので、木更津県下一括でなく、出張所別に三ヶ所に分けて頒布を依頼する方法を申し入れる。

次の日も出頭し、多記轍に面会し、戸数調書を受取り、さらに話を進めている。別の一本にこの戸数調書があるのでこれを引用する。

同四日出頭、多記轍に出会、昨日申し置候戸数調書受取べき旨、申入候処、書引渡に付請取

本庁管轄分

一、壹区より十二区迄、廿七区より四十一区迄、〆廿七区、戸数大凡五万四千百二戸

北条支衛分

一、十三区より廿六区迄、〆十四区、戸数大凡二万八千二百五十戸

大網支庁分

一、四十二区より五十区迄、〆九区、戸数大凡一万八千二百戸
　惣計五十区、戸数大凡十一万〇五百七十戸
右の通、大凡の取調故増減もこれあるべく候えども、この節取調候処なり、よって頒布大麻少々用意これあり度くとの事（以下略）

木更津県管轄下に大網と北条（館山）があり、その戸数は十一万五百七十戸という。そして、同月十九日、用掛、太良館秀夫、桜井左右馬、小川新治郎、西東平が江戸橋より乗船、大麻を護送して、翌二十日、木更津に着き、同日出頭し、多記輔に面会し、過日の柳尚箇との掛合通りに、本庁分は二十二日に引渡し、請書を取り、二十五日には小川新治郎と坂井武郎太が北条支庁へ出張、原田少属に出会、大麻二万八千二百五十を引き渡す。同日太良館秀夫と桜井左右馬が大網支衙に出張し、大麻一万八千二百を渡し、請書を取っている。北条支庁分は請書の控では二十九櫃二万九千合となっている。また別筆の書き入れによれば、本年大麻引渡高拾六万体、但し本庁本管並支庁とも、とある。こうして六月末には大麻が届いたことになる。四年七月に御師の配札が禁じられてより一年近くが経過していた。この初穂料が明治六年四月木更津県より神宮支庁東京出張所宛に、上総国・安房国五十区村々分として二千二百四十八円十一銭三厘余届けられた。なお未納分は追々取立御回し申すべくとあるので、全額ではない。

以上木更津県分であるが、別に印旛（印旛）県の記載がある。

## 印旛県

明治五年六月二十日大麻頒布、応接として禰宜松木美彦［虫損］出張、属官某に面会、応接の手続左の通

一皇大神宮大麻の儀、兼て御布告の通り、当庁より海内一般へ頒布致すべく、付ては御管内の人民洩れなく拝受候様、御扱これあり度、右頒布法は、神社拝殿あるいは清浄の地を主とし、区内正副戸長壱人宛、戸数書揃受候出頭、その管する村町の戸数に照し受納、それぞれへ頒給致すべく、もっとも大麻は千合入壱櫃、目方凡拾貫目の見積りをもって、持夫召連れ候様致度、それらの入費は初穂料の内にて支払い、初穂金収納帳と共に、東京神宮司庁出張所へ逓送あいなり度く、右初穂料取集方は、大略壱戸三銭平均の見込を以て、当七月限り、御取纏あいなり度、勿論極貧民は、その儀に及ばす、その外、他県の振合等申し応接に及び候処、すべて承知候に付、懇に依頼し、退庁、

本年大麻引渡高、八万二千五百体、（以下略）

頒布の方法、受け取りの経費などのこともあるが、このあと千葉県に受けつがれていく。

別本の日誌の後半に次の年の大麻のことが見える。

明治五年十一月十日東京出張所より柳尚簡木更津支庁へ出張、談合、官員出会に付、当夏御駈合の上、頒布済に相成候　大麻、本年壬申分にて、今般、更に頒布致すべきは、癸酉新年を迎えしむる御趣意にて、一歳両度の頒布に相成候えども、壬申分多く当夏に繰越候義にて、御手数の至に候えども、年

内に総て、当夏の振合を以って、至急、御管内へ頒給相成り候様、その御本庁へ御通達これあり度く、尚初穂料は明年冬迄に御取約に預り度段、熟談に及び候処、委詳承知に付、別段御本県へは官員出張致さず、宰領を以って、大麻御廻し申すべく候条、宜しく御取扱に預り度段、懇に依頼に及び、退出す、
　本年大麻引渡高　一大麻拾六万合

五年十一月十日には、来年新年を迎える分として拾六万体が届いた。明治五年十二月三日、旧暦から新暦正月一日になる。一ヶ月急に脱ける時である。

### (3) 千葉県の成立

蛇足ではあるが、千葉県の成立を簡単に見ておこう。

明治四年七月、房総には二六県があった（結城・古河・関宿・葛飾・高岡・佐倉・曽我野・生実・小見川・多古・松尾・宮谷・鶴牧・鶴舞・一宮・桜井・飯野・久留里・菊間・大多喜・小久保・佐貫・加知山・花房・長尾・館山）。これを同年十一月、統廃合で木更津、印旛、新治の三県とされた。木更津県は、安房・上総両国一円の地域で、印旛県は下総国の西部九郡とし、新治県は下総国東部と常陸国の鹿島郡他六郡を含んでいた。

木更津県は、旧石高は五二万石余、村数一四七五、人口約五七万三千人余で、同県権令には、宮谷県権知事であった柴原和《しばはらやわら》が十一月十三日付で任命された。明治五年一月以降、北条、大多喜、大網三出張所を設置したが、七月に廃止。五月には戸籍法によって、木更津県管内五〇区一九七画の区画を定め、画ごとに仮正副戸長を置く。六月には改めて戸長を置き、大庄屋、名主などを副戸長に任命している。

印旛県は、旧石高四七万石余、村数一三一五、人口約四五万六千人余。河瀬秀治が初代県令に任命され、県庁は佐倉から本行徳村の徳願寺へと移り、明治五年一月には、葛飾郡加村（流山市）の旧葛飾県庁に移っている。同年二月戸籍法で九郡を九大区に分画し、九月には七大区七四小区に編成替えしている。明治六年二月河瀬県令転出後、木更津県権令柴原和が権令を兼任している。

新治県は、旧石高六二万二千石余、村町数一二八一、人口約四七万八千人余、池田種徳が権令後に中山信安に替わる。県庁は旧土浦藩の城跡に置かれた。明治五年二月には五大区五一小区に分画した。

明治六年六月十五日、木更津・印旛二県の廃止、千葉県が設置された。明治八年五月、千葉・新治・茨城三県の長官は、内務省に対し、連名で新治県を廃止し、利根川で管轄の分界を立てたいと願い出た。利根川を県境とすれば治安の維持や治水対策のうえで便利であり、行政も行き届いて県民の負担が軽くなると三県側は主張した。これが認められ、同年五月七日に新治県が廃止され、新治県下の香取・匝瑳・海上の三郡を編入し、旧印旛県管下の猿島・結城・岡田・豊田の四郡と葛飾郡、相馬郡の一部を茨城県に分割編入した。

こうして明治八年末には、千葉県は人口約一〇五万人、県庁は千葉郡千葉町に置かれ、柴原和が権令から県令に昇格した。明治九年一月には一六大区、二二九小区の新区画に再編されていく。こうして現在の千葉県の基が成立してきたのであった。

明治五年の大麻頒布が行われた時は、まだ千葉県が流動的な時期であったことが理解されよう。

（杉山林繼）

# 第五章　昔の伊勢参り

## ―参宮日記から―

『道中日記帳』安政六歳（右：表紙　左：裏表紙）

## 1　古典に見る紀行文・日記

「日記」とは、日常的に多くの人たちが自分の生活とか、折々の心情を日毎に、日を追って書き記したものである。年末になると、この頃は夏になると次の年の日記帳がいろいろな形、タテ・ヨコ書きをはじめとし、一年日記、二年、五年など書き継げるものまで書店に並んでいる。自分の好みに合わせて選ぶことが出来る。また、自前で作っている方もある。また、会社、我々の社会の神社でも日記を書き綴って、神社の立派な歴史となっているものもある。

中世公家社会では、故事・先例を子孫に伝え、その家の流儀を形作るため、代々の日記を相続する場合も多かった。例えば『御堂関白記』『玉葉』『明月記』などの他、職掌上の交替で書き継がれた『御湯殿上日記』などがある。また日記文学として書き継がれたものの中、文学性の高い物を「日記文学」と言って、紀行・回顧録的に自叙伝のような形で書かれたものがある。随想・随筆的な形で、一種の自然文学として有名なものは『土佐日記』をその祖とし、『蜻蛉日記』『紫式部日記』『更級日記』などは平安時代の代表的な作品であって、鎌倉時代になると阿仏尼の『うたたね』『十六夜日記』や飛鳥井雅有の日記、後深草院二条の『とはずがたり』や、南北朝初期の『竹むきが記』などが現存している。

例えば中でも有名な『土佐日記』は、古く『つらゆきがとさのにっき』とよばれ、作者紀貫之が、醍醐天皇の延長八年（九三〇）に土佐守に任ぜられて赴任した後、四年の任期が満ちて、朱雀天皇の承平四年（九三四）十二月二十一日、国司の館を出発し、大津（高知の西南）から船に乗って和泉を経て淀川を上り、翌五年二月十一日に山崎に着き、十六日に無事帰京するまでの五十五日間の船路・旅路のありさまを記したものである。日記のさきがけとも言われ「男もすなる日記といふものを、女もして見むとてするなり」とある。これは当時はまだ男子は漢文で文章を綴っており、かなは女のものとされていたので、自由に思うことを記すため、女子に仮託して文章を「かな」で綴ったからである。内容的には日記に船旅の恐怖・わびしさ・珍しい風景、そして帰京の喜び、さらには、離任・着任に見る人情の厚薄、土佐でなくなった嬰児へのかなしみを六十首の歌に託して述べている。これもある種の「紀行文」と言える部分もある。

『十六夜日記』は、前の『土佐日記』に類するもので、阿仏尼が異腹の嫡子に遺領を横領されたことを幕府に訴えるために鎌倉に下ったときの「紀行文」と言ってよい。旅立った日が十月十六日で、文中に「ゆくりもなくいさよふ月にさそはれ出でなむとぞ思ひなりぬる」とあることによって『いさよひ日記』と後人が名付け、古くは『路次記』『道の記』『阿仏尼紀行』『阿仏記』などとも言われ、古くもともとは「道の記」の部分と「東日記」の部分と「長歌」とはそれぞれ単独で残されていたものを、後人によって一つにされたと言われている。いずれにしても旅の折々の感銘を、歌と散文で綴っている。殊に歌が重要な位置を占めている。一つの例を引いて、古典の中に見た文学性の高い作品に触れた。

更に江戸時代の紀行文の代表的作品である『奥の細道』と『東海道中膝栗毛』に触れ、これからの房総の伊勢の旅日記の糸口を求めてみようと思う。

『奥の細道』は、松尾芭蕉が元禄二年（一六八九）の三月末、門人の曽良を伴って江戸を出発、奥州・北陸を回り九月はじめに大垣に着く、六ヶ月にわたる行程二四〇〇キロに及ぶ旅の道の記である。芭蕉四十六歳のときのことで、彼にとっては晩年の旅である。

月日は百代の過客にして、行きかふ年もまた旅人なり。舟の上に生涯を浮かべ馬の口とらへて老を迎ふる者は、日々旅にして旅を栖とす。古人も多く旅に死せるあり。予もいづれの年よりか片雲の風にさそはれて漂泊の思ひやまず、海浜にさすらへ、去年の秋、江上の破屋に蜘蛛の古巣をはらひて、やや年も暮れ、春立てる霞の空に、白河の関越えんと、そぞろ神のものにつきて心をくるはせ、道祖神の招きにあひてとるもの手につかず、股引の破れをつづり笠の緒つけかへて、三里に灸すうるより、松島の月まづ心にかかりて、住めるかたは人に譲り、杉風が別墅に移るに、

草の戸も住みかはる代ぞ雛の家

表八句を庵の柱にかけおく。

少々引用が長くなったが、こんな文章が頭に残っている方も多いであろう。そして「弥生も末の七日、あけぼのの空朧々として」と、日を追って旅の紀行を綴ったものである。

さらに「前途三千里の思ひ胸にふさがりて、幻の巷に離別の涙をそそぐ。『行く春や鳥啼き魚の目は泪』これを矢立ての初めとして、行く道なほすすまず」と続いている。当時の旅は、家を出たらいつ死ぬかわからない、そうした旅が江戸時代の庶民の旅であった。ここにも述べられるように股引にわらじ、菅笠姿が旅姿であった。

次にこれまた有名な伊勢参宮に出かける「弥次さん喜多さん」の『東海道中膝栗毛』がある。江戸神田八丁堀に住む栃面屋弥次郎兵衛が、貧乏所帯をたたんで、なにがしかの旅費をつくり、世話をしていた旅役者上がりの食客、喜多八をつれて、伊勢参宮・大和めぐり・京大阪見物などするために、東海道をのぼる。

道中小田原の宿で五右衛門風呂に下駄を履いて入浴したとか、宮の渡し船で、弥次が船中へ小便するなど様々な滑稽・失敗・いたずら・奇行などをくりかえしながら参宮をすませ京都へ向かう。更に大阪・四国金刀比羅詣・安芸宮島へ。帰りには木曽街道を通って、信濃善光寺・草津温泉に入湯、中山道を経て無事に帰着するというもの。

こうして、いつの時代にも旅をすることは、日常の生活とは違った生活に期待と不安を持ってタビ（旅＝他火ともいわれ、自分の日常の火と違った火を用いた）が行われていたことを前段として見た次第である。

## 2　房総に残された江戸時代の参宮記

前項でも触れたが、江戸の旅の一番人気は伊勢参宮であった。現在知られている房総の「参宮記」は、成東市編纂の『成東町史料集』特別編三、「江戸時代の旅日記」にある数編と茂原市の「江戸時代の旅日記」（改訂版）、茂原市立図書館刊の中に見る数編、飯岡町史資料編にある一編と、干潟町（現旭市）松沢の平田篤胤門人、宮負定雄《やすお》の『地震道中記』など数編の旅日記である。

次にこれの概略を記し、更に次項では本文を引用しながら参宮の姿を見てゆきたい。

①『備忘録』（成東町本須賀鵜沢孝明家文書）

これは「天保十年二月二十四日、上方道中金銭出納控」とある。これを見ると医術修行に関係したものと推測され、四月の出発に際し餞別として「作田小松氏（医家）金壱両」とか「江戸熱田外科道具注文」といった医学関係があり華岡青洲の生地紀州平山も訪問している。当時青洲は死亡しているが後継者が大阪で華岡流外科の普及をしている。この道中、伊勢へも参詣している。この金銭出納から、旅程もうかがえ、行徳から舟で江戸へ、六合（郷）の船賃なども見え、川渡し、橋渡し賃など細かな記述である。また、「国元へ早状頼、飛脚賃弐百廿文」などもあり、「桐油合羽ノ切目直し三十九文　但し銀四分也」から銭と銀の支払いの違いも見える。後で更に旅の様子を見たい。

②『伊勢道中日記帳』（成東町真行寺原巌家文書）

真行寺村の百姓安蔵のお伊勢参りの日記である。安蔵は天保十四年六月一日に出発し、伊勢から奈良・吉野・高野山・大阪・四国金毘羅に足を延ばし、七月二十九日まで明石・京都を経て帰村する。

③『道中記』（成東町富田菅沢邦明家文書）

これは弘化四年五月二十八日に出発し善光寺参りをした後、伊勢参りをし、更に奈良・吉野・高野から四国へ渡り金刀比羅、再び京都によって七月二十八日に帰村する、三ヶ月に及ぶ長旅をしている。書いた者は、菅沢田之助であるが、終わりの記録を見ると、富田村から七人、早船村から五人の同行者がいる十二名の旅であったことがわかる。また、参宮の折には「杉木宗太夫方にて泊り」とある。この地方を担当していた外宮御師杉木宗太夫との関係による講中で、今日で言うパックツアーの旅であった。

④『上方詣日記』（茂原古文書史料集第四集　高橋家文書）

埴生郡立木村（茂原市立木）は近世に於いては旗本領であり、高橋家は代々その名主役を勤めている。文化・文政の頃の高橋家当主は信重であり、以後は喜惣治を襲名している。天保時代になると立木村は、鶴牧藩領となり、高橋家は「東領分五六ヶ村」の大庄屋となり、士分格に任命されている。続いて、その子信種も大庄屋役を継承し維新を迎えている大庄屋であった。明治になると貴族院議員もしている。旅日記は十冊が残されている。その中四冊が関西方面への旅でこの旅日記は弘化四年（一八四七）のものと弘化五年のものがあり、弘化五年の「二月朔日、喜惣治父高橋寿作兼て心願有之候に付、伊勢参宮弁讃州金毘羅へ参詣に近日出立支度旨、願書差上御免状相願候文面左ニ　乍恐以書付参願上候」と、心願の儀があるので来る十七日から数百日の日程で、伊勢・金毘羅へ行くので、御免状をお下げ渡し下さいと書き、当人と親類の「直八」、年番名主・組頭「伊平治」の連名の願出で、鶴牧御役所、水野壱岐守内、前田半左衛門、青木久兵衛が聞き届けている。尚、三名の旅であった。「箱根御関所」を無事通過できるように書き添えてもいる。神社仏閣詣であれば「手形」が容易にとれたこともわかる。二冊目があり、奈良方面へ旅立っていることが知れる。

⑤『道中記』（飯岡町史料集第三集　長谷川榮男家文書）

明治十二年六月一日から五十日間の伊勢参宮の金銭出納簿である。「つるみ川より横浜迄　じょキ（蒸気船）代　拾銭」などとある。伊勢では御師「龍太夫」に泊まっている。その足で伊賀を超えて長谷寺・高野山・大阪・金毘羅・京都・木曽・善光寺などをめぐっている。金の単位も銭・厘となっていて時代がわかる。

⑥『地震道中記』（下総国松沢村名主五代目宮負定賢の長男定雄著）

宮負定雄は、平田篤胤の門人であった父の影響を受け、三十歳の時に篤胤の門下生となり、この頃から父の跡をついで名主となった。天保十四年、師篤胤の死去と前後して名主を辞し、放浪の旅に出た。嘉永六年に父の死去に伴って一時帰郷するが、翌年再び旅に出た時の記録である。これは、丁度安政の東海大地震に遭遇し、その惨状を記した旅日記であり、参宮日記でもある。この旅は、紀伊の神仙道に造詣の深い参沢宗哲を訪れることがもう一つの目的であった。彼はこの旅日記の他『地震用心録』『地震用心考（全）』『地震用心考（上巻）』などをまとめている。

「松坂、家蔵の破れ見えたり」「紀州様より日々御救米を下されたり」「櫛田川辺宮川迄の間少しづつ破損見えたり」「外宮少しも障りなし。山田の町家三分通り破損なりといふ説なり」など、伊勢に入るところなど東海道の被害が述べられている。

以上六つの記録の概要を述べた。項を改めてこの中のいくつかをとりあげて旅の様子をたずねてみたい。

## 3　江戸時代の伊勢信仰

前項で手元にある房総地区に残されている旅日記類を概観した。その中心は「伊勢」であり、その他「金毘羅」「善光寺」「高野山」「熊野」そして「京・大阪」であった。いわばそれぞれに神社・仏閣への参詣が主な願いであり、そこには病への平癒を祈る為というものもあったが、本音は物見遊山であったし、土産物は今日でも同様の買い物であった。房総は、江戸にも近く所謂江戸見物も頻繁に行われ、船橋・行徳などが船着き場で、ここから江戸に向かったり、逆に成田山へ出る成田街道があったりの起点であったことが見える。そうした点から江戸に近い、東海道・日光街道・甲州街道・中山道・奥州街道という五街道にも続き易い地域でもあった。

ところで、どうして往時の江戸住民が、伊勢へ伊勢へと向かったのか、その信仰について少しばかり触れておきたい。

## （1）庶民の伊勢信仰

伊勢の神宮の信仰は、伊勢信仰とか神明信仰と呼ばれている。神明というのはもともと神様一般の尊称で「天地神明に誓って」などと用いられたが、後には専ら伊勢の神宮を指すようになった。伊勢の神宮は皇祖神の天照大神をまつる皇大神宮（内宮）と、その御饌の神の豊宇気毘売神をまつる豊受大神宮（外宮）をあわせたものである。代々「斎宮」と呼ばれる未婚の皇女によって奉祀されてきたのは、皇室の氏神として尊崇されたためで、古くは一般の参拝はおろか皇族の参拝・奉幣ですら制限されていて「私幣禁断」と称されていた。

しかし、平安時代の末期になると「蟻の熊野詣」に代表されるように、霊地巡礼の風が高まってきた。この根底は、幽邃な山岳地帯での他界観念と結びついてきた。熊野本宮大社・熊野速玉大社・熊野那智大社の三社が一般に三熊野とか熊野三山と呼ばれ、平安時代には神仏習合の風が強まり、本宮＝阿弥陀、新宮＝薬師、那智＝十一面観音であるという本地説が称えられた。「熊野三所権現」の名も現れ、奈良時代からの修行者の根拠地、平安に入ってからは修験道の興隆に伴って、山伏の拠点として重んじられた。それにつれて、行者以外の者にも霊山参拝の風がおこり、法皇・上皇をはじめ皇族・武家や庶民の間にも浸透した。

この信仰を支えたのは「熊野街道」が開けてきたことによる。大きくわけて伊勢路と紀伊路があったが、中世まずは紀伊路が本道で、上皇・法皇の参詣ももっぱらこの道を用いた。参道の各所に「王子社」が勧請され、伊勢路が開かれると熊野への参詣は両々相俟って共に栄えたと言える。このように伊勢の神宮は、熊野詣に支えられながら、次第に一般の参詣の対象となってきた。

鎌倉時代は源頼朝の信仰も厚く、関東地区には多くの御厨（神領地）が、これによって成立した。房総の御厨もこうして作られ、各領の産物が伊勢の神宮へ奉納されていった。さらには、「御師」と称する「神人《じにん》」の活躍が認められる。彼等は伊勢の御厨や神領を中心に諸国をめぐり、大麻札を頒りながら信徒の組織化（講）につとめた。特に皇室の力の衰えた時期には、もっぱら伊勢の神宮の経済を支える役割を担った。家庭に神棚を設ける風は、こうした御師によって神宮大麻が頒布されることによる習慣から出来たと言われる。また「講」が出来て、御師の指導によって集団で伊勢参りをするようになった。江戸時代後期に伊勢の「御師」は五百人もいたと言われている。御師による伊勢参りの旅は、案内・宿泊・神楽の奉奏・神札の頒布までを執り仕切っていた。

当時、幕府は一般庶民には仏教を奨励し「宗門人別帳」などを作らせ、必ず寺に帰属するように命じた。人々はそれに限らず稲荷・道祖神・氏神などあらゆる神々に手を合わせて日々を過ごした。「霊験あらたか」と言う言葉で表されるように、百里の道を遠しとせずに参詣した。伊勢参りもその一つになった。

その根底には、自給自足の生活から金銭による生活が進み、庶民に至る迄、貨幣で自由に物の売り買いも出来、決済されるようになったことも一因である。

また、庶民の旅は認められていない時代であった。しかし、これは建前であり、臨機応変、加えて信心のためと言えば旅の許可も出したのである。特に「伊勢」、神に背くようなことをすると役人も自分の後生に響くかもしれないと信仰の旅には逆らわなかった。

## (2) 参宮のいろいろ

### ① おかげまいり

通常のお伊勢参りは個人や講によって代表者が選ばれたり、またはその講の者が数人で参詣したりするなど、それぞれが計画的であった。旅の費用なども積み立てたり、クジで当たった者が代表で行くので、個人が旅支度から全てをまかなったものである。

江戸時代後期になると、参宮は盛んに行われた。その中で、「おかげまいり」というものがあった。例えば、今まで店先にいた丁稚小僧が、主人の許可も受けずに、着の身着のままで、ひょいっとでかけてゆく態の参宮である。おかげ年という年があって、その年になると伊勢の大麻札が天から降るとされ、記録に見るとおよそ六十年に一度の周期で主として都市近隣の農村を中心に流行した。まさに流行であって、前述のように銭も持たずに出かけ、沿道の住民の喜捨や富豪の者の布施を頼りにして街道筋で多くの人から受ける施行(宿・飯・銭・茶菓・わらじ・杖・篭・馬・舟などの無賃)や励ましによって参宮をする、全く「神さまのおかげ」でととらえることによる熱狂的な「おかげおどり」と称するものまで出た。

記録によると慶安三年(一六五〇)、宝永二年(一七〇五)、明和八年(一七七〇)、天保元年(一八三〇)の四回があり、その年には通常の七〇万人程度の参宮者が、多いときには五百万人にもなったという。六〇年同期で人生儀礼の還暦に当たり伊勢信仰の再生を全国的に確認したということにもなろう。

## ②　ぬけまいり

伊勢参りは、もともと伊勢は私幣禁断であったので、参宮そのものが禁じられていたわけであるが、庶民がひそかにお参りすることもあった。それを禁をくぐってするので「ぬけまいり」と称した。江戸時代も後期になると庶民の経済的事情も豊かになり、金銭・ゼニが流通するようになり、生活状態も大きく変化してきた。また、村や町を越えての神信仰も多くなり、それをかりての旅も自由に出来るようになっていた。奉公人は主人の許可を得なければならないし、村役人・親などの許しを得なければならないが、その許可もないまま参宮にも出かけた。「ぬけ」とは封建的な身分支配関係から抜け出すことも意味しているようでもあるが、一定の平常の約束ごとから一切関係を断って、勝手気ままに出かけることを意味し、秩序を乱すので、初期には「ぬけまいり」は禁止されていたし、処罰の対象にもなっていた。しかし、伊勢の御師のツアー的な勧誘があったり、次第に参宮の姿に変化が表れてきた。そうした中に前述のように、「伊勢の大麻札」が空から降ってきたということや、その家に白羽の矢が立ったとかいわれ、参宮を妨げた主人が神罰を受けたといった類の話が広く伝えられるようになり、「狂瀾怒濤」の言葉のような高まりとなったようである。

貞享年間（一六八四〜八八）の会津の風俗帳には「ぬけ参ハ路銭之無貯者、或召仕之者親主人ニ隠れ道中勧進を致参宮仕候」とあるように前述のことを証明するようである。また、「路費乏しき者、道すがら諸人の助力を得て参詣するをいう」ともとれる。一方、前記の慶安三年の大量の群衆を「抜け参り」とよんでいる。それは江戸の売人のはやらせたものということである。以後「おかげまいり」をも「ぬけまいり」と称することも多かった。宝永二年の折には、八歳から十四歳位の男女の子どもまでが「ぬけまいり」をしたのが発端で、次の群参の明和八年の場合には、女子や子どもが一団となって伊勢に向かったことが記録されている。「手形」や「旅金」持たずである。

「ぬけまいり」は禁止令が出されているが、暗黙の中に認められていたことの背景には、前述のように丁稚が出かけるのをとめたところ、主人が神罰を受けたという神異談が各地に伝えられていることも原因の一つに考えられるが、前記のように年少者が多かったこと、その中に成人儀礼として山岳登拝・霊地参拝の習俗があったことも考えられる。また、参宮に出るときには「盃を交わし」前途の安穏を祈ってこれを送り、帰村に及んでは村境に迎える「坂迎え」もあった。

### ③ ええじゃないか

「おかげまいり」の項でふれたが、参宮の群衆の現象は、幼児・少年が行動することが多かったし、明和・天保の時代には「ひしゃく」を手に持って、講や集団ごとに幟を立てて、笠にはそれぞれの印をつけることが一般化してきた。この基は神宮の大麻札・お祓の類が天から降ってきたことにあった。群参がおとろえると「御祓」が降ることなどから、参宮の増加を望む御師たちが「御祓」をまいたという人為的な力があったことは疑えない。天保の場合は、伊勢に参るほかに村ごとにおかげ踊りが見られたと伝えられている。これが近隣に波及して大勢の参詣者が伊勢へ伊勢へと向かった。殊に、東海道地方では御蔭と呼ばれ、主として町や村の有力者の庭先や軒下、玄関などにお神札が発見されてそれをまつり、接待を行うと続いて躍りこみが行われた。この踊りが二日・三日と続き、七日七夜ということもあったという。この狂乱、無政府状態が東は八月初めには遠江、十月には駿河さらには伊豆を経て江戸近郊まで波及してきた。西では明治維新の直前、慶応三年五月の長州征討が中止されると、米価が下落し、京都・大阪の町人がにわか踊りを始めた。丁度この頃、三河の「壬午」「丁亥」年に行われる豊作祈願の「御鍬祭」(伊雑宮の祭りの伝統)が行われていた。その年が丁度明和四・丁亥の年から百年目に当たるというので「御鍬百年祭」が行われ、その折も折、「御札降」があった。それを疑った二人の男の家族が急死したため「お札祭」が行われた。「御札が天からふった。ええじゃないか」との狂乱に発展していったようである。

大政奉還後は、先述の京・大阪、さらには四国・山陽へと西進した。年末の王政復古以後は一応収まるが、新政府軍の行く先々に「御札降」があった。この時は伊勢神宮の御札のみであったという。「御札降」は天保の時にもあったが、数百種の御札があり、伊勢の御札より多かったとも言われている。「ええじゃないか」はこのようにみてくると、数十年に一度(六〇年)繰り返されてきた御陰参りの系譜を引くのではないだろうか。御陰参りは数百万人が伊勢参詣をするというのが主であるのに、「ええじゃないか」は近隣の大社寺への参詣と踊り込みを主としている点で異なる。

これらは結局、幕末の異常な緊張の継続とその弛緩を契機とするものであろう。従って直接的には伊勢参りそのものではなかった。地域によっては「御陰祭」「ヤッチョロ祭(やってやろうの意)」「御札祭」などとも呼ばれ、当世言葉で言えば「世直し」の願望が「伊勢の御札が降る」と結びついたのであろう。

### (3) 講

講とは、元来仏教の経典を講読することを意味し、それが講経の集会、すなわち「法会」の意味となり、やがて法会に参加する者、仲間を意味し、更に同じ信仰に結ばれた人々の集まりとか、互助・協同に集する人々、いわばそうした結社・集団を意味するようになった。

講の起源を訪ねると、実に飛鳥時代にまでさかのぼり、「三経講義」は寺院の中で普及し、七・八世紀頃には、はなやかな講経がくりひろげられたと言われている。やがて、宮中・寺院・貴族とひろがり、平安時代には法華経信仰が高まり「法華八講会」が出来、次第に地方民間に広まり、中世になってからは末法思想による危機感によって、念仏が流行、教団の組織化が求められ、信徒の獲得のため講が各地につくられるようになった。

神社も仏教化して行く一方、村には社寺参詣の風潮が高まり、霊場参拝・札所巡行などが流行し、それに拍車をかけるようにして修験道・山伏が活躍した。こうして、さまざまな種類の講集団が成立したと言える。神社の祭式に仏教形式をとり入れるという風潮の中で、熊野講・伊勢講・春日講・八幡講などが生まれ、また霊山登拝の風潮の中では出羽三山・岩木山・金華山・鳥海山・立山・白山・榛名山・三峯山・大山・戸隠・御嶽山・富士山・大峯山・吉野・熊野山・伯耆大山・石鎚剣山・英彦山・霧島山・阿蘇山などの霊山の登拝のための講ができていった。また、始めはそうした信仰の水準での講組織であったものが、次第にムラやマチに定着してゆくと共に、住民の相互の協同や親睦、経済的目的などが中心となっていったものもある。十九夜講・二十三夜講・庚申講・田の神講、また経済的なものとしては無尽講・頼母子講、同業者の集まりでは千人講・万人講・共栄講など縁起のよい名をつけたものも出来た。

このように時代と共に住民の生活に応じて変容し、地域生活の枠組みの中に組み込まれて民間信仰的・互助的な集団となっていく。江戸時代も中後期になり庶民の生活が安定してくると講のもつ意味も重要となってきた。

Ａ宗教的な講

①社寺・教団中心の講

イ、崇敬信者の講

ロ、氏子（檀徒）の講

②民間信仰

Ｂ経済的な機能を主とした講

イ、金融講（頼母子講・無尽講）

ロ、労働講（人足講）

Ｃ社会機能を主とした講（社交講）

こうした講の組織があったが、殊に次に伊勢参りに関連したことについて述べてみたい。一つには「伊勢講」そのもの。次には参詣のための資金づくりの「無尽講」「頼母子講」などについて実際に即して述べることにする。

①**伊勢講**

これは室町時代に著しく発達し普及したものである。講中そのものが全員で参詣することは無理なので、日々金銭を貯えくじ引きで当たった者が回り番で代表として伊勢参りをしたり、有志を募るか、または組織単位でいく、とにかく周り番で代参した。その際、神社への納金と旅費を支給するために、日々貯めていた講の金を平等に出し合い参詣者は持ち帰った護符を講中の者に分けるという仕組みを持っていた。参詣する時期は春や晩秋といった農閑期が多かった。この房総からは往復二ケ月（通常往十二泊程度で）を要することが多く、伊勢へ直行し、その後、奈良・京都・四国（金比羅）や熊野、さらには帰路に善光寺詣をするために（その逆のコースもあった）、こうした日数が必要であった。

交通の未発達な状況にあっては費用の問題がとりわけ重要であった。そこで代参基盤にはそうした費用を生み出す金融組織や講田などの共有田を持ったり、その経営から生み出した費用をそれらに充てることもあった。従って、伊勢講の背景には合力組織として「無尽講」や金融組織としての「頼母子講」などが付随している場合が多い。こうしてみると伊勢講が成立する背景には、金融・信徒などの組織が重なっていたわけである。

### ②無尽・頼母子講

前項で触れたように、無尽・頼母子講は、一つの目的達成の為の互助・資金調達の為の無利子・無利息・無担保で行われた。これは皆「親」とか、「親方」という発起人がいて、仲間を誘い講を作る。そして、定期的に集会を開いて、その席上で一定の金銭のほか、掛金・掛米を出し合い、それを入札するとか抽選するとかして落札者を決めて、落札者が取り分を受けるという仕組みである。伊勢参りもこうした方法で行われることが多かった。神社にはこうした「頼母子講」の帳面が残されているところがある。次の「御師」との関係も深い。

## （4）御　師

通常は「オシ」と呼んでいるが、伊勢では「オンシ」と呼ぶ習いである。これも江戸期の伊勢参りには欠かせない存在である。簡単に触れるにとどめるが、「御祈祷師」の略で、古くは平安時代に興り、参詣者の世話をする神職（社僧・僧侶）がこれに転じた者で、中世には熊野・富士などにも多く御師が存在した。中でも「蟻の熊野詣」に代表される熊野御師が全国各地に移動していたことが知られている。

御師を師とし、参詣者を檀那とする関係が出来て、その仲介役をする先達（講元）が介在し、「師檀関係」が出来てくる。祈祷を中心として、守札類を配布したり、なかには民間療法も行う者（陀羅尼助）もあらわれた。伊勢御師もこうした類であって、自から旅館を経営し、多いときには五百人もの御師が伊勢に居た。祈祷の他、神楽を奏し、神札の頒布は中心的な仕業であった。今日の旅行コンサルタントであり、「おかげまいり」の中心的な働きをした人々である。下総では「龍太夫」（外宮）の名は再三出てくる。これらが前記の「講」を組織して参宮を先導した。「太夫」とは一種の「株」のようなものとも考えられよう。

## （5）参宮兄弟

今まで述べたように、伊勢参りには何らかの講を作り、また御師の先達によって長旅をし道中様々な交通手段を使い馬にのり舟にのり時には橋の渡し賃を支払い、一日約十里（四〇キロ）ぐらいを基本的に徒歩で移動するという大仕事。江戸時代の人々は苦労を承知の上で、それでも旅へと心を躍らせて意外な発見・見聞をした。

伊勢参りといっても、長野の善光寺を巡って続いて風光明媚な社殿がある厳島神社へと、また海を渡り長い階段を昇りつめる金毘羅さんなどの社寺参詣の旅とはいえ、湯治気分が加わっていた。「旅行の手引き書」も発刊され、寺子屋で習い覚えた歴史・古戦場・史跡も人気があったことは旅日記にも随所にあらわれている。

ましてや伊勢参りとは言うものの古市あたりでは、歌舞伎・遊女もいるといい、芸者の三味線やお囃子にあわせて踊ったりした。歌舞伎の「伊勢音頭恋寝刃《こいのねたば》」なども江戸で上演されており、尚一層遊びに拍車をかけたはずである。こうして旅によって心の絆も深まって、兄弟分という存在になっていった。

帰郷すると同行の仲間全員が参宮兄弟・伊勢参り兄弟・伊勢兄弟などと称し兄弟の契り盟約儀礼などをしたところもあるようだ。このつきあいは一生に及び兄弟分の死亡などには格段の世話をした。葬儀も親以上のことをしたという。また家同士も深い交際をするようになり、「講」という呼び名を持って更に深く、長く交際が行われ、記念碑を建立することも多かった。

旅行中に「陰膳」を据え無事を祈り、帰郷に及んでは村境まで出向いて「坂迎」ということをして無事を祝うなどの風習が後々まで続く民俗として残っていくのも、そうした契りが促したものであろう。今でも「餞別」など旅に出かけるときには贈る風習も各地にある。「お返し」として旅先の土産を持ち帰り御礼をするという風習も今日まで続いている。「餞別」とか「水杯」や酒を酌み交わしたり、「出で立ち」に際して「わらじ」を贈る習いも「わらじ銭」といって餞別金を渡すことで、送る者からの旅のはなむけとしての何がしかの路銭であったことがうかがえる。土産を贈る日本人の旅の習俗はこんなところに根ざしていたのである。

## （6）旅と禁忌

参宮に当たり当人が服忌に触れていないかということは重大な要件であった。神宮暦や身近にある服忌、村々町々に長い間の不文律が伝えられている。手元に『伊勢服忌令』という暦に似た形の版木印刷物があるが、

一、父母　いみは五十日　服は一年
一、養父母　いみは三十日　服は百五十日
一、継父母　いみは十日　服は三十日

などとあり、祖父母・高祖父母・兄弟・宗領孫…いみ十日　服三十日などまで、その期間が書かれている。「人七歳になるまではたとひ親死たりとても、いみふくのけがれなし。八歳よりけがれをうくるなり」と幼少につてもあり、「七歳までは神の子」という例えもある。「産の女は百日参宮なし」や「月水のけがれは七日なり、其より三日別火を食ひて十一日めに参宮するなり…略」なども記され「右諸国参宮人のために大概をしるす也。猶こまかなることはさまざま子細有」と結ばれている。女のけがれは殊に大事であった。

また、文政十三年『伊勢参宮撰歳』という手書きの文書に、「伊勢参宮　生れ歳ニ寄善悪之事」とあり、例えば、

一、寅卯年生れ人　子丑辰年参宮は福来り思ひ事叶ひ親類并に土地貰ふ人までも富貴にして人の恵を

請う、武士は取領を得　百姓は耕作よし神仏の加護有て長命にして大吉（中略）寅卯未申年参宮は道にて災難有土地貰ふ人達も思ひ事たえず凶、酉年参宮は家をうしなひ子に離れ、親類までもあしく凶…などと細々にわたり綴られている。どこまでこれを当てて参宮したかは定かではないが、今日よりも信仰心の篤かった当時の人々のことである。全く気にしなかったとは思われない。それほど参宮ということが重い信仰の旅であったということがわかる。

以上項を逐って当時の伊勢信仰とそれにかかわる諸事を述べてきた。これから「参宮の旅」に出るわけであるが、房総地区に現在残された「参宮日記」の類は、必ずしも多くない。また発見されないものもあるが、当時は「参宮」して来たことを書き記し、日記の形で後の人のために残すということが、後に続く人達への本当の道しるべとなっていたのである。今日のように情報が簡単に手に入り、書物として発刊されたりしていない時代、ガイドブックであると共に旅の心得でもあったはずである。

また「御師」の布教活動が全国に及び、独自に調製したお祓札を配って初穂を集め伊勢暦などの土産を返礼として渡したりもしている。多くの家ではそのお祓札を神棚にまつり、毎日手を合わせていたことであろう。そのことによって信者が年々増えていったことは目に見えるほど確かである。すぐれた御師は、伊勢土産として女性に人気の白粉や、当地の名産である熨斗鮑・鰹節・伊勢和紙・箸なども豊富に頒布したようである。

次に、旅の日記に触れながら、参宮の旅に出てみようと思う。

次に街道の略図を掲載しておく。宿場・「東海道五十三次」と言われているが、伊勢へは桑名から別れ伊勢街道に分かれていくことになる。

伊勢道中街道略図
(「伊勢道中日記帖」〈天保 14 年 6 月 1 日～ 7 月 21 日　旅行者：安蔵〉より　原巖家文書)

## 4　房総の旅日記から

### (1)　上方詣日記（弘化五申年二月吉日出立）

茂原市古文書史料集（第四集）にみえる旅日記の中、旧立木村大庄屋、喜惣治の父親寿作が、八左衛門・万太郎の両名を連れ、伊勢参宮并讃州金比羅に参詣した「上方詣日記」をとりあげて、参宮の部について、日を追って読み解いていくことにする。

まず、「手形」について次のように「御用留」にある。

二月朔日　喜惣治父高橋寿作儀兼而心願有之候ニ付伊勢参宮并讃州金比羅江参詣ニ近日出立仕度旨願書差上御免状相願候文面左ニ

乍恐以書付奉願上候

立木村大庄屋

喜惣治父

高橋寿作

右之者儀兼々心願の儀御座候ニ付、来ル十七日出立仕往還日数百日程相掛伊勢参宮并讃州金比羅江

参詣仕度奉候間何卒願之通被仰付御免状御渡被下置候様奉願上候、以上

弘化五年二月

上総国埴生郡立木村

願人　高橋喜惣治　印

親類　直八　印

年番名主

組頭　伊平治　印

鶴牧御役所

前書願之趣聞届候処相違無之もの也

水野壱岐守内

前田半左衛門　印

青木久兵衛　印

右之通御免状御書記被下置夫々御用済相成候間今朔日致帰宅候事

前述のように、三人旅で日記の書き手は「万太郎」であるようだ。

二月十六日に出立、天気は薄曇り、四つ時すぎに潤井戸宿入口で休息し菓子代廿四文、茶代十六文、浜野村菊屋で昼食、七人で六百八十文とある。見送りが四人いたことが知られる。千葉寺観音を参詣、現千葉神社千葉妙見尊（宮）をも参詣。

うらやまし浮世の北の山桜　　芭蕉翁
海はれて動かぬ星や秋の空　　完来（大島［雪中庵］完来、蓼太門、のち養子になる。文化十四年没、七四歳）

の句碑を拝している。

この後も、こうした句碑・古伝承に心を動かされ折々に記している。誠に心豊かな三人旅である。馬加（幕張）の高砂屋に泊まり、旅籠料三人で六百文。茶代二百文、「あんま」四十八文、第一日目で「あんま」とは、次いで二百二十四文を財布に入れたまま、旦那に渡したとある。続いて二日目の十七日に「馬加にて入金五百両」とある。船橋入口五日市近江屋で休息後駕籠を雇った。何人乗ったのか旦那だけかは分からないが、行徳に四ッ半時着き、昼食・酒肴代で五百八十文・茶代百文・駕籠代三百文は旦那が支払った。ここからは舟で、これも帰り船を買切りで、八つ半江戸着、行徳江戸間五百文の船賃は安いのか高いのか。

いよいよ伊勢へ向かう旅支度として、たばこ・鼻紙・赤膏薬三ッ星など買っている。また、金銭出納がなかなか細かいので、そのまま次にあげておく。

舟橋より駕籠代三百文旦那より払
五百文　　船壱艘買切但返り船
八ッ半時江戸着
弐拾文　　たばこ
廿八文　　鼻紙

七十弐文　　赤膏薬并三ッ星
四十八文　　諸用相足候処深刻ニ相成八左衛門朝日ニて夜食
〆二貫弐百四十弐文　　遣払
此所三貫弐百四十八文　　金弐分両度両替
六百文　　出立之節当百受取（当百とは、当百銭と云われた「天保通宝」の俗称）
四百文　　途中ニて万助より四ッ受取
差引
壱貫六文　　過上
内百四拾文　　八左衛門根付并紐等代借用
残て　　十八日朝江戸伏見屋ニて改
八百六拾弐文　　財布有銭

宿の者が次の品川まで見送り付き添っている。
鶴見村の「しからき」茶屋の碑を見る。

野山見るこころは春に成り安き　曲笠庵銀河

生麦・神奈川と駕籠・二百五十文と四十八文酒手を出している。誠に悠長な旅立ちである。この神奈川宿に、浦島太郎の宮浦島寺と浦島大明神がある。

十九日　神奈川宿を出ると、

先飲て手拭しぼる清水哉　武陽・施茶翁

の句碑を見る。「先たのむ椎の木もあり夏木立」という芭蕉の句の本歌どりであろうか。戸塚藤沢を経て小栗寺に詣でる。説教節などに登場する伝説上の人物で、常陸の小栗城主が、ここ相模の横山郡司娘照手姫に恋をし、結婚するが横山一族に殺される。のちに餓鬼の姿になるが藤沢の上人の力によって蘇り、照手姫が彼を車にのせて熊野本宮に行き、湯に入れるともとの姿になったという話である。この寺の堂に詣で一人前十二文を払って開帳を拝している。堂の後ろに、小栗判官・照手姫の碑と別に句碑がある。

小栗并照手姫石碑有、脇には碑あり、

内に居て筆の杖つく雪見哉

享和元年卯冬十二月十七日□□連斎

是より地内続き　遊行寺堂（中略）本堂三方銅瓦浦場家根板　正面の額　清浄光寺…

と記している。時宗の総本山で、山号は藤沢山、正中二年（一三二五）年に時宗の第四世呑海が開創した。足利氏や武家の信仰を集めた寺で、「遊行寺《ゆぎょうじ》」とも称した。後醍醐天皇画像があるのでこれを拝観している。

こうした旅のポイントは、当時『名所図絵』が沢山出版されているので、旅立の前にこれらで学んでいたのであろう。

かくして辻堂・茅ヶ崎・名古・平塚・大磯と来て「鴫立沢《しぎたつさわ》」の西行が陸奥へ下がる途中で詠んだ「心なき身にもあはれは知られけり鴫立つ沢の秋の夕暮」の歌を思いつつ、角屋に泊まっている。翌日、二十日に次のように記している。

廿日　九ッ時より小雨
　　旅籠旦那払六百文
　百文　　　　　茶代
　弐拾四文　　　たばこ
但飯泉勧音迄かこ雇五百文三リ余
同所入口桜川のはし花見ず橋と云、高らい寺山権現の宮此山に桜多くあり、花一輪もなし　弘法大師かじせしと也、古鎌倉の頃歟せうらんの日前夜嵐ニて皆落花して川え流れし故　桜川又花水川とも云り、橋の上ニて桜木は　見えて花不見故花見ず橋と云、門前町家有　寺領百石風景一段の山也　爰を過並木松の色外よりいさをし左の方　並木の本に小さき井有、けせう井戸と云、けわい坂此辺已前遊女町也、祐成の思ひ人とらハ長者が内の遊女也、かうらい寺ニ虎か木像とらか釜といふ石もあり
鴫立沢　庵主立宇　此人森村の取立と聞ク
西行の木像虎の木像西行の杖是ハ四尺計ニて一ふしの竹奇也、西行の筆ニて歌もあり其外短冊二枚有

り、庵主二句を願ふ、庵きやく三人おれり
百文　　開帳布施

「幸津村に信ラン上人の墓有り」とある。親鸞のことであろうが、これは伝承である。親鸞は下野、常陸、下総の各地を転々として有名な「教行信証（正しくは顕浄土真宗教行証文類）」を常陸国笠間郡稲田郷で書き再び京へ戻り、俗に二十四輩と呼ばれる弟子達に支えられ弘長二年（一二六二）十一月廿八日に五条西洞院あたりの小さな家で入滅したと伝わっている。

飯泉村の板東五番札所「普門閣」にて額の歌を見つける。

かなはねば　たすけたまえと　祈る身の　船に宝を　つむはいいづみ

更に歩みをすすめ湯元に到る。ここには早雲寺などもあり、戦国大名北条早雲に思いをはせる。北条氏五代の墓所なども訪れている。

近くの正眼寺地蔵堂の脇で「やま路来て何やらゆかしすみれ草　芭蕉翁」の句碑を見つける。旅の記述は続き、

葦の湯へ着、亀屋止宿
十八日より廿日迄金壱両出ス

外ニ四百文万助分預ル
前十八日差引共
〆金壱両ト壱貫弐百六拾文
此遣払
金壱両ト壱貫弐百拾三文
差引

薬師堂

財布え出ス
二月十八日より廿日迄
四十九文可有之処十弐文有り三十七文不足ニ成又金壱両
出ス

二十一日、「天気殊の外寒し。逗留夕刻少し雪降る」とある。
薬師堂地内ニ数多碑有
しばらくハ花の上なる月夜哉　はせを
照月の鏡をぬいて樽枕　四方山人
雪もこんこん花さけ花さけ

芦の湯に泊まる。ゆっくり湯治もしていない。

二十二日、賽の河原の左側に曽我兄弟の墓石を見つけ、曽我十郎祐成・五郎時政兄弟が、父河津祐泰が一族の工藤祐経に暗殺され、その敵《かたき》を富士の巻狩の折に討ったという「曽我物語」は、当時江戸で歌舞伎にもなった。宝永の頃には初春狂言として吉例化してもいた。更に箱根権現の鳥居の近くに、富士の巻狩の折りに用いたという釜があるが、これは信用成りがたしと書き、年号は文永五年戊辰十一月十一日というが疑わしいと記している。

湖のほとりでは、

夜をこめてとりのそらねを偽らば舌やぬかれん関の針貫　桃季園軽人

を見、箱根権現の宝物館に百疋の入館料を払う。曽我兄弟の太刀を拝見させてもらうと百文をまた支払っている。「御朱印二百石」の大社である。賽銭十二文、道々の子どもへも遣《つかわ》す。

関所も無事通り、三島まで駕籠、荷物共で六百文、かちや十左衛門で休息、昼食三人で二百八文。三島大明神に詣でている。原宿泊まり。ここまで江戸から一二五キロというから、昔の距離でいうと三十里強ということになる。当時一日十里というのが通常だが、箱根越えもあって四日がかりであり、駕籠に乗ったりいわゆる物見を沢山し、心をいやしての旅だからである。

いよいよ富士山を見ながら、先年の元禄宝永の大噴火による右側の肩の小山を仰ぎ見ている。また、故郷も大地震があったことを思い起こしている。今日までの途中の宿・村で、例えば神奈川宿「橋より西一丁計り類焼」、沼津宿「入口より宜敷場町方消失」と大地震による被害を記してある。ちなみに郷里の九十九里海岸でも度重なる津波があり村が消滅したところもある。

廿三日　天気　同所出立
入　六百文　　かご代旦那より受取
六百文　　旅籠三人
十八文　　わらんし
此間村々人家続並木有り富士山正面ニ見ゆ
　宝永頃吹出し崩候て小山出来候由

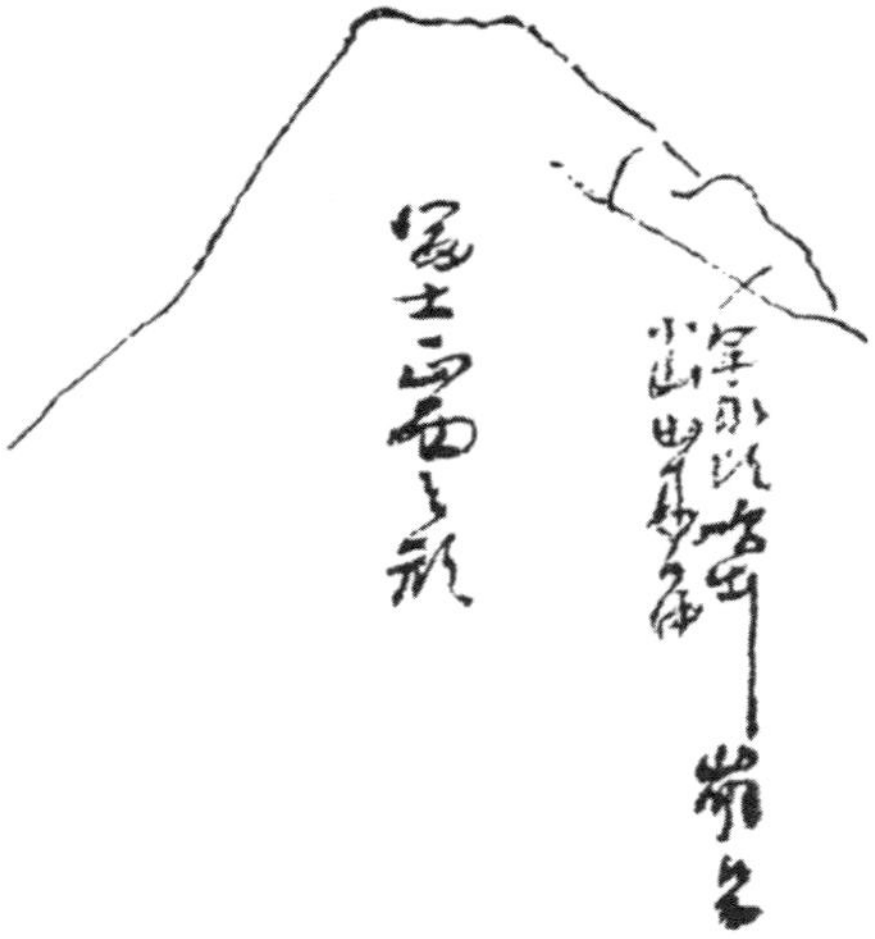

富士山正面の姿

途中「松露」という房総の松林にも多い茸を見つける。松林に生える茸である。吉原宿を出て、しばらく途中の茶屋で「松露の吸もの」を作らせて食べている。誠に甘露・甘露というところである。二百五十六文を払って、茶漬白酒もいただいている。

ここで、富士川（藤川）を船で渡る。甲州への通船もある誠に弁理（便利）なところだとある。蒲原・由比（油井）倉沢峠（薩埵峠）の難所越えである。途中「浮きすの名物」ということで、「あわび二ッむしやき」「きすかばやき二本・酒一合」とはずんで百二十四文。いよいよ屏風を立てたような高山を「さった村え下る」とある。同村の川は冬は橋、夏は連台で越しているという。それぞれ渡り賃が支払われるはずである。海岸も浪が高く石が二丈余も築いてあるが、所々破れていた。興津に宿っている。一日の行程約十里である。

二十四日は久能道を通って府中へ向かうこととし江尻から舟に乗り、三保の松原の三保大明神に参詣。羽衣の松にて天女の舞を思う。丁度石碑があり、その故事が述べられていた。その後船中より源頼朝の重用を受けた梶原景時がここ清美関附近で、頼朝の死後結城朝光の讒言によって、鎌倉を追放され一時はここ相模の国の一の宮に引きこもったが、反乱を企てて京へ登る途中に殺されたという故事に思いを馳せている。

ここから、久能山に登り「惣門支配　榊原の御屋敷有、右ハ本坊　案内のもの名前書いたし。御本坊へ相届鑑札持参ス（中略）御門え入リ名前書差上相願通ル」とあり、「鑑札」即ち手形を見せての参詣ということであろう。「東照宮」の境内・五重塔・宝物などの見学も簡単なことではなかった。ここから次の宿場府中まで二里、途中で、おでん・かん酒に三十四文使い、府中の中藤屋に泊まっている。ここで髪結百文・ろうそく四十八文・油紙六十四文・わらじ二足三十二文・箸箱二つ二百文、手提箱弁当二つ五百五十文、あんま四十八文などに使い、次の旅立ちの用意を整えている。更には江戸迄飛脚賃百六十四文とある。油紙は雨コート代わりである。翌日は九ッ時分より小雨とある。間に合ってよかったというか、旅の必需品であった。府中城大手門「桜満開ス」とある。安部川を舟で渡り、マリ子（丸子）で休息。安部川餅を食べたり、とろろ汁の昼食をとったり、宇津谷峠で名物の団子を食べたり結構楽しんでいる。岡部・藤枝・三軒茶屋立場（宿と宿の中間のところを立場という）でお茶を飲み、島田宿で「かご返す」とある。かくて大井川を舟で渡り、金谷宿の新屋に泊まっている。

翌二十六日も曇り小雨。菊川村で矢の根鍛冶があったので、矢の根を二本求めた。それは白菊姫の由来だからという。

　更に小夜の中山に至る。死んだ女性が葬られたが墓の中で子を産み、その子を育てるためにに夜毎に飴を買いに来るという。夜啼き松・夜啼石というのがあるが、それはこの女性の泣き声だという伝承である。子育観音というのがその葬られた寺だということである。飴餅一ッ五文であった。また、こうした由来を書いた本を三冊求めた。八左衛門も二冊求め三十四文を払った。この間は駕籠に乗って日坂宿から小雨降る中を掛川まで来る。名産葛布を求め、妙日寺という日蓮上人の父重忠の寺に詣で、袋井宿で休息し、この日は見附宿に泊まる。夜大雨となり、明日の天竜川の渡りを心配している。「入金五両」とあり、万太郎が受け取ったとある。

　天竜川は「相たい舟」で渡ったというから他の旅人と一緒に乗った。浜松の昼。この辺の米の相場は一升九十文、但銭相場二朱ということだとある。というのも城下町が類焼してまだ普請も出来ていないという惨状を目にしたからであろう。再び駕籠にて、途中の立場立場で休みつつ、高塚村五郎兵衛という富家があって「年中食もつを施行する」とある。参宮の旅人、なかでも「ぬけまいり」の者など金子を持たず着の身着のままの者は、こうした施行に頼っていたことであろう。浜名湖を渡るところまで来た。船を仕立てたが、西風が強く難儀、向かい風だったので船頭に骨折りの酒手をと考えたが、不案内で出さなかったようである。新居宿に泊まる。

　新居から白須賀・二川・吉田まで約五里はまた駕籠、「酒肴代ふとん代として百三十六文」ふとんは駕籠のふとんであろう。赤坂宿では法蔵寺「東照宮様乱軍之節　岩屋より鳩が二羽飛出御難御遁れ」とある八幡宮に詣で、藤川宿に泊まっている。宿の外れに十五堂があり、

爰も三河むらさき麦のかきつばた　はせを

の句碑あり。「むらさき麦の」は次の岡崎八橋の連歌でわかる。この藤川は「雲母」の産地で、当時「キラ」といった。扇子盃にキラで画をかいている。また小豆坂古戦場という処があり、今川・松平両家と織田氏との合戦のあったところでもあった。「御ふどう記七本槍此場所也」と記している。「御ふどう」は「御武道伝来記」という西鶴の諸国敵討をまとめた作品があるので、そのことであろう。七本槍と言えば、賤ヶ岳の七本槍が有名であるが、これは秀吉と柴田勝家の合戦で、ここことは違う。

岡崎宿の道具屋で、当地の俳人卓池の扇子を二朱で求めている。『伊勢物語』のなかに川に橋が八つあるから八橋とするという伝承があること、また男が和歌にカキツバタを詠み込んだ話があり、歌枕、カキツバタの名所でもあったことを記している。鎌倉時代の旅行記『海道紀』や『十六夜日記』にも出てくる有名なところが「八橋山」でありここに詣でている。

かきつばた我に発句の思ひあり　はせを
麦穂なみよる潤ひの里　知足（鳴海の俳人）
鳩の啼樹ハはるかなり杜若　卓池

という連句が残されている。「はせを」の短冊を三十二文で、絵図を二十四文、縁起を二十四文、杜若の種を十二文で求めている。さて、「成平の墓」と書いてあり、在原業平のことであろうが、伊勢物語の東下りのこともあり「かきつばた」を句の頭に入れ、「からころもきつつなれにしつましあればはるばるきぬるたびをしぞおもふ」と詠んだのがここであろう。業平伝説はいろいろあり、小野小町の零落説話とも結びついて各地に残っているわけである。ここもその一つか、また「矢作村並木此辺狐駕籠有リ途中ニてやとふべからず」と狐に化かされぬよう警告も伝言されていておもしろい。

池鯉鮒宿、チリフと読み、現在は知立市となっている。そこの知立神社にて「マ虫除守四枚いたたく」。落合村で桶狭間の古戦場を訪ね、今川上総介義元戦死墓・家老墓に手を合わせている。途中「めんるい」がうまいという所があったが「美ならず」、鳴海宿に泊まる。

翌三十日は朝から雨、笠寺観音へ参ったが、瓦が落ちたままの状態であった。いよいよ熱田の宿に入る。大神宮の本社は綺麗ではないが古風で、灯籠は五百はあろうか。尊いお社であると感慨を述べ、鳥居先の茶屋で酒湯どうふ七十六文で休憩しているうちにすっかり雨となってしまった。名古屋城のあるあたりは江戸の町並みと同じで、天守閣が見える城堀の際の水茶屋で休む。ここから一里ばかり行った琵琶島町で鰻の蒲焼茶漬で昼食をしている。代金は四百二文。

ここから津島の牛頭天王まで駕籠を二朱で雇っている。途中、寿目寺観音に詣で、向かいに桑名の多度山・養老山・息吹山などを遠望し関ヶ原がこの先だと、またまた酒湯どうふで休む。このところまでに二度ほど休んで茶代を払っている。牛頭天王・津島さまは「檜皮葺外惣銅瓦」と立派さを記し、御神札三枚（体）七十二文、「一代弓」の代金は旦那が支払った。賽銭手洗賃七文とある。ここから桑名へは舟で渡ることにし、二百文・宿六百文・あんま七十二文、ここで旦那が百文出したり焼蛤代や船賃・酒手をはずんでいるが代金が記されていない。

ここで、「銭相場七百六十文」と認めているこの頃、銭と金・銀の交換をしていることがわかる。慶長十四年に金と銭の比価を「一両四貫文」としたが、江戸後期のこの頃は、一両が七貫文前後まで下落していたようである（文化九年六貫九二五文、天保十三年六貫八三〇文、明治元年十四貫三五〇文）。旅のこととて、途中で何が起こるかわからないので、小銭や銀貨は腹に巻いて持参していたようである。金一両＝四分金＝十六朱金、銀貨六十匁＝四分銀＝十六朱銀、銅貨に換えると六貫・五百文ぐらいになったようである。また、一朱というと四百十文位が相場であったようであるが、ここでは「七百六十文」とある。宿代は二百文位が相場であったし、わらじ代は十二・五文位、髪結代は三十二文位であった。

さて、あけて月が改まり弥生三月一日となる。銭相場七百七十二文とあるのが目についた。桑名に舟で着き、番所に出ている。やはり名物の「桑名の焼蛤」を六十文で食べている。四日市で昼食をとり神戸まで駕籠を四百文で雇っている。追分宿に入り、いよいよ神宮の近いことを知る。「参宮鳥居」がまちうけていた。この日は白子に泊まっている。「白子宿は悉く富貴と相見、酒造家油屋多く家作よろし。宿長二十丁余有り」。翌二日は小雨が降り、上野宿は白子とは違い「家並よろしからず」。かくして津城下に入る。「城下ゟ桑名同様町並は却てよろし。関東風に見ゆ」。土橋が掛かっている。二十七間もあるというので街道一ではないか、この辺の家の屋根大きく、江戸伝馬町の木綿店のようで雲津宿・松坂宿は「よろし」と町並・宿とも満足げに眺めて通り、「三ッ井出店、左に紀州様御陣屋有り」また「斎田村に大神宮様茶の施行有、前に石灯籠二ッ有り」といよいよ神宮の近きを感じながら、新茶屋に泊まり、明日に向けて宿駕籠を三百文で雇っている。

弥生三日は「雨降ル追々大雨、夜に入り止ム」。この日は御師の「杉木宗太夫宅」に逗留することになってしまう。「坊銭　金二分二朱」とあるので、およそ一両の半分ということになる大金である。ここから、五日に参宮をすませ、帰路につくまで、外宮・内宮・八十末社・朝熊山・古市・二見浦を見、御師宿に再び立ち寄るまでの原文を認めてみる。読解のため多少字句の句読点などを修正した。

四日　風南小雨五ッ過止、案内を乞、参詣外宮御本社より末社、天の岩戸より文庫の桜、孝経の碑、
奈良の人吉田市右衛門、
坂下半丁入
豊宮崎文庫
弘文院林覚士《ママ》書
内宮道町を通り暫行く小坂有り、爰ニ辻番体の中ニおすぎ迚《とて》□□の娘振袖を着なし三味弦ニて銭貰有り、前ニもざるを持三十かつこうのもの貰ひ有り、古市の入口なり
古市
妻入作りニて遊女屋家作、至てよろし
中の地蔵宿
よつや休前ニ常燈二ッ有り、小坂下り入口の形ニ仕成、物貰ヒ共有是、おたま也。
内宮　御鳥居前町へ入ル、なかば御師の宅也。
宇治川、欄干、きぼし六つ宛端共左右八ッ宛也、長二十間余、右の方川中ニ長棹へ網を附、物貰共大勢騒ぎ、旅人なげ付し銭を網ニて請ル、
内宮　御鳥居右の橋向際ニ有、右へ行、石小橋有り、突当右の川端ニて手を洗、御山へ登ル

御本社　右の方八十末社、左の方来酉年年御建替、地形出来有り。西の方鳥居下り新地形と御本社の間御裏鳥居より下り御神楽殿へ出ル。御神楽殿前より左へ入。

風の御宮

御神馬白　御上様より上ル、此後口より尾州様黒の馬献候、御神馬へ帰ル、直ニ裏町立チ町角屋ニて昼食、是よりあさま山と外宮へとのわかれ浅間山十六丁昇り廿四丁目茶屋有休

江戸小網町　古帳庵
鶯の声くもりなし路山

同　古帳女

昇日に露のむ稲のはらみかな

龍眠書

廿八丁目茶屋有り
卅丁目休何れも伊勢海を北の方へいせの町宮川の末え一円見え至て景色よろし乍去年此日曇りし故碇とわからず

此日遣払　ゼニ百六十四文
弐百文　万助へ預り分渡
百文　同人小遣渡
百四十八文　御山入用
十四文　わらんじ

十四文　　　途中同断
三十弐文　　立ち町同断弐足
百文　　　　旦那賽せん
弐百四文　　あさま迄両宮賽銭茶代とも
五十丁目茶屋有り、風呂敷包笠等預ヶ置、是より御山迄十丁浅間小空蔵御山参詣
　セニ七百六十文
　十弐文　　御礼
　弐百文　　万金丹
　百十六文　そば
　十弐文　　茶代
十丁程帰ル
浅間村え
　左の方へ廿二丁下ル二見浦通、右村茶屋ニて休
　八文　　　茶代
　村外れ木戸際右へ入、橋を渡り二見浦へ行三十丁程みつ村入口引船渡有り、十二三丁行茶屋町
旅籠屋七八軒有
　いつれも奇麗也　ゼニ七百六十四文　角屋へ泊り
　八百文　　旅案内とも四人

百廿四文　　　　酒肴代

五日　天気　朝少々曇ル　茶屋町より七八丁磯辺行、尤町出口ニ御旅所有り　二見浦参詣

三拾文　　　　御札

弐拾八文　　　貝類品々

十六文　　　　あわひ貝

五文　　　　　す貝

七文　　　　　品々

百文　　　　　あんま

朝早く詣て此辺一覧せしに町より二丁程行ニ見堅田大明神鳥居有、爰ニ御旅所殿有り。前ノ松木へ〆ヲ張り御本社は一丁程右へ入ル由。夫より磯迄三丁計リ、左右松原砂地ニて松露沢山出ル、磯方ニ種々貝を売る小屋掛有り。二見浦は一円青石ニて岸迄巌石也。海中ニ二見石有り、西ニ弐ッ東ニ一ッあれども二見ニ可用形ナシ。二見石右の方は左の石十ヶ壱も有之哉、惜哉、右の方小石也。是より宿角屋へ帰り朝御飯仕舞。山田へ帰り道筋三ッ村へ懸り塩あひ川船渡大川也、川口村ヶ成の宿也、山田より入口ニ木戸有り。是より山田御師宅え四ッ時帰ル

百六十文　　　油紙代

三百十八文　　御札百六枚

三せんツツ

四百文　　　　岳州謝礼

金弐朱　飛脚賃九百七十目
御師方九ツ時過出立櫛田迄駕籠四百文ニて雇
小幡村小林ニて休
八文　茶代
新茶屋村柳屋ニ休
是は至てよろし
十六文　煎茶出ス茶代
廿八文　わらんじ弐足
松坂宿泊り
米屋へ着候処込合隣家升酒屋ニて頼二階へ一宿ス
十五文　わらんし万助立替分渡
十六文　同断いせニて立替分渡
六百文　居村屋孫右衛門方旅籠
八文　金剛坂村茶代付落
六日　曇ル
松阪ヨリ一リ下り市場村、中程東ノ方へ一丁程入
忘井碑ニ　斎藤甲斐
別れ行都の方恋しきに

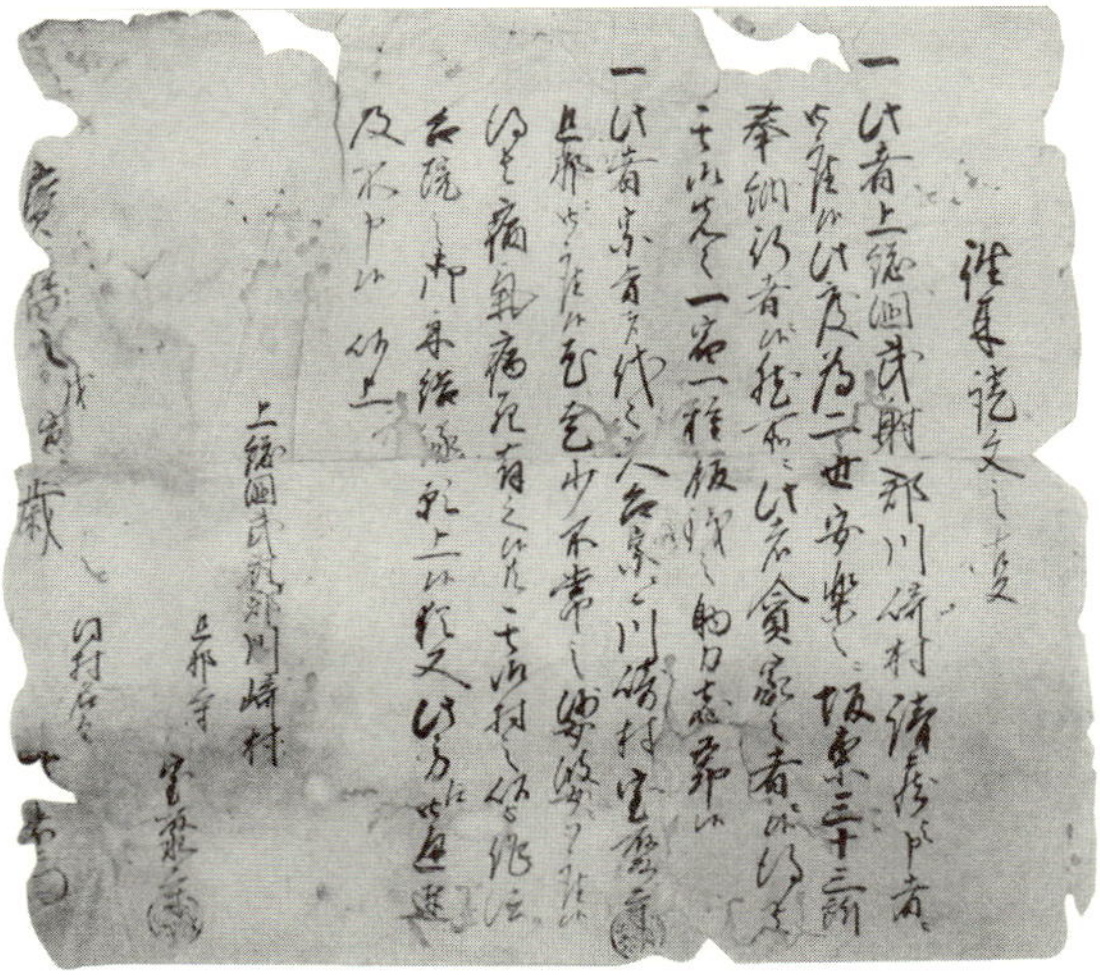

**御用留**（「手形」）上総国武射郡川崎村　清蔵

いさ結ひ見む忘れ井の水

但道教ニ宝暦改元十一月

東都関思恭書

六軒茶屋

奈良追分土はし際角屋ニ休

八文　茶代

十五文　わらんじ

月本角屋清兵衛ニ休、いが越追分際是よりならへ行在道也、一五六丁行小作り村船渡し、葛田ノ川上也。是を渡り暫の間左右平地松林也。山間桃畑有り、花最中又見事也、井汲村

ひさい宿　八丁屋休昼食

月本角屋ニて

九拾弐文　酒肴代

但札両かへ

二月廿七日より三月六日迄

〆金壱両分弐朱ト

十三貫三百七十弐文

南総鶴牧　高橋

先述のように、この三名は外宮の御師「杉木宗大夫（権大夫）」宅にわらじをぬいでいる。山田の一之木町にあり、房総の市原・夷隅・長柄・埴生・武射・山辺・望陀地区を担当していた。どのぐらいの戸数をもっていたか、今のところ不明であるが、高橋家は湯治埴生郡立木村の代々名主役を勤めていた家柄でもあるので、杉木宗大夫も彼を頼りにしていたであろう事は考えられる。高橋寿作（当時五十八歳）と八左衛門、万太郎の三人連であったことは先に述べた。この日記の書手は万太郎であったことも触れておいた。いわゆる旦那が寿作であったこともわかる。八左衛門は広瀬村の者であることが、鶴牧御役所への「入湯御暇願」の文書にありわかった。広瀬村は当時安房にもあったが、近郷の現東金市の旧塚崎野の新田開発で、南塚崎新田と享保年間には称していたところで、開発者の「広瀬伝三郎」の願いにより「広瀬村」と改称したこともわかっているので、現東金市の広瀬であったと思われる。もう一つ書き落としたが「安田重大夫」という御師が、杉木宗大夫の名代として「埴生」に関係しているし、「龍大夫」という大御師も「埴生六十三戸」と記されてもいる。内宮関係の御師では「沢潟《おもだか》大夫」十三戸、佐八神主が十戸で関わっていたようである。

従って、山田に着いてからは、杉木大夫に案内されての行動であったのではないか。「風南小雨五ッ過止」とあり「案内を乞、参詣」とあるように、外宮御本社はもとより末社に至るまでお詣りしているし、御師の学問所でもあった「豊宮崎文庫」にも立寄る。また桜の名所であると共に、その当時有名であった「天の岩戸」にも登っている。

「天の岩戸」は、外宮の南方高倉山の山頂にあり、六世紀中頃から後半の築造と考えられている円墳で、巨石横穴式石室で県下最大のもの。玄室の長さが約一〇《メートル》、羨道が九《メートル》である。十五世紀には開口され、特に江戸時代には諸説あるが当時は上古の廟所、倭姫命の陵墓とか、伊勢津彦命の穴居とも称されていたが、

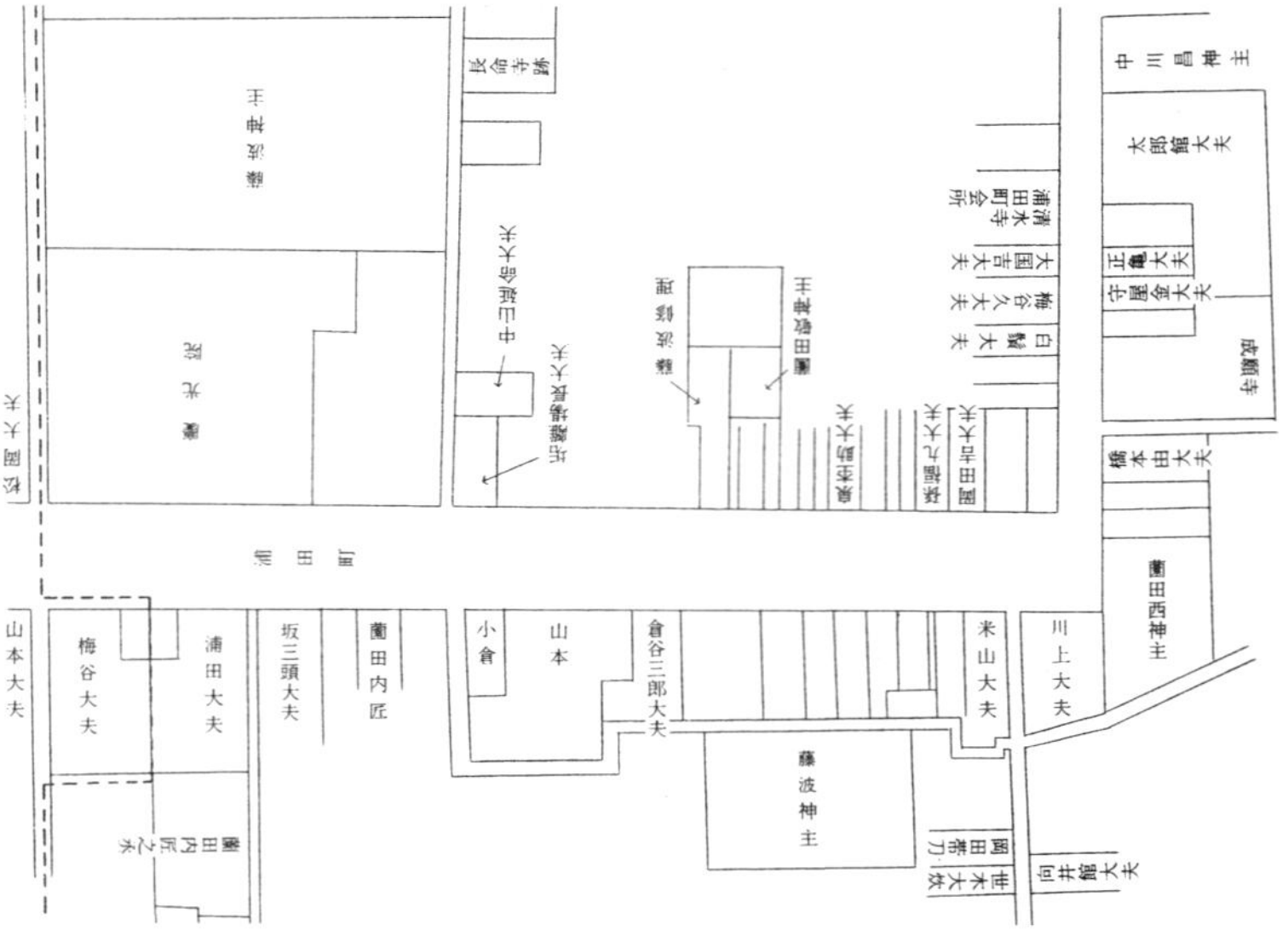


御師町地図
（「文久元年度会郡宇治郷之図」『神宮御師資料』内宮篇　皇學館大学史料編纂所より」）

『神宮典略』明応八年（一四九九）の条に「外宮岩戸」と見えるので、この頃から「天の岩戸」と称していたと考えてよいだろう。

内宮に向かいながら当時の繁華街「古市」を通る。三味線を弾いて銭貰う「瞽女《ごぜ》」に出会い、立派な「遊女屋」に驚いている。天明期には七十軒、千人の遊女がいたといわれ、油屋・備前屋・杉本屋が三大妓楼と呼ばれていた。舞台もあり、毎晩伊勢音頭を唄い踊っていたし、歌舞伎も上演され古市三座といい「口の芝居中の芝居奥の芝居」という小屋まで常設されていた。「伊勢参り大神宮へもちょっとより」という川柳まであるほどの賑わいであった。この三人は昼でもあり、御師の案内人もいることと、こうした騒ぎはしなかったようだ（この辺りで「おすぎ」「おたま」と代々名乗っている三味線引きがいて、いわゆる曲引きなどして、面白がらせ撒銭などを大量にしたようである）。

内宮御鳥居前町に至り、「なかば御師の宅也」とあるように、現在もわかっているだけでも御師三十数名が内宮近く浦田町、今の「おかげ横丁」近辺に邸を構えていた。その中に現在旭市の「鎌数伊勢大神宮」の神職になった「梅谷大夫」の居がある。

外宮内宮の御本社参りはもとより、当時は摂末社をそれぞれの境内に集め一度に参拝できるようにしていた。これが、末社参りで外宮に四十社・内宮に八十社があり、各社でお札を授与していた。また、宇治橋を渡る時には賽銭を撒く風習があり、橋の下には大きな網を持った者がいて上手に拾うと共に、参拝者を引きとめ銭を投げるように乞う声が響いていた。両宮賽銭茶代で二百四文、旦那は百文の賽銭をあげている。もう一つ目にとまったのは「来酉年御立替」の文字であり、「地形出来有り」と書かれている。酉年は嘉永二年で西暦一八四九年に当たる。神宮の御遷宮は嘉永六年（一八五三）で遡ってゆくと、第五十四回の式年御遷宮に近いことが窺い知れる。神馬も白と黒がいて、白は「御上より上る」、黒は「尾州様」などと書き添えている。昼食は内宮前の「立ち町（館町）角屋にて」とあり、浅間山（朝熊山）への登山をむかえ十六丁、更に二十四丁行くと茶屋がありとは言え、腹ごしらえしている。入山料がかかり百四十八文、四人なので一人当たり三十七文ということになる。朝熊山《あさまやま》には虚空蔵菩薩を本尊とし、美しい庭園を持つ金剛証寺があり、眼下に二見浦、天気がよければ富士山も望めたという。朝熊山に登らないと片参りになると、伊勢参りが完了したことにはならないと言われていた。ここで「万金丹」を買っている。二百文とはいい値である。お札は十二文というから、これで伊勢参りが一切すんだという軽々とした気分であったろう。目にした江戸小網町の古帳庵・同女の連句碑に、思えば遙々来たものだと明日の二見に思いを馳せていたことであろう。

現在の伊勢参宮だと、二見浦に先ず出かけ身を清めてからの二見であるが、当時は帰りのことも多かったが。やはり水垢離をする為に訪れる「清渚」としても知られていて、夫婦岩がまた有名であった。二見堅田大明神とある。早朝のまさに朝食前の参詣で、興玉石（猿田彦命の霊跡）の岩門を夫婦岩と言って日の出を遙拝するところだからである。また房総の人であるから、松林の中に松露という茸も見つけている。夫婦岩は石の数をよくも数えている。宿に帰り朝飯。山田へもどり、御師宅へ立寄り、改めて御礼をし、神札百六枚三百十八文御礼として四百文を置き、九ッ半（十二時頃）に松阪へ向かって、翌六日には奈良へ向かっている。

旅はまだ続き、甲賀上野・奈良の寺社見物、吉野・高野山、大阪では芝居も見ている。尼崎・西宮・生田・神戸・舞子・明石・住吉・岡山・丸亀・金毘羅・善通寺、再び大阪から京都社寺・三井寺・瀬田・草津・亀山・桑名へと戻り、東海道を江戸へ、船橋・検見川、そして郷里へ帰った。五月三日帰宅相改とこの日記は閉じている。

弘化五年（一八四八）二月二十八日に嘉永と改元している。アメリカ東インド艦隊司令長官ペリーが来たのが六年。七年には日米和親条約が締結され、下田・箱館（函館）の二港が開かれているし、ロシアのプチャーチンも来ていて、安政と改元後に日露和親条約も結ばれている。日本のあけぼのの年、開国への道が開かれる年でもあった。

## （２）旅中記他

さて、ここまで茂原の古文書より高橋家の旅日記を中心に伊勢詣を見てきたが、成東の真行寺、原巌家文書、天保十四年の『伊勢道中日記帳』及び、天保十一年の菅沢邦昭家文書『道中記』、文政十三年（天保元年）の菊池昭郎家文書『袖玉日記』に少し触れてみたいと思う。丁度十三年は御陰参りの最後の年に

麻　吉

も当たっている。殊に伊勢に着いてからのことに、多少道中にも触れるつもりである。

①『旅中記』（天保十一年庚子三月出立）

東海道を行く、旅立ちにあたって、

呈

庭中のあすはの神に小柴さしあはれ祝む帰りくるまで　花山

司

定めはし旅立日取よしあしわ思立月吉とせん

と万葉集の歌を引きながら歌を詠み、二の月二十九日四ッ時大野屋より出立と頭書に認めている。

三月十六日、宮川で中食、夫より龍大夫方へ九ッ半時（一時頃）着とある。出立から十六日目ということになる。十七日に外宮・内宮を参詣朝熊へ七十二丁、参詣、七ッ時（四時頃）杉本屋へ帰着一泊、十八日に龍大夫を出て、岡本町の泉半方へいって、久々に四方山の話をしているので初めての旅ではなく、更に、古市の〝麻吉〟で、志摩国磯辺の神主小田白大夫という人物と会っている。

②『旅中記』（天保十三年寅三月出立）

同前の道程三月二十四日出立、四月四日に伊勢山田砂見町泉屋半右衛門方に泊まり、出羽国秋田小中久兵衛という、二人同行者と同宿したとある。四月五日には朝、内宮に詣で、朝熊山へ行き七ッ半頃（五時頃）古市の杉本屋に泊まった。その折に「昨四日三州大サキ浦ヨリ十里許沖ニテ　大サキ八間許りの鯨、三十四トビ上ッタ」と鯨が沖に来ており、船頭にたずねたところ、「サタメテハラノ中ニ　シャチとサカナ」が入っていたであろうとの答えに話がはずんでいる。六日古市ニトマル、七日芝居に行くとあるが、出物は書いてないが、「夫ヨリ古市柏屋一宿、大さわぎ…」とある。芸妓を呼び、伊勢音頭やらのドンチャン騒ぎ、あげくの果ては、女郎を…というところであろうか。翌八日は杉本屋で一杯してわらじをぬいだ山田の和泉屋半右衛門へ帰り、九ッ半（十三時頃）に伊勢を立っている。

この辺りのところが、伊勢詣での一つの楽しみ、隠れた目的が思い切り羽を伸ばし、日常生活からぬけ出し、庶民の「旅の恥はかき捨て」的な面が見えているし、他国の人との交歓、久々に会った人との心の交流も見えている。

③『伊勢道中日記帖』（天保十四年卯六月）

六月朔日に立ち、十六日に「伊セ」とある。

一金壱朱　　坊せん　　一金百四拾八文　　山役せん
一金四百廿四文　　かつぱ

十七日に、
一、三百文　　　　伊セ参銭
一、四百七拾弐文　柳骨　いなぎ
一、八百八文　　　たばこ入
一、百文　　　　　大札
　拾弐文　　　　　守
一、宿代　百六拾四文　那生富屋

とある。金銭出納記事が中心であり細かな行動は不明である。「坊せん」は御師への礼金、「山役せん」は朝熊山への入山料。「かつぱ」は何だろう。雨かっぱのことか。「いなぎ」は「うなぎ」か。神札お守りを受けているが、どこで受けたのか。

そして、奈良・京都の社寺参りをして帰っている。特記したいのは最後に「祝儀」が出ていることで、いわゆる餞別金、これに「留守居見舞」とあるのは旅行中に当家にお見舞いとして寄せられたもので、金子ではなく「叺壱ッ」「温飩五把」「茄子五拾玉」「蕎麦」「白砂糖」などと書かれている。「叺」はカマスと読み、藁で四角い袋を作った入れ物のことで、米麦芋などを入れたものだが、中身は当時米であったと思われるが、どの位の量だったのか、日常的であったので書かれていない。筆者の家にも「御叺永納帳」というものが残っているが、「弐升」と書かれているものが多い。ことによると「壱升」位であったかも知れない。地方、地域によって慣習によるから。

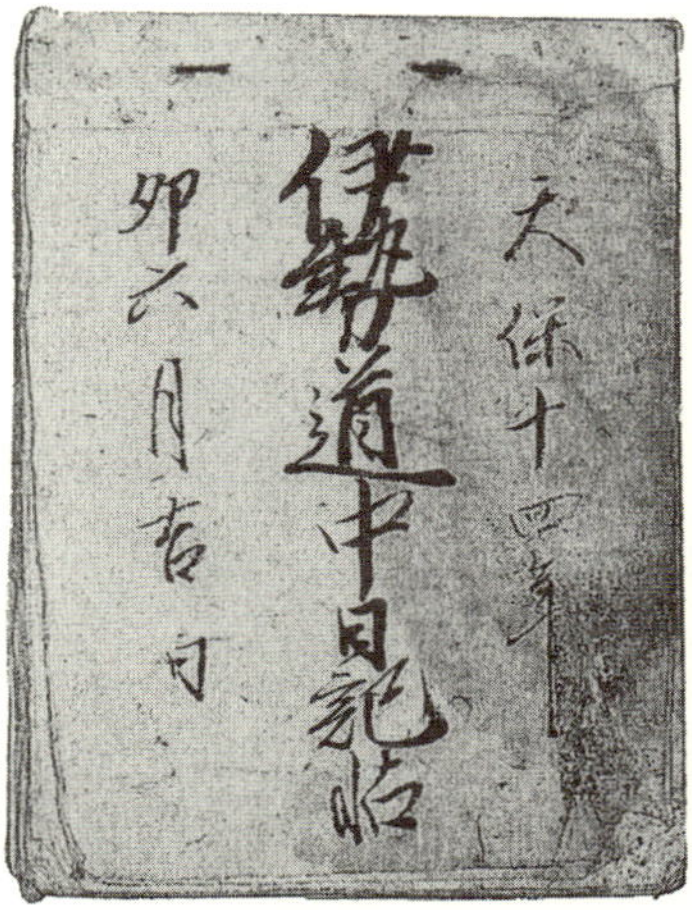
『伊勢道中日記帖』天保十四年

金銭では「祝儀二朱」が五軒、「三百文」が三軒、「五百文」が一軒、誠に伊勢参りの旅に出ることが、「水杯」「かげ膳」の時代のこと、こうした人情がうかがえる。それ故に帰ってくれば、村境まで迎えに出る。迎えられた当人はこれに応える「土産」「土産話」で一盃ということがつきものであった。「講」を作っての旅であれば、次の者へのバトンタッチ・苦労話、「日記」はその中でも最たる土産であった。

④**『地震道中記』**（安政元年十一月）

この記録は、平田篤胤の門弟、下総の草奔の国学者宮負定雄が、同門の神仙界に造詣の深い紀州藩士参沢明こと宗哲と神仙界について、彼の知人である島田幸安に会うために伊勢参宮を兼ねての旅の日記である。下総国松沢村（現旭市松沢）を旅立ったその日に、僅か十町ばかりいったところで、安政の東海地震に遭遇し、その惨憺たる道中の様子を旅から帰ってまとめたものである。少々引用が長くなるが彼はその序に、

安政元（一八五四）年甲寅霜月四日大地震ハ関東国々東海道筋五畿内四国九州中国まで凡五十四カ国ゆりしといふ説にて、海辺ハ津波押上げ、地震にゆり潰て火災となり、水火の為に人民の死亡数ふるに暇あらず、前代未聞の大変なり。予、伊勢参宮の志有て、霜月四日ハ一陽来復の吉日に付て旅立したるに、其日途中にて地震に逢（遭）ひたり。（中略）江戸を越して東海道も相州小田原迠ハ人家の破れも無く、筥根より破れ始まり、（中略）其の中に神の霊験に因りて人の助りたる事多く有て真に有難、尊き事なり、予其事実を聞糺し書集めて子弟にも読み聞かせまほしくおもひて地震道中記と号けぬ。安政二（一八五五）といふとしの三月。下総国、弓道人識

とあるように、道中の被災の様子が細かに述べられている。

ここでは、その中で特に奇特なことをあげてみることにする。

箱根山の内、「山崩見えて、二子山より大石のころび落」「本陣潰れ、町家悉く菱形に…」。三島明神「石の大鳥居燈籠倒れ砕けたり。仁王門の廻廊倒れ、御本社御拝殿半破れ、三重塔無難なり。この時御神馬木馬形見えず無くなりて、二三日過ぎて其形あらはれたりとぞ」。何か御神威によるところではないかと不思議を物語っている。他に「寺院廿五ヶ寺皆潰れ」とある。

豆州下田は、大津波で悉く壊され砂浜となった。お助米・粥など振る舞われた。なかでも、尾州千田郷の大船四艘が山の中に押し上げられ、大魚三百匹余り陸に…オロシヤの軍船（ディアナ号）…日本の小形船が引いてきたが沈んでしまった。

吉原宿は八分通り潰れ火事となり丸焼け、富士川はそこここ埋まり、河原となって水が流れない。蒲原丸焼け、由井・沖津は破損なし。

久能山大崩、御修復金拾八万両ということだ、藤枝宿潰れ橋悉く落ちた。金谷宿ではお粥の接待、日坂宿、大地さけ家々おおかた倒れ、掛川も「出火焼原、死人尤も多し」。秋葉街道の銅の大鳥居・石灯籠倒れたが、秋葉山・鳳来寺は破損なし。袋井宿は残らず丸焼け死人九十七人、その中に遊女が土蔵の中で焼け殺されたのが憐れだと。浜松城は角矢倉が一つ潰れただけで無事。本白須賀は漁船が浪に鳥居の所まで押し上げられたが、浪は少しも入らなかったのは神霊だと土地の人が語っていると。

五油・赤坂・藤川・岡崎あたりは破損少ないが、本陣三軒、池鯉鮒（知立）も本陣二軒倒れた。熱田神宮「御社地震ゆらす、少しも傷みなし」。漁船大浪を乗り越えようと大神宮を伏し拝み、難なく沖に出られたと神験をたたえる。名古屋城はまずまずの大過なし。嶋津牛頭天王社も少しも破損なし、町は曲がってはいるが。桑名城矢倉少し破れ、海上津波は産土神「多度山」の彼方に白雲が棚引いて、津浪は南北に分かれ、桑名には上がらなかった。四日市までは、所々家破れがある。山田街道・神戸・白子・上野・津は破れも多い。津の閻魔堂は大破。古蹟なので歌をよんでいる。

伊勢の海阿漕浦にゆるない（地震）も度かさなれば破られにけり

もう一つ、神のご守護によること疑いなしと言って、加良須大神宮は何一つ破損がない上に、土地の人怪我人一人もなかった。それは「白張着たる神、白馬に乗たまひて海上に顕れ給ひしかば、其津浪、忽ち割れ南北に別れ…神の御出現は松坂よりよく拝まれたるよし。誠に有難き事なり。加良須大神宮御神馬は木馬にて白馬に造りたるなれ共、津浪の後見れば、四足の蹄に海中の藻屑付てありける。」とあり、既にも藻があったことから海中に御出現したしるしだろうと神験のいやちこなることをたたえている。

松阪は紀州様からお救米を下さった、誠に有難いことだ。いよいよ櫛田川・宮川。外宮は少しも障りなし、町家三分通り破損という説だといい、「内宮摂末社に至るまで障りなし。宇治の里一統、御師職の館、町家共々無難にて、瓦一枚落ちたるなし」と認めている。

この先、鳥羽・熊野と紀州へ向かっていくが、細々と見聞きしたことが綴られている。彼はこの日記の後に『地震用心録』『地震用心考』などを著し、日本各地で頻発した地震の様子とその顚末と災害の回避法なども加えて、神道的要素（神恩）を織り込んで綴っている。

このようにこの道中記は「参宮」そのものではなく平田学を学んだ草奔の国学者らしい地震の記録と神威のいやちこなることをたたえている日記でもあった。

⑤『道中記』（明治十二年卯六月一日）

この道中記は、旧飯岡町の長谷川家に伝わる参宮の出納の記録である。明治になっているので、金の単位も銭・厘・毛となっている。六月一日に出立して十七日に伊勢に参っている。

六月一日

一　壱拾弐銭　　　横芝　川むらや長右衛門　昼食代

一　三銭三厘五毛　酒代

一　三銭弐厘　　　馬かいし　□□

一　拾三銭三厘弐毛　はらまき

一　拾三銭　　　　馬渡　高砂屋重兵衛　泊り

二日一　七銭　　　行徳志からき　昼食代

一　四銭　　　　　行徳ヨリ東京え　船代

一　五厘　　　　　東京　やすミ　水代

一　拾五銭　　　　上キ代　東京ヨリ川崎まで

一　拾八銭　　　　泊り　あさ田屋宮右衛門

三日一　拾銭　　　　つるみ川崎ヨリ横浜迄　じょキ代
一　七厘　　　　ほどがやのやすみ
一　六銭六厘　　　　昼食代ふじさわ　ほり川国蔵
一　壱銭三厘　　　　わらじ代
一　八厘　　　　□やす代
一　拾弐銭五厘　　　　泊り　伊せ原　、まつ屋庄兵衛
四日一　三銭　　　　わらじ代　□やす
一　壱銭　　　　さい銭　石尊山
一　六厘　　　　橋代
一　四銭五厘　　　　かめや藤右衛門　昼食代
一　六厘　　　　橋銭代　四拾、八せ川
一　拾三銭　　　　道りゅう山泊り　うや山善兵衛
一　三銭　　　　小《ママ》やす　□□代
一　壱銭二厘　　　　茶代　道りゅう山札料
五日一　五厘　　　　茶代失《ママ》倉沢
一　八厘　　　　橋銭失《ママ》倉沢
一　三拾五銭　　　　どうりゅうより竹の下迄　馬代
足柄峠より早朝ニ越す

一　五銭　兼や新五郎　竹の下　昼食代
一　三厘　橋銭
一　四銭　氷さとう
一　三銭　須走り　同
六日一　八銭　茶代　馬かいし
一　五銭　金ごうずえ
一　拾三銭　かは《ママ》じ代　富士山頂上
一　四銭五厘　茶代札料
一　壱銭弐厘　まもり代
一　弐銭　田すき代
七日一　四拾六銭五厘　須走り　大申《ママ》尊御師泊り　ハ《ママ》らじ代
一　七銭　□代
一　壱銭弐厘　わらじ代
一　拾五銭　横山源吉　昼食代
一　弐銭八厘　かざり屋
一　拾五銭　よし原　山口や□治郎
一　八厘　紙代
八日一　壱銭　橋銭代　富士川

一　壱銭　　浦□□橋　ゆい
一　四銭八厘　　昼食代　清水港
一　拾三銭　　泊り　久能山下　ささき庄助
九日一　三厘　　賽銭　不中
一　四厘　　あべ河
一　壱銭　　あま酒代
一　四銭五厘　　まるこ　くわなや善兵衛　昼食代
一　六厘　　きりもじ代　うつのや峠
一　弐厘　　をかべ橋代
一　壱銭弐厘　　ををい川橋代
一　拾四銭　　かなや　松屋重右衛門泊り
十日一　壱銭　　わらじ代
一　壱銭三厘　　さよの中山　まもり代
一　四銭五厘　　かけ川　昼食代
一　弐厘五毛　　本ご　あふみ橋
一　六厘五毛　　もりとほ　茶代
一　壱銭六厘　　□□□橋代
一　拾三銭　　三蔵　ときわや弥兵衛泊り

十一日一　六厘　　橋代
一　壱銭五厘　　秋葉山　札料茶代
一　壱銭　　橋代　天竜川
一　五銭　　昼食　市の也　さ己田や作五郎
一　拾三銭　　大平　山本山　九兵衛
十二日一　壱銭弐厘　　起うのわらじ代
一　百文　　□□もち代
一　八厘　　札料　ほうらい寺
一　四銭五厘　　昼食代　かとや村新江戸や文兵衛
一　弐銭　　薬金丹
一　弐銭三厘　　豊川稲り　札料さい銭
一　拾壱銭五厘　　豊川　門斗や仁兵衛泊り
十三日一　壱銭壱厘　　わらじ代
一　四銭五厘　　昼食代　かきや善次郎　をか崎
一　拾銭　　泊り代　なるみ　いとや三次郎
一　壱銭　　ちりふ　明神札料
一　弐銭弐厘　　なるみ　酒代
十四日一　四銭六厘　　昼食代　なごや

一　壱銭　　　茶代
一　壱銭　　　津□崎大明神　札さい銭代
一　拾弐銭五厘　□さや　市川次兵衛泊り
一　壱銭弐厘　酒代
十五日一　八銭弐厘　さやより四日市　船銭
一　五銭五厘　昼食代　帯や七郎右衛門
一　拾弐銭五厘　泊り　大さとや次兵衛
一　五厘　橋銭代
十六日一　五銭　昼食代　松阪
一　八厘　わらじ代
一　拾八銭　馬しや代
一　弐厘　宮の川船渡代
一　弐銭　かみゆい銭
十七日一　七銭　さい銭　伊せ宮めぐり
一　二銭四厘　さい銭　ふ田み浦
一　六拾壱銭五厘　泊り　伊せ龍大夫
十八日一　弐拾壱銭　札料
一　弐厘　宮川橋代

一　拾壱銭五厘　　泊り□上村　三田や善兵衛
十九日一　四銭　　松坂　こうかけ
一　四銭　　昼食代　小川□い村や弥兵衛
一　壱銭弐厘　　わらじ代
一　五厘五毛　　橋代
一　拾壱銭　　伊が道　伊がや兵衛泊り
廿日一　五厘　　茶代　いが　茶や又次郎
一　六銭　　昼食代　あを　たわらや清右衛門
一　四厘　　茶代　なばり
一　拾銭　　泊り　三本松　かきや五兵衛
廿一日一　壱銭二厘　　山べ　わらじ代
一　四厘　　西国第八ばん　はせ　初瀬寺札料さい銭
一　四銭五厘　　はせ　昼食代　五まや又三郎
一　壱銭四厘　　□□□　橋代　しやうし□代
一　拾弐銭　　泊り　なら　松竹や弥平次
廿二日一　六銭五厘　　油紙
一　五銭　　なら　松竹屋屋兵治
一　拾銭　　なら　御□□□

一　五銭　　さい銭札料
一　三銭五厘　油紙
一　拾五銭　泊り　松葉屋源次
廿三日一　六銭　田ら《マ》す《マ》け□代
一　壱銭　わらじ代
一　六銭　昼食代　かさや源兵衛
一　壱銭弐厘　わらじ代
一　壱厘　橋代
一　四厘　よし川　船渡代
一　拾弐銭五厘　かむろ　玉屋与次右衛門
廿四日一　九銭　高野山　□□じる
一　十壱銭　札料さい銭まもり
一　弐銭　□□料
（以下略）

この時代になっても「橋代」がある。「上キ代」は蒸気船。富士山頂へ登山をしているので「金ごうずえ」五銭。「馬しゃ代」拾八銭。伊勢に入ってからは「龍大夫泊り」六拾壱銭五厘は、他の宿泊代が拾銭～拾弐・三銭となっているので、案内や祈祷料が入っている御師宿だからである。十七日に伊勢宮めぐり七銭、さい銭二見浦二銭四厘、十八日札料弐拾壱銭。

# 5　旅の折々

『道中記』や『旅行用心集』など往時の旅の必需品というべきもの、それはガイドブックであった。江戸時代後期になると、この種のものは多数出版され、手に入れることも簡単であった。また、当時の日本人の識字力・書写力・文章力は世界一で、どんな山村にいっても、藩のお触れ文・高札などは読めたし、書面なども認めることが出来る者がいた。従って、「旅行文」などを読むことは容易いことで、旅の準備には欠かせない。

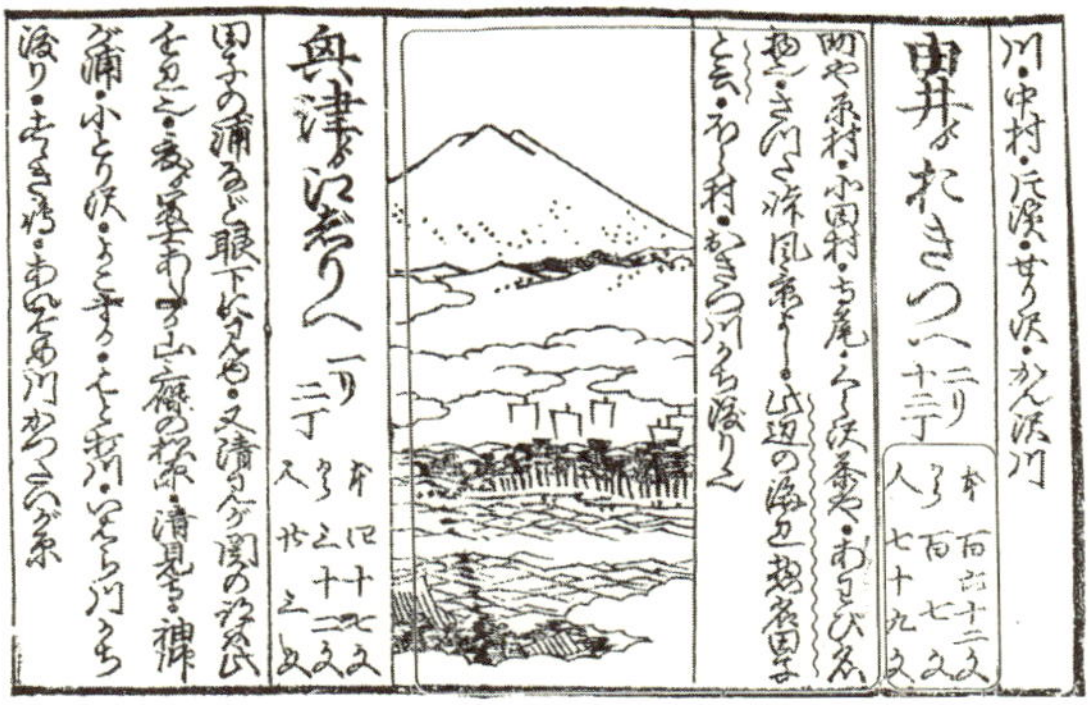

旅のガイドブック

例えば、上の図のように、「由井よりおきつへ二里十二丁」とあり、その下の「本」は本馬、「から」は軽尻、「人」は人足で、その代金を示す。本馬は荷駄二十六貫まで、軽尻は一人と五貫の荷、人が乗らなければ本馬の半分、人足は一人五貫まで。だいたい本馬の半分だったようだ。この辺を田子というとか、さった峠風景よし、あわび名物也、おきつ川かち渡り也など説明あり。こうしたことを事前に、また持参し宿や茶屋などで休憩しながら現地で確かめたり、更に旅人同士、土地の人などと会話し旅を楽しんだであろう。

『旅行用心集』にはこれとは違い、旅に出る折の持物、道中での注意は微に入り細に入り、虫の害、足の疲れのとり方、会話の注意、金銭の保管、船の中での用心、船酔いのなおし方、空模様の見方を古歌で説明したりしている。「旅の道づれ」と「旅の所持品」と、おもしろい「風呂にのぼせたとき」をあげておく。

## ①旅の道づれについて

一　道の連れはせいぜい五、六人まで。大勢は悪い。人はそれぞれの考えが違うので、大勢で長旅をすると、きっと気の合わない者が出てくる。

一　道連れにしない方がよい人は、大酒飲み、酒癖の悪い人、てんかん病、ぜんそく持ち、あるいはたいへんな病気持ち、これらの人々は、いつその病がおこるか分からないので、よく考えた方がよい。

一　旅の費用を持って歩く時は、腹巻きの財布に入れて置くのがよい。一日の必要なお金は、懐中に小出しにして使うこと。もっとも小出しにするときは、夜でも人目につかないようにするのが肝心である。

一　宿屋で泊まった時は、刀や脇差は自分の寝る床の下へ置くこと。槍や薙刀なども、床の奥に置くのがよい。

一　道中では火の用心には、とくに気を配り、村を通る時は勿論、たとえ野原でも煙草の吸殻をやたらに捨ててはいけない。休んでいる時や乗合船の中では、着物や荷物に火が付くことがある。入念に注意すべきである。

一　春になると所々野焼きをしていることがある。野焼きの火というのは、強風の時には驚くほど広がるものである。こういう所を通りかかったら、どの道をいったらよいか考える。本道でも火に巻かれることがある。野焼きを馬鹿にしてはいけない。

一　道ばたの家や畑で作られている梨、柿、柚、蜜柑などの果物類は、見事に実っていても、いたずらに手を出してはいけない。また村の中で米や麦などの穀物類は勿論、庭に干してある物は、間違っても踏んではいけない。他国で文句をつけられるようなことがあっては、自分が正しくても勝ち目がないことを知るべきである。

一　山中や野道で若い女性や草刈りの子供、女連れの参詣客などとすれ違った時は、一通りの挨拶はよいが、余計な話、あるいは田舎言葉をむやみに笑ってはいけない。トラブルは些細なことから起こるものと、心得た方が良い。

一　間《あい》の宿《しゅく》や本道から逸れた場所で、よくない宿に泊まることになった時は、気分の悪い物である。しかし、そういう時は不平を言わず、逆に物静かに話し、荷物や戸締まりなどを用心するのが、旅の極意である。

一　誰でも知らない土地へ行けば、言葉や風俗がいろいろに変わり、自分の住んでいる所の言葉とは違うので、聞き慣れないし、また見慣れない内は変だと思うのが当然である。このことを知らずに、よその土地の風俗や、言葉を笑ったりするのは間違いである。

## ②旅の所持品について

一　矢立　扇子　糸針　懐中鏡　日記手帳（一冊）　櫛　並びに鬢付油　（ただし、かみそりは宿屋で借りて使うこと。また髪結いもいるが、これは旅の途中で関所、城下を通る際に髪を整える折に頼むこと）

一　提灯　ろうそく　火打道具　懐中付け木（これはたばこを吸わない人も懐に入れておくと良い。宿屋の行灯は消えやすいし、また不意の出来事にも備えるためである）。

一　麻綱（これは宿屋で荷物を括っておくの大変便利な物である）。

一　印板（これは家に印鑑そのものを遺しておき、旅先から送る手紙と引き合わせたり、また金銀の為替などにも、その印を用いるためである）。

一　鉤（この鉤を持っていると旅先で便利な物である）。

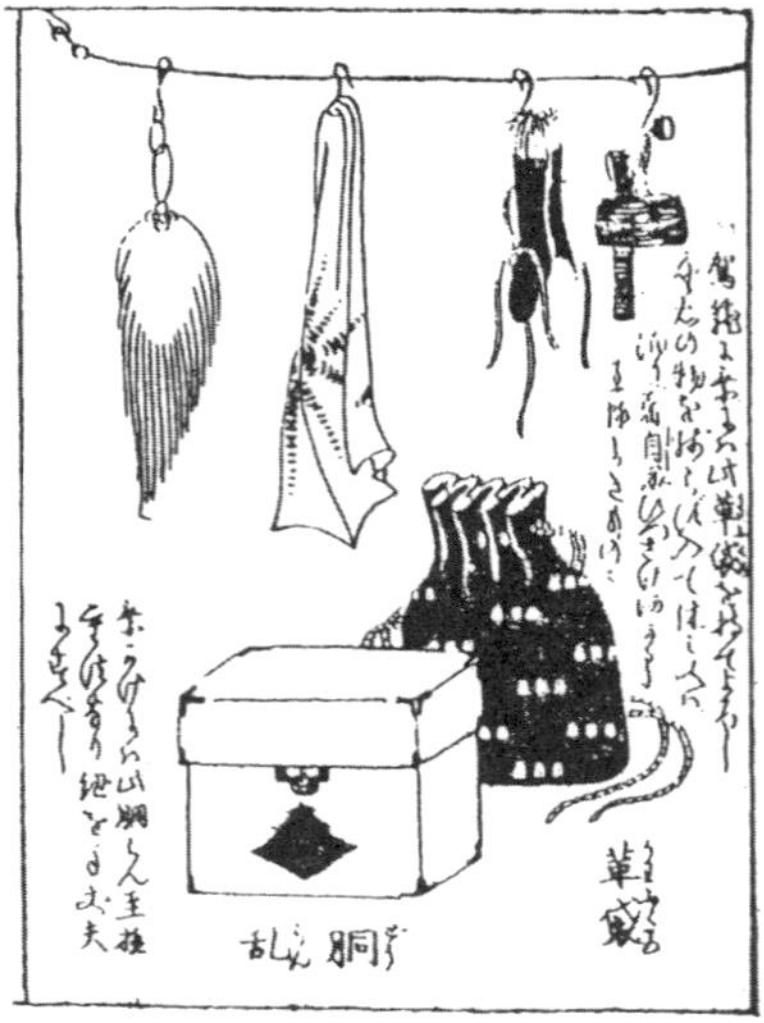

旅の所持品

### ③　風呂でのぼせた時の対処法

一　風呂に入って長湯をし、湯気に当たった者には、冷水を顔に吹きかけるのが良い。もし鼻血が止まらず、眩暈《めまい》がひどい場合は全身に水を掛けると良い。

一　また顔へ水を吹き掛けた後、髪を解いて、歯の荒い櫛で何度も梳けば、気がつくことは不思議である。また酢を少し飲ませるのが良い。

こうした「旅の心得」を今まで触れた旅日記の筆者も目を通し、参宮へと旅立っていたと思われる。

（神原靖夫）

コラム１

# 犬の参宮

犬は賢い動物で、縄文時代には可愛いがられていたとみえ、犬の墓がいくつも発見されている。犬ばかりでなく鶏や豕も参宮したとの話もあるが、一般的なのは犬の参宮である。首に奉納銭などをしばりつけ、お札をもらって帰ってくる犬の姿が錦絵にも描かれている。有名なものは、多勢の参拝者で賑わう宮川の渡し場に描かれた参宮の犬である。

房総半島では江戸時代最大長編小説『南総里見八犬伝』第八輯の表紙に現れている。

御存知八犬伝は、江戸深川の曲亭馬琴（本名滝沢興邦、後に解）による読本で、全一八〇回、九八巻、一〇六冊、最初は肇輯五巻五冊、文化十一年（一八一四）刊。その後二十八年にわたって刊行された。終りは、九輯下帙下篇結局四巻五冊、天保十三年（一八四二）刊であった。つまり肇輯（一輯）より九輯に及ぶが平均的な輯別冊数でもない。版元もかわるし、画者も移る。中国の白話小説『水滸伝』の影響の下、仁義礼智忠信孝悌の八つの玉を持つ八人の犬士の英雄譚。

時は室町時代の末、安房の里見義実の娘、伏姫と八房という犬の話から始まる。富山《とみさん》の洞窟で自害した伏姫の数珠が飛散し、その八つの玉を持つ犬士が種々の物語の後、里見家に結集する。そして管領《かんれい》との戦に勝利するまでの話であるが、長い刊行中から評判となり、歌舞伎、錦絵などに扱われ、女性、子供にまで人気となって、多くの人々に愛されるものとなった。

第八輯は上帙・下帙八巻一〇冊で、天保三・四年（一八三二・一八三三）に刊行されたものだが、この天保四年には馬琴は右目を失明している。

南総里見八犬伝第八輯表紙（館山市立博物館提供）

文政十二年（一八二九）には第五十三回の御遷宮が行われ、翌十三年（天保元年）には、御蔭参りの群集が日々増加し、外宮北御門橋西には施行小屋が設けられたという。

八犬伝の表紙絵は輯篇別に異なるが、子犬の遊ぶ絵が多い。犬張子などもあるが、この八輯は二匹の参宮犬、裏には参宮の必携品ともいえる笠と把笏、笠には同行八人と八犬士を表す文字、そして犬士道中記の記録帳が描かれるなど、八犬士参宮を表現したものとなっている。詳しくは、岡田晃司「八犬伝の表紙絵を見る」（『館山市立博物館報』No.79、二〇〇七年一月）を参照されたい。

犬が御用材に小便などしてはいけないと、犬狩りが行われた、同じ江戸時代のことではあるが、群集が押し寄せると共に犬がついていくこともあって、時の世状では犬も参る太神宮となり、絵画資料にも表現され、それが読本の表紙となって流布されたのであろう。

（杉山林繼）

第六章

# 房総の伊勢講と伊勢大神楽

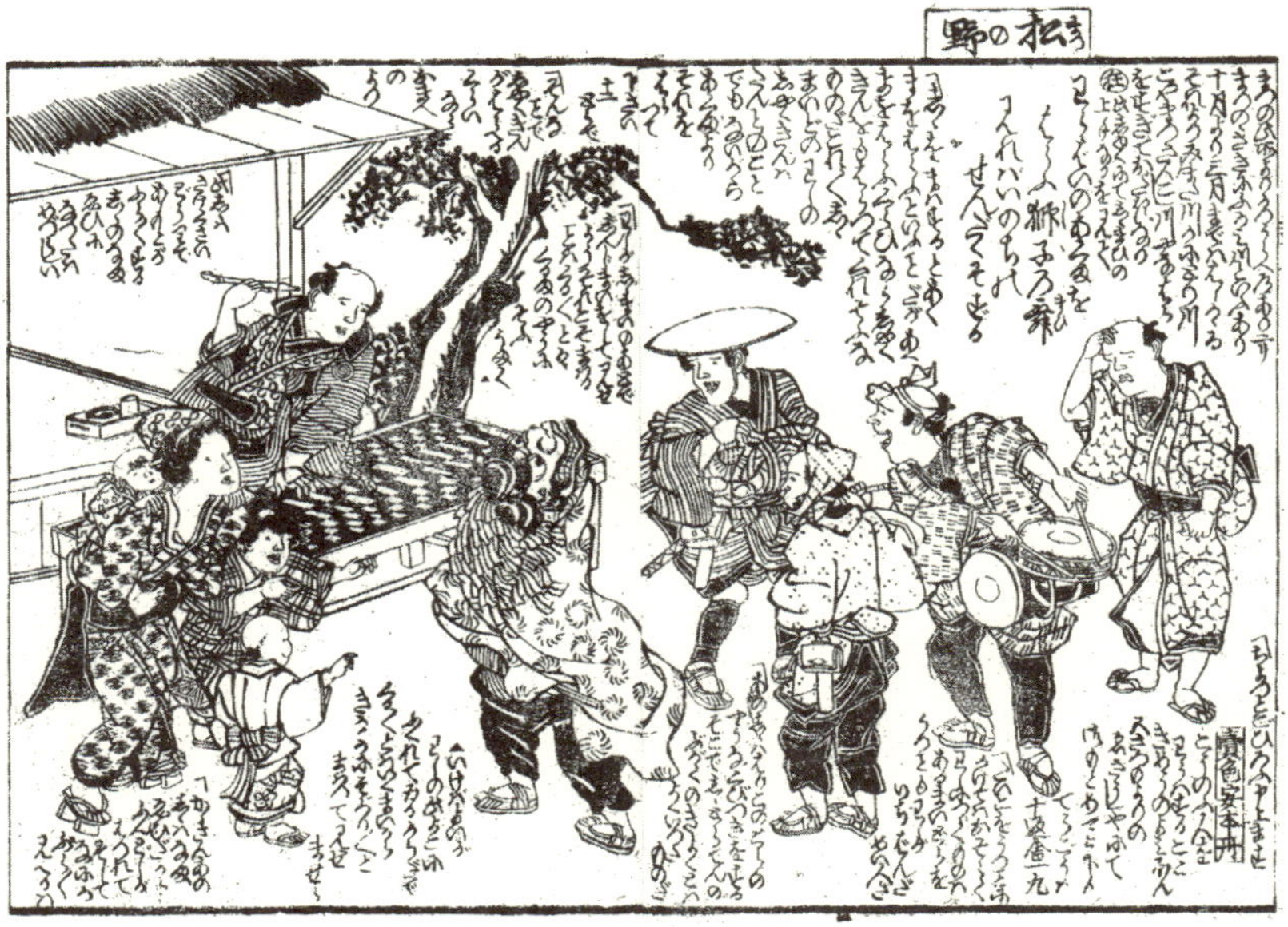

松野の神楽（十返舎一九『房総道中記』より）

## 1　講

宗教・信仰上や経済上、その他の目的で寄り集まった人々によって組織される結社集団が講である。日本社会には、村落や都市を問わず「講」と称する多様な社会集団が形成され、人々の豊かな信仰生活や互助の精神を育むとともに社交・娯楽の場としても機能してきた。

### （1）講の種類

講の集団は、その講が発揮する機能から大別すると、宗教的講、経済的講、社会的講の三つに分けることができる。宗教的講は宗教・信仰上の目的を達成するために組織されたものである。経済的講は主として経済的な互助を目的としたもので、金融とか物質の融通をはかるための頼母子《たのもし》講・無尽講などが代表的なものである。社会的講は、村組・近隣集団や同族団・社会階層や身分層序・世代や年齢を同じくする年齢層序などに対応して組織される集団などに講名を付けて呼ぶものや、労力交換や共同労働に伴って組織される結《ゆい》講・模合《もやい》講などが含まれる。講の展開から位置づけると、宗教的講が様々な方向に発展する過程で、講の組織や運営方法が経済活動の分野にも適用されて経済的講が成立し、さらに古来からの社会組織に講の名称を付けるようになって、社会的講が成立したとみられる。

地域社会においては、これら三種の講集団が必ずしもはっきりと区別されているわけでなく、入り組んでいるのが実態である。

### （2）宗教的な講

宗教的講とは、宗教・信仰上の目的を達成する志を同じくするものが寄り集まって組織されたものである。この講は信仰の対象が地域社会内に存在する在地講と、信仰の対象を地域社会の外に求める参詣講とに大別することができる。在地講には、日本古来からの民族信仰に基づいて結成された山の神講・水神講をはじめ日待講・月待講・庚申講など、あるいは氏神や鎮守神を祀る神社の氏子集団によって結成された氏神講・宮座講など、また仏教信仰による観音講・地蔵講・念仏講などがある。参詣講には、仏閣を中心とする善光寺講・成田講などや、神社を中心とする伊勢講・出雲講などがある。さらに熊野講・富士講・出羽三山講などのように霊山登拝を目的に結成された講集団と多様である。参詣講の参拝方式には、講員全体が参拝する総参りと、講員の代表者が参拝する代参とがある。代参は講中で費用の積み立てをして交替で参拝するもので、遠隔地の参拝に広く普及した方式である。在地講には地域社会の外から信仰対象を勧請して講を結成しているものもあるが、なかには参詣講が参拝を中止して在地講化している場合もある。伊勢信仰、山岳信仰、月待、日待などがそれにあたる。

## 2　伊勢講

### （1）成　立

伊勢の神宮への信仰をもとに結成された信徒集団である。講集団の常として、村落共同体に根ざした素朴な信仰形態を基盤とした集団が伊勢参りに重きを置く方式をとるに至ったと推定される。その媒介となるはたらきをしたのは御師である。御師たちは信者全員を伊勢に呼ぶ方法を知っていた。それは伊勢講を組織させることである。神宮御師の活動は平安末期から見られるが、彼らの指導・斡旋により講の結成が明確に見られたのは室町初期で、『教言卿記《のりとききょうき》』応永十四年（一四〇七）三月二十四日条に「神明講」や「講親」「頭人」が現れるのが初見であろう。その後全国各地に広がり、江戸中期以降はほとんど村ごとに伊勢講（または神明講、参宮講、太々講）が結成されるに至った。「太々講」とは伊勢講と同義で、講中が伊勢参宮の折りに神楽を奉納したことからこの名がある。神楽の奉納には金額によって「小神楽」「大神楽」「太々神楽」があり、太々とはその最上級のものである。

## （2）仕組み

当時の庶民にとって房総から伊勢までの旅費は大きな負担であった。日常生活ではそれだけの大金を用意するのは困難であった。そこで生み出されたのが「伊勢講」という仕組みである。それは講員全員で毎月積み立てをし、頼母子方式の金融（集めた金を利息を取って貸し付ける）による運営のもとに、くじ引きにより毎年二〜三人の代参者を決定して、参拝に行くというものである。代参という方式で、次には行けなかった者たちに旅の機会が与えられるから、これをくり返せばいつかは全員に順番がまわってくることになる。それだけに貸し付けた講金の利子は滞りなく返済すること、少しも違えることがないようにすること等が、講金運用上重要なことであった。そこで講中一同が連名捺印をして、破綻させることのないよう誓いあったといわれている。こうした手堅い金融は、参宮の費用を生み出しただけでなく、村の経済をも活性化させるこ

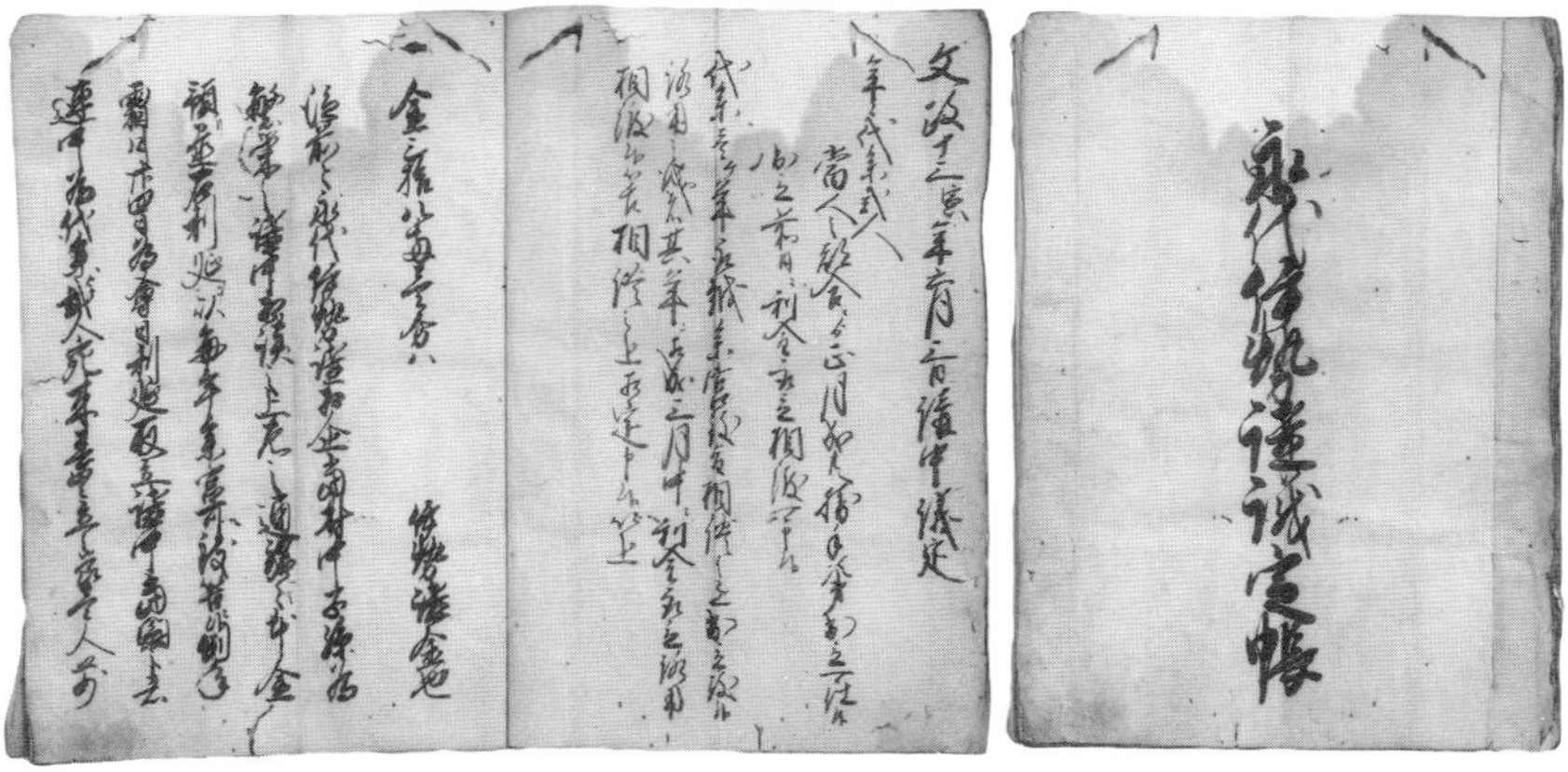

文政13年　永代伊勢講議定書（講の規約）（君津市旧糠田村講員の家に保存）

とになったことだろう。

各地に「伊勢講」や「太々講」が結成されたようであるが、上総の君津市旧糠《ぬか》田《た》村に、文化七年（一八一〇）に講金を積み立てていた記録が残されている。また、この講では文政十三年（一八三〇）に改めて次の様に講の規約を作成している。

これによると、この年五十二人の講員が総計三十八両一分の講金を積み立て、それを貸し付けて運用し、その利息をもって毎年二人ずつ代参をたて参宮するというものである。例年十一月二十四日に総会を開いて、この講金の貸付人から年一割の利金を取り立て、講中のくじ引きで代参人を決めていた。代参人は翌春にかならず参宮することとなっていた。代参人には路用金として一人金一両二分を渡し、「信心の儀、毛頭違乱申すまじく候」とその心得を申し合わせている。弘化三年（一八四六）には、講金の運用や代参者の路用金が一人二両一分と改定されている。

一方群参をした時の記録が旧糠田村の近く旧根本村伯部家に残されている。この旧根本村講中の「太々講」はこの村が講親となって、八木、深井、塚原、大野台、行馬など近隣十八ケ村の講員を擁する広域的な大規模の講であった。天保十四年（一八四三）

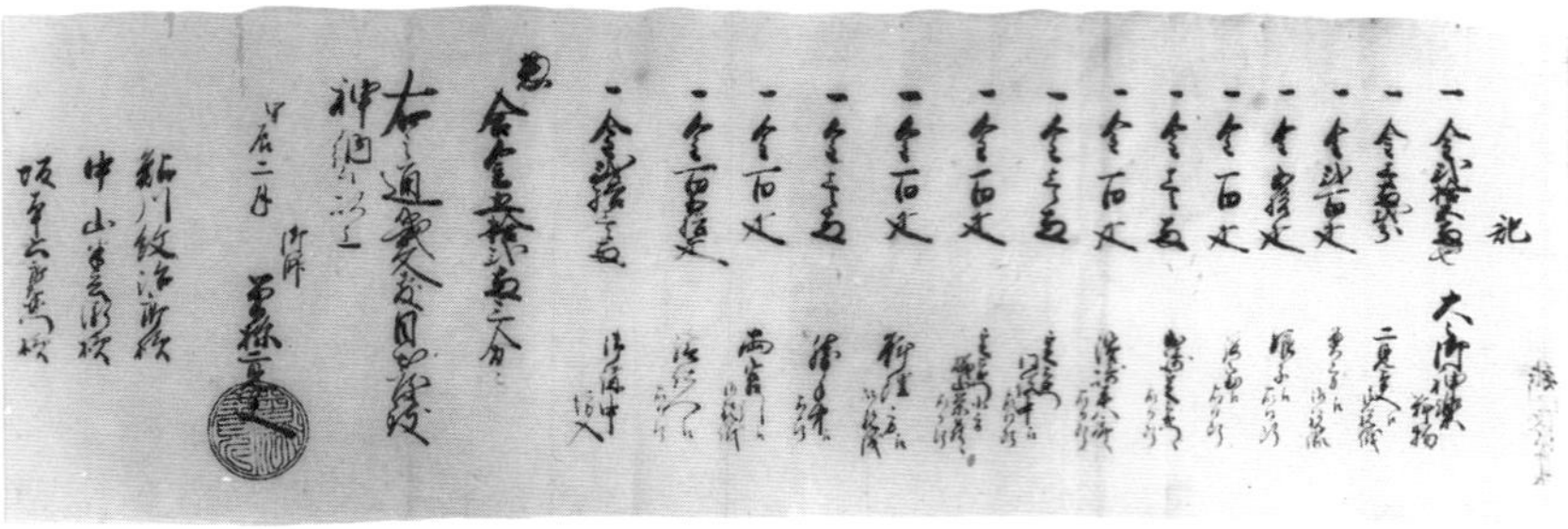

**太々神楽奉納証**（君津市旧根本村伯部家に保存）

二月二十五日に同行五十四人、他に平参り四人を伴って出立している。これに要した講金の主な支出は次の通りとなっている。

一、船賃　一両二朱八八九文　船頭さかて代含む
一、神楽料　五〇両　太々神楽奉納料
一、坊入り　二七両　五四人分の坊舎への宿泊料
一、土産　七両二分　御師曽禰二見大夫その他家来へ
一、雑費　二両二分二朱　坊の料理人、その他使用人への心付け

その他諸費を含めて、九六両三分二朱と二〇四貫六六三文であった。

この時の太々神楽奉納証が残されている。

この様に、一回の参拝に約一〇〇両もの大金が使われている。

また、時代・地域は異なるが、安房の旧丸山村判沢家に伝わる「伊勢道中記」によれば、明治二十九年（一八九六）五月二十二日に総勢五十七名の多人数で出立し、二十五日を要した大規模な参宮を行っている。この他に、下総の流山で嘉永六年（一八五三）正月六日、伊勢講の四十三人で出立して参宮を行っている。

この様に伊勢参りができたのは、伊勢講のしくみのお陰である。

ここで、伊勢講の費用に江戸時代の貨幣が出て来たので、参考までに円への換算表を記しておく。

| | |
|---|---|
| 一両 | 六〇、〇〇〇円 |
| 一分 | 一五、〇〇〇円 |
| 一朱 | 三、七五〇円 |
| 一文 | 約九円 |
| 一疋 | 一五〇円 |

数値は江戸時代の平均的米の値段を基に換算したもので金一両で米一石（二俵半）買えたといわれる。

○大工一日の手間賃　三五〇文

男の奉公人一ケ年三両前後<br>女の奉公人一ケ年二両前後 ｝壮年

一両＝四分＝一六朱、一分＝百疋

## （3）伊勢講の一年の流れ

### ①講の集まり

多くが年一、二回の集まりを中心としていた。中には毎年正月・五月・九月・十二月の四回、各家を宿とし巡回して開かれていたところもある。正月を初伊勢講あるいは大伊勢講といい、チュウジキサマに天照大神の掛軸を掛け、榊をあげ、お燈明をつけて先達の音頭で拝みごとが行われた。それが終わると御神酒を回し宴会に入った。酒を飲みながら貯金の報告をしたり、次の時期などを相談した。伊勢音頭も盛んに歌われたという。ごちそうは宿持ちだったが、伊勢講は普通の講事と違い、お伊勢様だからということで、黒塗りの会席膳に尾頭付きで、それに汁や御飯も漆塗りの黒椀で出したという。講が開かれる前になると、お金と米三合ずつを集めて回り、「お世話になります」という人だけの膳を用意した。会席膳のない家は借りて用意したという。

講金で宗和《そうわ》膳（金森宗和が好んだからという、黒または朱塗りの低い四足膳）を購入したり、料理の食材等細

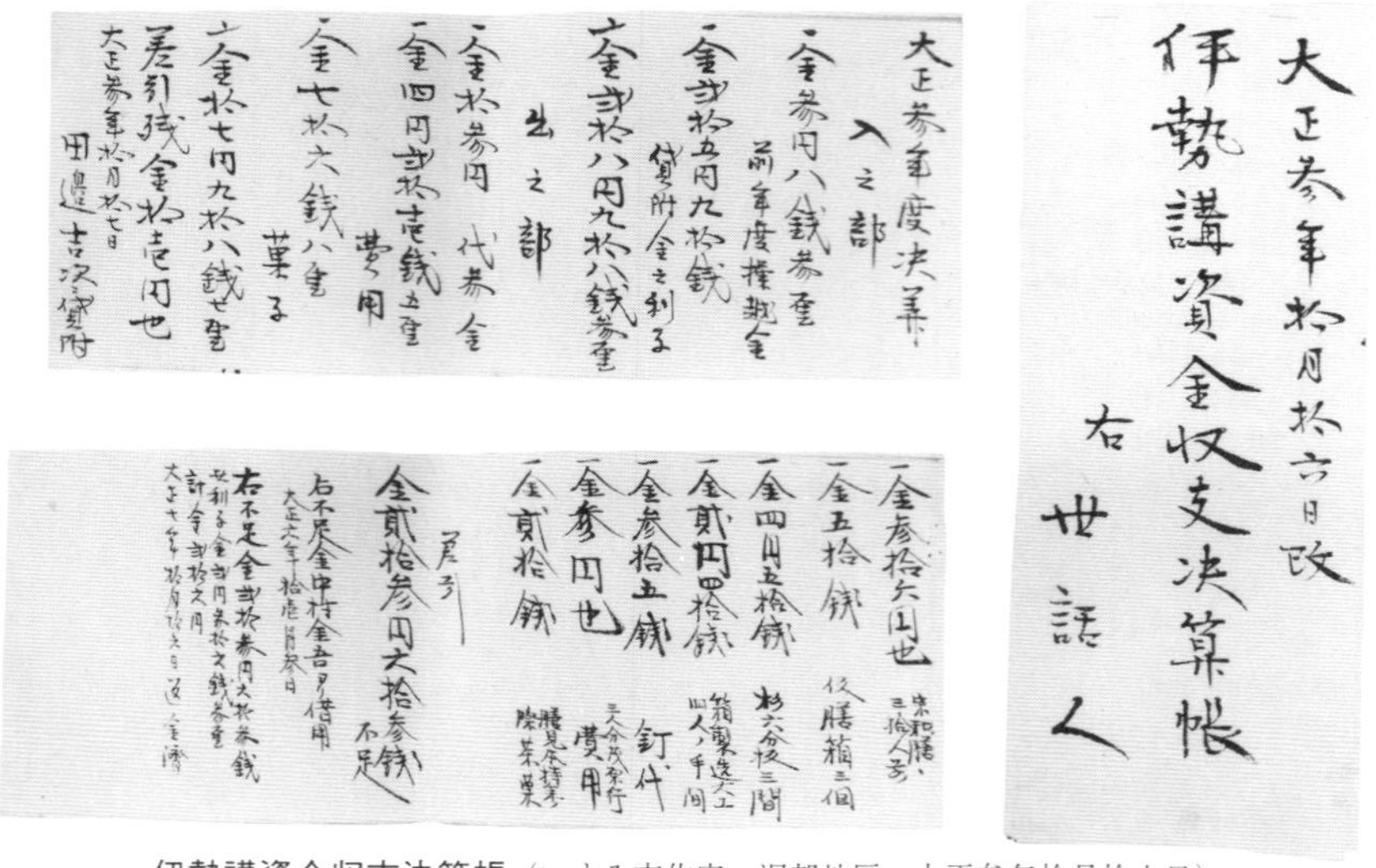
大正参年拾月拾六日改
伊勢講資金収支決算帳
右世話人

伊勢講資金収支決算帳（いすみ市佐室・沢部地区　大正参年拾月拾六日）

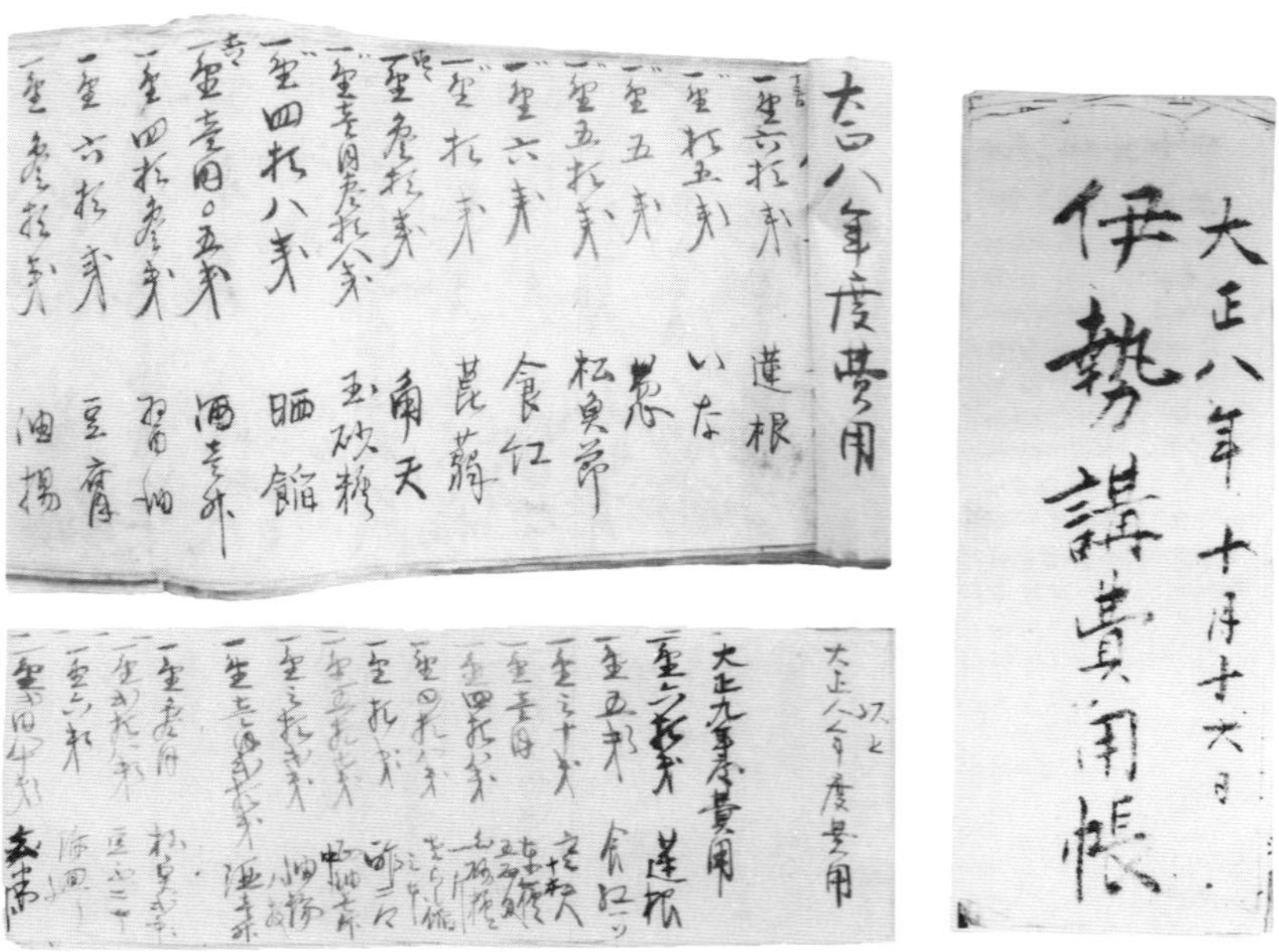
大正八年十月十六日
伊勢講費用帳

伊勢講費用帳（同上　大正八年十月十六日）

かく記録に残している地域もある。

講の開かれる日は正月の十六日が多いが、これは外宮の六月、九月、十二月の大祭が十六日であることに由来すると思われる。地域によっては四日、五日、十一日、二十四日に実施したところもある。

また講員が代参に当たった時小遣いに困らないようにと、日頃班で積み立てを行っているところもある。その日を小伊勢講と呼ぶところもある。江戸時代を均らせば、江戸と伊勢の往復一両二分という旅費は、道中何事もなかった場合のことである。運悪く川留に引っかかったり、病気になった時は出費がかさみ、予算は大幅に狂ってしまうことになる。旅費の他に予備費も計上しておかなければならなかった。よって全体として少なくない金額が必要となった。

### ②代参者の出立にあたって

遠隔の地への参詣だけに、代参者は氏神様に道中の安全を祈願する。講宿に講中が集まり、出立《でだ》ちの盛大な見送りの儀式が行われる。まず、天照皇大神の掛軸をチュウジキサマに奉祭し、礼拝した後宴を張り、水盃を交わして、餞別をもらって出立したという。講中や親戚・友人が村境まで送りに行く例も多かった。

参宮の必要品として、宝暦十三年（一七六三）の『伊勢道中細見記』の中に、衣類・脇指・頭巾・三尺手拭・股引・脚半・足袋・かうがけ・扇・矢立・湯手拭・鼻紙・小手拭・道中記・心覚手帳・銀袋・大財布・小財布・巾着・指刀・耳掻・きう・小硯箱・小算盤・はかり・風呂敷大小・薬・薬袋・針と糸・髪結道具・たばこ道具・てうちん・ろうそく・付木・合羽・菅笠・弁当・綱（手拭や濡れた物を干し又は着物を括る）等が挙げられている。

伊勢暦の表紙
時代により縦、折幅に差違がある。体裁例：左端の「文政十二己丑暦」
［折本式　縦30cm、折幅10.3cm、総長102.5cm　裏表紙有り］

残された代参者の留守宅では、行路の安全を祈って氏神様への日参、あるいは講や村では、宿に集まり蔭膳を供えたりして無事を祈った。

一八〇〇年代の初頭になると、どのような街道を歩いても旅籠屋や茶屋があった。疲れたら馬にも駕籠にも乗ることができた。旅の途中でも、足りない物は容易に買い足せる。飛脚が発達し、旅先に金を先送りすることも、故郷に手紙を出すことも、不要な荷物を送ることもできた。

③　伊勢では

代参者は講の皆の事を祈り、土産として御祓札や伊勢暦、また新品種の農作物の種子・松阪や京都の織物など、伊勢近隣や道中の名産品や最新の物産（軽くて、かさばらず、壊れないもの）を購入する。

当時の伊勢暦が旭市飯岡玉﨑神社に保存されている。その一部を参考までに載せておく。

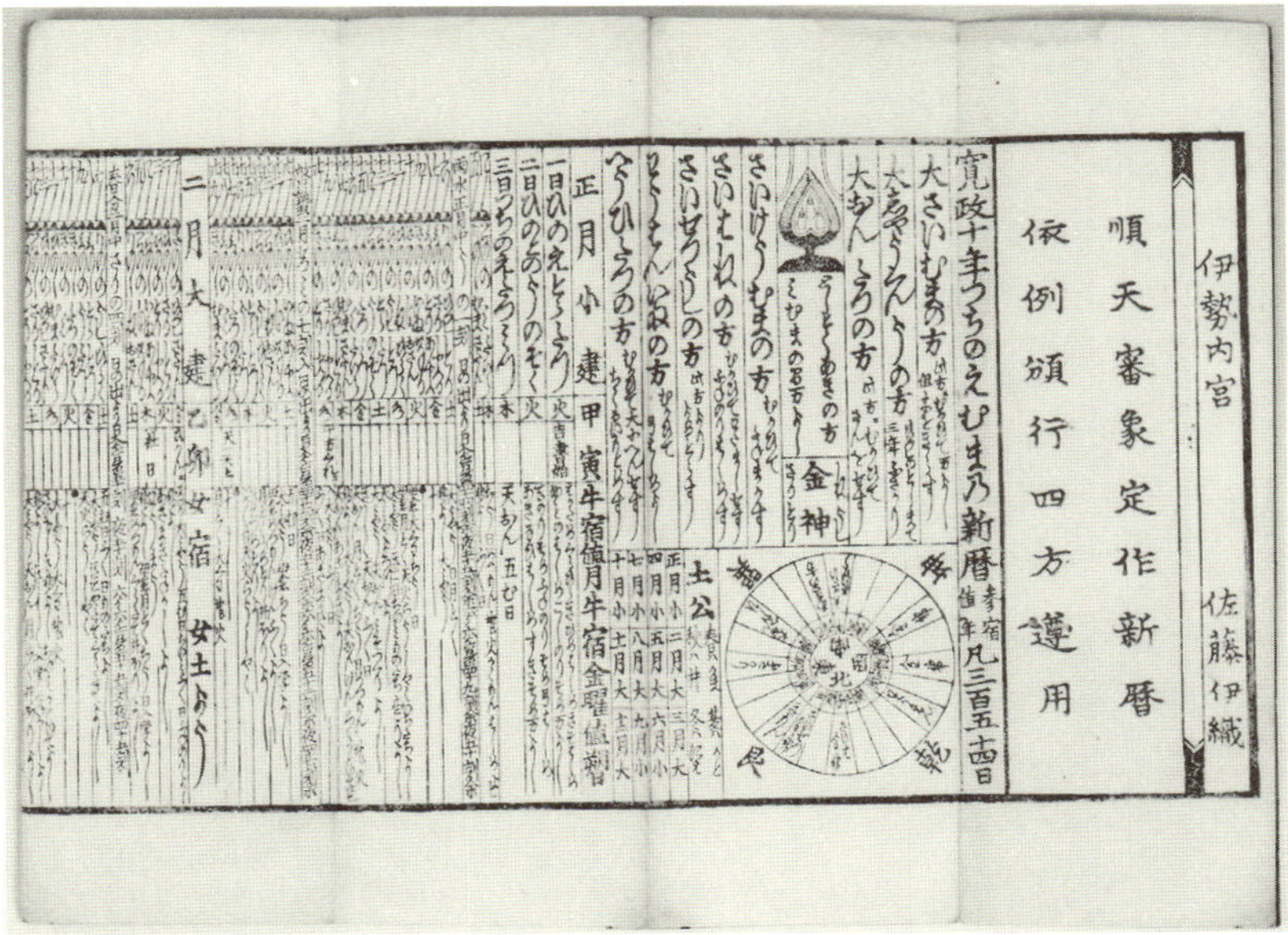

伊勢内宮暦（寛政十年戊午正月）

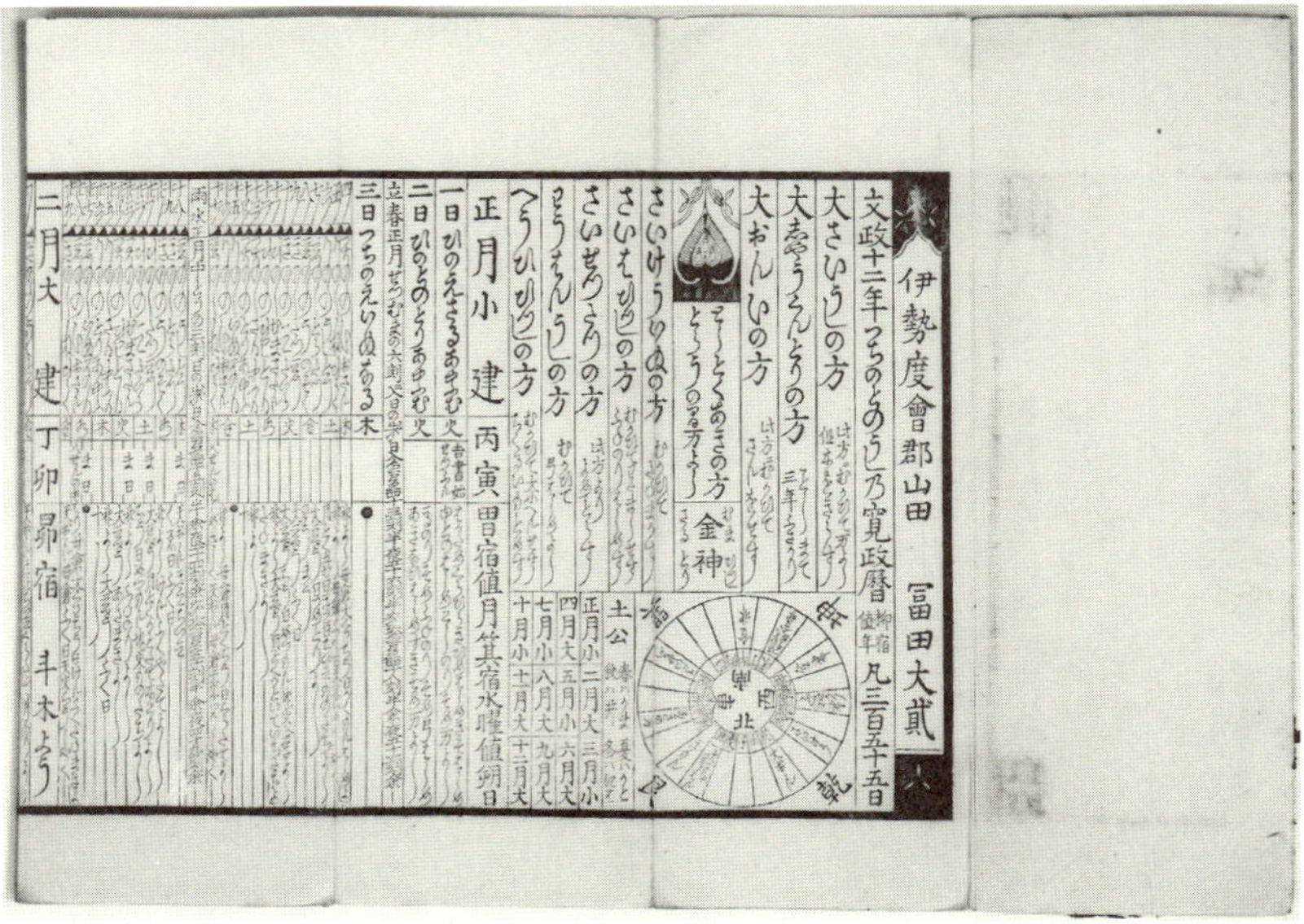

伊勢山田暦（文政十二年己丑正月）

## ④代参者の帰着にあたって

伊勢からの帰着の時にも、出発と同様に講中や親戚・友人等が村境まで出迎えに出た。これを坂迎《さかむか》えと称し、出会った所で持参の酒食を開き、無事を祝福した。代参者の村に入る際は荘厳なものであり、その晩は出立ちと同様、講中が集まり賑やかな祝宴を催した。これを東日本ではハバキヌギ、西日本ではドウブレと称した。祝宴の席上、御祓大麻や土産品を講員各人に配布した。また伊勢で習ってきた伊勢音頭の披露などもした。

## ⑤代参者の帰着後

### ア、兄弟の契

代参者達は長い道中苦楽を共にしただけに、戦友のような気持ちで一生涯を通じて兄弟の契を結んで交友を続けた。このことは、伊勢参りの民族的基盤の大きさを窺わせている。

### イ、常夜燈・狛犬等の奉納、参拝記念碑の建立

代参者は氏神様に道中の安全を祈願し出発、無事に帰着できただけに氏神様に大神宮常夜燈や諸願成就の絵馬を奉納している。また、参宮の道中を共にした仲間で記念碑を建立している。

**常夜燈**（松戸市　松戸神社）
表に「伊勢太々講」と刻んである。

珍しい例として旧山武郡蓮沼村二番地（字八区）地区

大願成就の絵馬
（旭市飯岡　玉﨑神社）

太鼓（松戸市　松戸神社）
表に「伊勢太々講」、裏に
「文久四甲子年如月吉祥日」とある。

伊勢参拝記念碑（流山市平和台　大宮神社）

狛犬（旭市飯岡　玉﨑神社神社）
台座に「伊勢神宮　善光寺」と刻してある。

では参宮の際、携えていった講の幟旗（道中旗）を帰参後は伊勢講を開く時、床の間の天照皇大御神の掛軸の脇に立てかけ拝礼をし、伊勢講を続けてきた。昭和の終わりまで続いたという。閉講と共に講の幟旗は氏神様の五所神社に納められ大切に保存されている。

**伊勢講の幟旗**（道中旗）
縦109cm、横31.5cm。旗の下に願主勘左衛門妻とあり、天照の所に内宮の朱印が押されている。旗竿は最近復元されたものである。

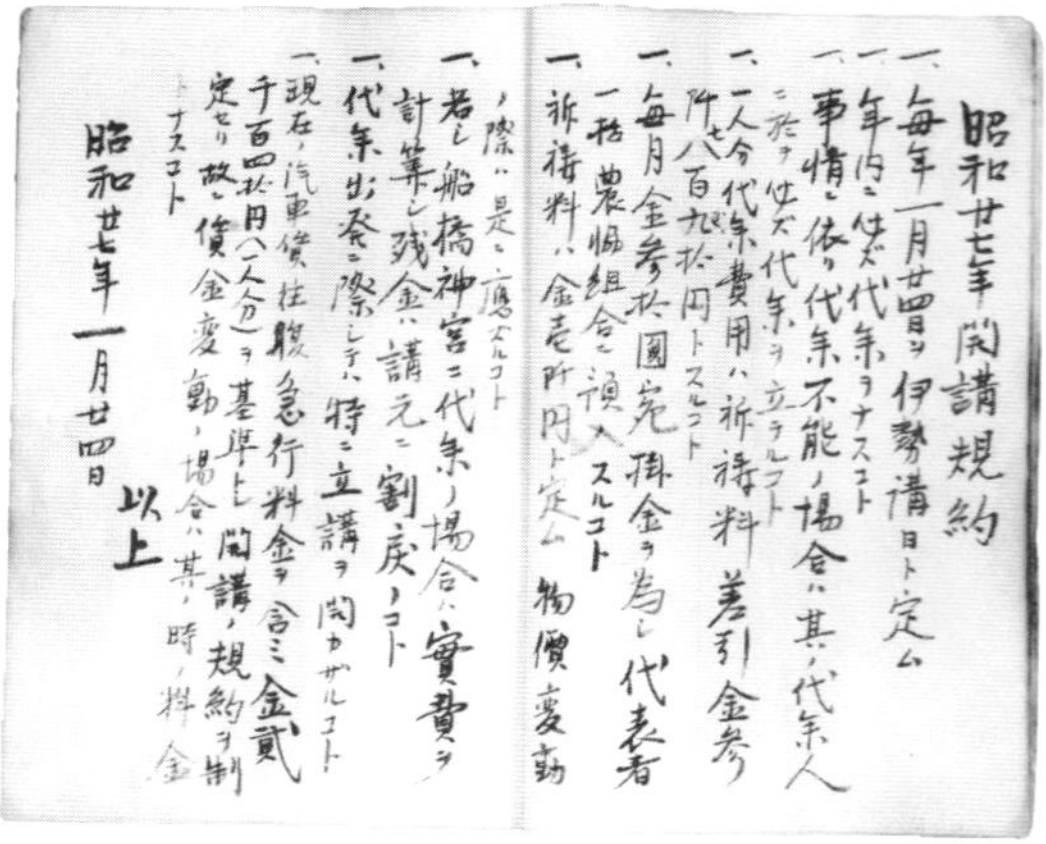

昭和廿七年開講規約
一、毎年一月廿四日ヲ伊勢講日ト定ム
一、年内ニ代参ノ代参ヲナスコト
一、事情ニ依リ代参不能ノ場合ハ其ノ代参人ニ於テ代ヘ代参ヲ立テルコト
一、二人分代参費用ハ祈祷料差引金参千八百九拾円トスルコト
一、毎月金参拾圓宛掛金ヲ為シ代表者一括農協組合ニ預入スルコト
一、祈祷料ハ金壱千円ト定ム　物價変動ノ際ハ是ニ應ズルコト
一、若シ船橋神宮ニ代参ノ場合ハ實費ヲ計算シ残金ハ講元ニ割戻スコト
一、代参出発ノ際ニ於テハ特ニ立講ヲ開カザルコト
一、現在ノ汽車賃往復急行料金ヲ含ミ金貳千百四拾円（一人分）ヲ基準トシ開講ノ規約ヲ制定セリ故ニ賃金変動ノ場合ハ其ノ時ノ料金トナスコト
昭和廿七年一月廿四日　以上

**昭和中期の伊勢講開講規約**（旧糖田村）

## ⑥脈々と続いてきた伊勢講

江戸時代後半に最盛期を向えた伊勢講、それを支え隆昌してきた御師制度は、明治四年七月神宮祠官や御師を解雇し、明治政府のもと教部省の管轄下に神宮司庁を新たに置き、御師の活動を禁じたために民衆の伊勢の神宮への参拝熱は冷めてしまったともいわれている。しかしながら、鉄道の開通等により旅もしやすくなり、伊勢参宮の性質が変わったというものの、伊勢講による伊勢の神宮への参拝の旅は、明治・大正・昭和と時代が代わっても根強く続けられてきた。

ここに昭和中期の伊勢講の開講規約を掲げておく。

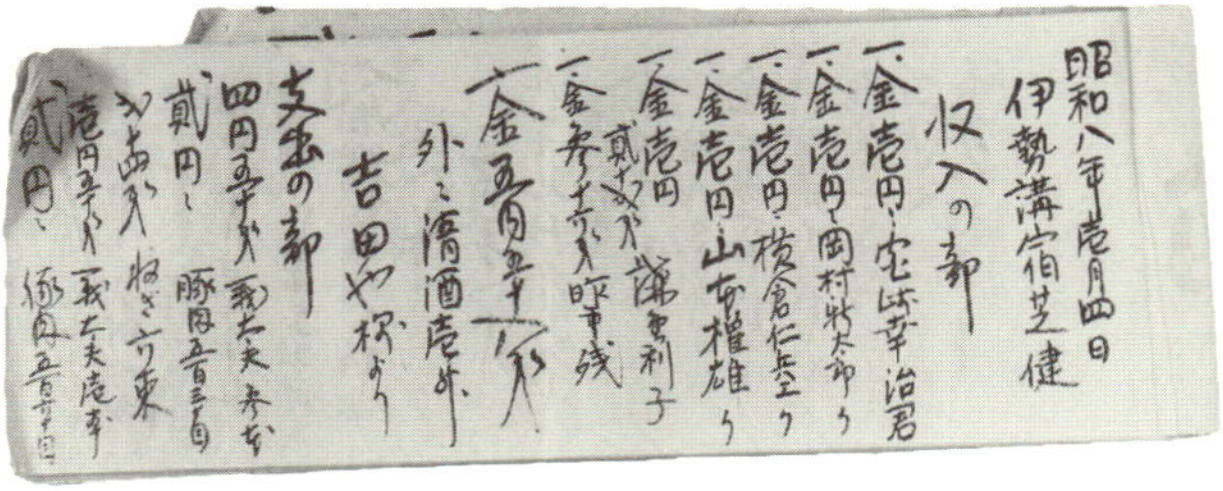


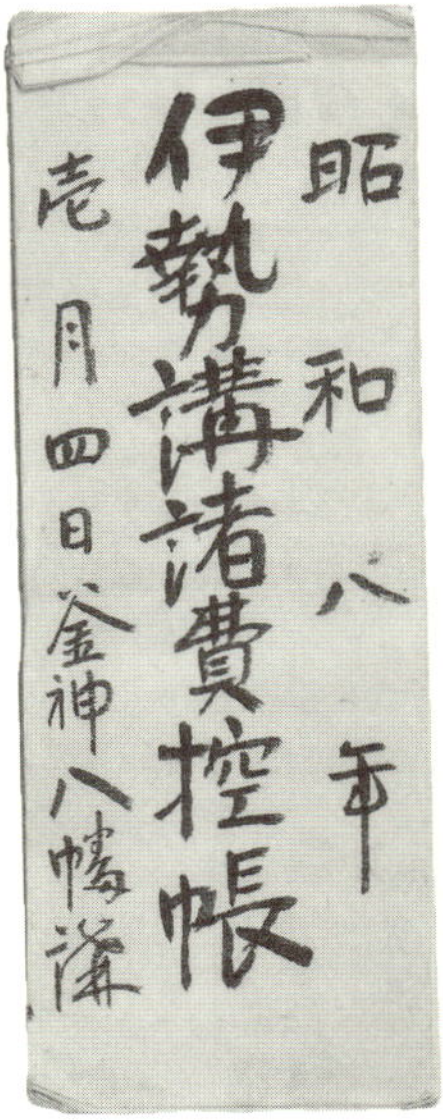


伊勢講諸費控帳（貞元八幡神社の釜神八幡講が実施）

古い剣先の御祓大麻

一万度大麻
（縦 11.7cm、横 15.2cm、高さ 38.7cm）

御師の曽禰二見大夫の名のある
一万度御祓大麻
（縦 12cm、横 16cm、高さ 45.6cm）

大東亜戦争中も伊勢講は続けられていた。君津市旧糠田村では戦争の激しくなる中、伊勢の神宮への代参がかなわず、代りに県内の船橋大神宮へ毎年参拝をし続けていたといわれている。

伊勢講の覚書が残されている上総の君津市旧貞元村、釜神台では、終戦の年の昭和二十年分だけが抜けおちている。また講の宿は昭和三十八年まで続けられている。昭和三十九年からは公民館に宿を移し、昭和五十三年まで続けられていた。ここの伊勢講は平時においては八幡神社の氏子の協同体として作用していた。他の地区でもこの様な例がみられる。

伊勢講　直会の様子（いすみ市佐室・沢部地区の伊勢講）

この釜神台は房総往還の道筋にあたり、また、小糸川を横断する手前に位置し、川船も立寄り宿場町として江戸時代から栄えてきたところである。御師の曽禰二見太夫の名のある一万度祓いや、太々神楽の祓箱等も公民館や民家に保存されている。

この様に続いて来た伊勢講も、県下では昭和三十年代にほとんどがなくなってきたと思われる。

### ⑦ 現在も続けられている伊勢講

いすみ市佐室・沢部地区に今も伊勢講がある。現在十五戸が入っており、年一度十月十五日に当番の家を宿とし、床の間に天照皇大御神の掛軸を掛け、その前に榊をあげ、お膳で料理を供える。来た番順で天照様を拝み、席に着く。全員揃うと講がはじまり、収入、支出、講

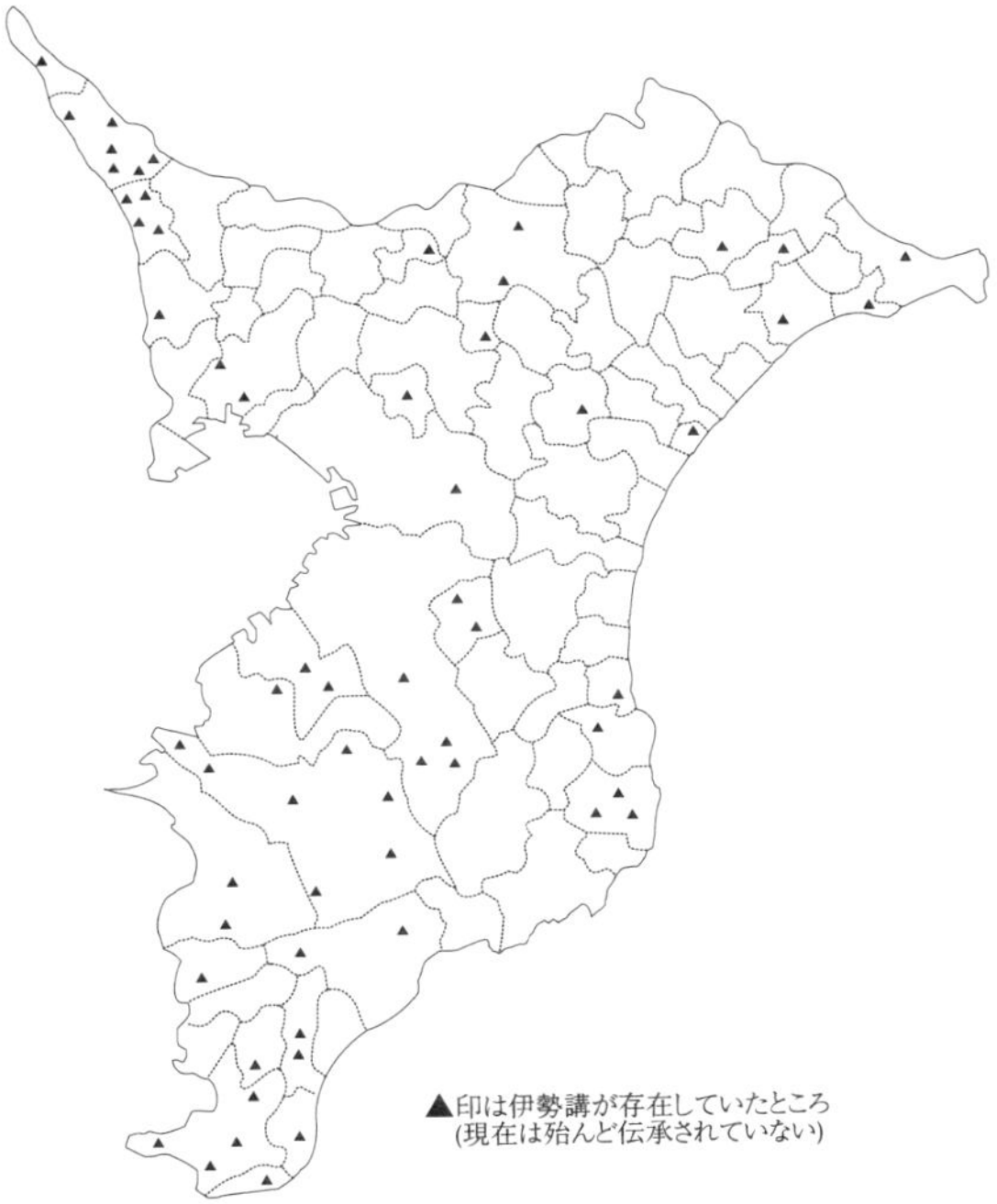


千葉県伊勢講分布図

金の残高の報告等があり直会にうつる。料理はその宿でつくり、講は十一時から十五時まで続く。積み立てをして数年に一度伊勢参りを行っている。

また、同じ市内の長志の下地区の伊勢講（十五戸）では、現在は宿を集落センターに移し、毎年伊勢の神宮に代表が参り、講中にお札を配っている。また、数年に一度講に入っていない人も誘い、神宮への参拝を続けている。

前出の旧糠田村の伊勢講の講員は五十人位であった。江戸時代は毎年二人ずつ代参をたて参宮を行ってきたが、一生の内二回位はということから、代参の人数を三人、五人と増やして実施してきた。十年位前に代参も一巡したのでということから一時中断していた。最近、復活の声があがり、講員十五名で伊勢講がまた始まった。「大伊勢講開講のお知らせ」からその復活の様子を窺うことができる。

（宮嵜博之）

講員　各位　　　　　　　　　　　　　　　　　平成20年1月吉日

講元：佐宗　隆

## 平成20年糠田大伊勢講開講のお知らせ

謹啓　新年明けましておめでとうございます。

講員の皆様には、希望に満ちた新春をお迎えのことと心からお慶び申し上げます。

平素は大伊勢講のことにつきまして多大なご支援・ご協力を賜り誠にありがとうございます。

さて、標記のとおり平成20年度第3回目を下記のとおり開催致します。ご多用の折りとは存じますが、何とぞご出席賜りますようご案内申し上げます。

謹　白

記

1. 開催日時　　平成20年1月24日（木）　午後6時
2. 会　　場　　糠田自治会館
3. 当　　番　　東地区（午後5時00分集合し、準備をお願いします）
4. 会　　費　　集金は無し（積立金より）
5. そ の 他

代参：各5人で、1年おきに行う
代参なき年は、大御神様の御札を何らかの方法で、送付して戴けるように手配する
御札は600円程度のもの（会員分＋1）
代参の代わりは講員の中から探すこととする
第2回目の代参は平成20年とする

大伊勢講：毎年1月24日に行い、全員が集まるようにする（午後6時）
600円の集金はしない（積立金より）
代参なき年は、大伊勢講を開催しない

積立：1月、7月に各5,000円ずつ集金する（開講時は1月24日持参する）
通帳は新規に農協で作成し、「糠田伊勢講　会計　山口恭弘」氏とし、山口の認印を使用する

その他の事項
本書に定めなき事項に関しては、誠意を持って協議し、決定するものとする

大伊勢講開講のお知らせ

# 3　伊勢大神楽（獅子舞）

## （1）出水の神楽

「幌へ二人入り、一人はしゃがんで獅子頭をコックリコックリ居眠りさせ、もう一人は後ろから獅子を隠すように幌を広げている。五～六人で来ていた。獅子の口から手を出してふざけて見せたりしていた。三回くらい来たのを覚えている。」

これは、勝浦市出水の神明神社の氏子、池田健治氏の話である。

同市沢倉在住の牧野義秋氏によると、それは昭和二十四年頃、神明神社例祭の折、囃子の合間の余興として来ていた磯村神楽のことだという。

出水神楽の獅子頭を擬した郷土玩具

勝浦市の隣、鴨川市の磯村には、江戸時代初期に伊勢から舘三太夫という太神楽師が移住したという伝承があり、その後鴨川を中心として房総の各地に獅子神楽が伝わったものと思われる。

この勝浦市出水の神明神社にも昭和の初期まで獅子舞があり、出水神楽と呼ばれていた。伊勢神宮や出雲大社から受けた御神札を氏子たちが毎年神社へ納め、たまった御神札を張り重ねて張子の獅子頭を作ったのが始まりだという。

剣の舞や玉取り等の演目があり、獅子舞の事も、獅子頭の事もカグラ（神楽）と呼ばれていた。

牧野氏の囃子の師匠である、井桁重太郎著『勝浦こぼればなし』（夷隅文化出版会、昭和五十三年）によると、出水神楽は毎年正月二日には春祈祷と言って、車に載せた小さな宮に獅子頭を納め、後方には米を入れる箱を載せ、小太鼓と桶胴《おけどう》という細長い太鼓を車に取り付け、大勢の若者や子供たちが各戸を舞い歩いたという。

舞い込みという演目になると、玄関の土間に入り、ひと廻りする。この時幼児を抱いた母親が子供の頭を獅子の歯でちょっとかむ真似をしてもらうと、その年は風邪をひかないとか病気をしない等、つまりその年の厄除けとして信じられていた。神楽が終わると各家庭から初穂料や米をいただくので、箱が必要だった。

また、当時は不漁が続くとよく潮祭りが行われ、町全体が祭りのように、各区で思い思いの飾り物を作り潮祭りに参加した。その際、出水神楽が勝浦の各地区の海岸に出向き、海に向かって獅子舞をすると、「出水の神楽が来ると漁がある」などと言われ、ずいぶん喜ばれたという。

## （2）獅子神楽の分類

南房総において神楽と言えば獅子神楽をさすことが多いが、本来神楽とは神前に奏される歌舞のことで、神座を設けて神々を勧請し、招魂・鎮魂の神事を行ったのが神楽の古い形で、古くは神遊《かみあそび》とも称したとされる。神楽の語源は、神座《かむくら》の転訛とする説が一般的である。

神座とは「神の宿るところ」「招魂・鎮魂を行う場所」を意味し、神座に神々を降ろし、巫女が集まった人々の穢れを祓ったり、神懸かりとなって神の意志を伝えたり、また人の側からは願望が伝えられるなど、神人一体の宴を催す場であり、そこでの歌舞が神楽と呼ばれるようになったと考えられている。

『古事記』においては、天宇受売命が天の岩屋戸前で神懸かりして舞ったという神話が神楽の起源であるとされる。また、天宇受売命の子孫とされる猿女君は、宮中の鎮魂の儀に携わっており、『古語拾遺』においては、猿女君の行った鎮魂儀を神楽と記している。

今日、神楽は全国各地に様々なものがあるが、それらは一般的に、宮中の内侍所（現在の賢所）で行われる御神楽（内侍所御神楽）と民間に行われる神楽（里神楽）に大別され、さらに民間の神楽（里神楽）はその形態のうえから、巫女の神楽、出雲流の神楽、伊勢流の神楽、獅子神楽の四種類に分類される。

市原市八幡濱本町の二人立獅子舞

右の分類のうち、伊勢流の神楽は伊勢神宮に行われた湯立神楽に代表される神楽であり、獅子神楽は、獅子頭を用いた神事芸能である。この獅子神楽には、古くから日本に伝わる固有派と、中国大陸から伝わった渡来派の二つの系統があると考えられている。固有派を一人立獅子舞、渡来派を二人立獅子舞という。固有派の一人立獅子舞は、一人で獅子頭（鹿や猪などをかたどったものもある）をかぶり、胸に鞨鼓や締太鼓を吊るし複数名で舞う。関東・東北を始め東日本のほぼ全域に分布している、三匹で舞う三匹獅子舞などがあるが、由来ははっきりしていない。

一方、渡来派の二人立獅子舞は、一人が獅子頭を扱い、もう一人が尾の役割をする。伊勢の大神楽などがこれである。『日本書紀』によると、推古天皇の時代（六一二）に、百済の味摩之が持ち込んだ伎楽とともに伝来したとされ、次第に悪魔を祓う霊獣として伎楽から独立し、奈良時代には舞楽、平安時代以降には田楽、神楽などにもとり入れられた。

## （3）大神楽について

大神楽は、伊勢国桑名郡太夫村（現、三重県桑名市太夫町）が発祥の地と伝えられており、その系統は大きく分けると太夫村を拠点とした「北勢流」と、阿倉川村（現、三重県四日市市阿倉川町）を拠点とした「南勢流」がある。ちなみに太夫村は、村の全戸が神職だったので、「太夫村」と名付けられたという。

また、発生時期については諸説あり、壬申の乱（六七二）で大海人皇子（天武天皇）が吉野から逃亡し、太夫村の氏神である増田神社で戦勝を祈った故事に由来するという説や、『筠庭雑考《いんていざっこう》』による、室町時代の末期である永正年間（一五〇四〜一五二〇）に、伊勢国度会郡山田郷が飢饉と疫病に見舞われ、これを追い払うため、獅子頭を作り、産土神として祀り、家々を巡って獅子舞を奉じたことにあるという説などがある。尚、この大神楽には伊勢派と熱田派（尾張派）があるが、これは芸態の違いではなく、発生当初の御師の出身地によって伊勢派・熱田派（尾張派）に区別されていたようである。

御師というのは、特定の社寺に所属し、参詣者をその社寺に案内して祈祷や宿泊の便宜をはかる宗教者の事で、正式には師職といい、御祈祷師を略して御師と呼ばれた。伊勢神宮にも御師がおり、お陰参りの流行はこの御師が産業の大神である豊受大御神を農民に広めたのがきっかけである。

伊勢神宮の御師達は、伊勢参詣の道案内を務めるかたわら、それぞれの屋敷に設けられた神楽殿で参詣者達に湯立てによる祈祷を行い、また伊勢神宮に参詣できなかった人々には全国各地の檀那場で獅子舞を演じてお祓いをし、伊勢神宮の御神札を配って歩いた。この獅子舞こそが大神楽であり、参詣の叶わない人々に代わって代参するという意味において代参神楽、転じて代神楽、大神楽、太神楽であると説かれ広まったのである。

大神楽は獅子舞と放下《ほうか》芸で構成されており、獅子舞は各家々の庭や門口に立ち、御幣と鈴で祓い清め、剣を抜き悪魔祓いを行う。放下芸は曲芸の事である。放下とは一切の煩悩を解き放つという意味がある。

現在も数組の社中が活動しており、現在の伊勢大神楽の演目は概ね次のとおりである。

**舞い**

鈴の舞　神楽開始の儀礼舞。左手に御幣、右手に鈴を持つ。
四方の舞　鳥兜をかぶった猿田彦が、二頭の獅子を誘導し天地四方を祓い清める。
跳の舞　猿田彦がはね跳び、眠っている獅子を起こそうとする。奇魂の鎮魂の舞。
扇の舞　猿田彦が獅子に扇を与える。幸魂を表す縁起の良い舞。
劔の舞　御頭が剣を抜き、天地四方の邪気を切り祓う、悪魔祓いの舞。
吉野舞　大海人皇子が吉野に潜まれた故事にちなんで名づけられた舞。
楽々《ささ》の舞　笹の枝葉に御幣を付けた忌竹を使い、五穀豊穣を祈念する舞。
神来舞《しぐるま》　神を招き一年のお祓いをする舞。一月から十二月までの十二曲で構成されている。

放下芸

綾採の曲　天照皇大神に捧げる神衣を織る機織りの杼の動きを表した曲。綾採り糸のようにバイという木棒をあやつる放下芸。

水の曲　水をつかさどる神々をたたえ、感謝する曲。農事や豊作を祈願する。

皿の曲　長い竿の先で皿を回す芸。

手毬の曲　神楽歌を歌い、バイや扇で手毬を操る芸。

傘の曲　番傘の上で毬、茶碗、五円玉、枡などを回す芸。

献灯の曲　茶碗を積み上げ、献灯に見立てる芸。

玉獅子の曲　翁と獅子による玉の取り合い。

剣三番叟《つるぎさんばそう》　数本の剣を使いわけて四方八方を祓う。最後に短剣を竿の上に乗せ、額に立てて鈴と扇を使い三番叟をふむ。

魁曲《らんぎょく》　振袖姿の花魁《おいらん》に扮した獅子が日傘をさし、伊勢音頭にあわせて花魁道中を行う。最後はオカメ＝天宇受売命に早変わりして舞う。

（4）磯村神楽について

伊勢神宮の御師が、獅子舞を奉じて全国を巡り歩いた記録がさかんに現れるようになるのは、江戸時代の初期である寛文年間（一六六一～一六七三）になってからであり、房総への獅子神楽の伝播も、この頃であると思われる。

冒頭でも述べたが、鴨川市の磯村には江戸時代初期に、伊勢から舘三太夫という太神楽師が移住したという伝承が残っている。

『鴨川風土記』によると、伊勢大神楽の熱田派（尾張派）が江戸へ出たのが寛文四年（一六六四）、伊勢派が、延宝二年（一六七四）とされる。これは宝永二年（一七〇五）における、抜け参りの流行直前に江戸へ進出していた事になる。なお、舘三太夫はそれより以前に房州鴨川に移住していたという。

また、延享年間（一七四四～一七四七）には江戸太神楽伊勢派の組織がつくられたが、この時の組員が房州の舘三太夫（安房国鴨川）、藤井長太夫（安房国朝夷郡松田）、中島平三郎（江戸）、佐藤丸右衛門（江戸）、佐藤縫之介（江戸）、高橋忠左衛門、木村善太夫（藤沢）であり、舘三太夫が支配頭をつとめた。

そして徳川幕府全盛期には、江戸の太神楽は熱田派・伊勢派それぞれに一二組と定まり、天下祭すなわち神田明神の神田祭、日枝神社の山王祭において、祭の先祓いの役を務め華々しく練り出し、御用神楽として将軍家の台覧を賜る程に発展したという。

この、舘三太夫の先祖は伊勢大神楽・阿倉川系の御師であり、舘氏は三重県四日市市阿倉川の海蔵神社に合祀された飽良川神社の開基神主である。

また、舘三太夫は鴨川の磯村に住居を構えていたので、舘三太夫が率いる神楽は磯村神楽と呼ばれ、舘三太夫の名は代々襲名された。

磯村神楽は鴨川を中心に近隣の神社の祭礼をはじめとして、太海、和田、相浜、布良などをまわったという。また、鴨川の田原、主基、吉尾、大山、君津の上総亀山、久留里も磯村の流れを組むという。

『千葉県の民俗芸能―千葉県民俗芸能緊急調査報告書―』（千葉県教育委員会、平成七年）の千葉県民俗芸能

種別分布図により、獅子神楽系の分布を見ると、鴨川地区は、川代の熊野神社をはじめ、北風原の春日神社・愛宕神社、平塚の高蔵神社、鋸南町市井原の八幡神社に至るまで、長狭街道沿いに集中している。いずれも、磯村の三太夫から教えてもらったとの伝承がある。

また、君津地区を見ると、大戸見の稲荷神社、馬登の白山神社・熊野神社、滝原の亀山神社、平山の大原神社、俵田の白山神社などに神楽が伝わっている。

『君津市史』によると、元禄三年（一六九〇）八月練木村に神楽奏楽の許可願があり、また、寛政十一年（一七九九）六月柳城村に、五〇年前（一七四九）頃から獅子神楽を祭礼で奉納するようになったという記録がある。これは江戸太神楽伊勢派の組織がつくられた時期とほぼ一致する。

また、大多喜の筒森神社の神楽も、江戸時代末期に磯村から伝えられたという伝承を残している。

戦前の安房郡一帯の人たちは正月、夏の潮祭り、神社の例祭などに神楽が来るのを楽しみにしていたという。家々ではおひねりや米一升などを供えてくれ、厄年の人のいる家では米を五升ほど供えてくれるのが普通だったという。多くは日帰りであったが、遠くの村に行くときは泊めてくれる家がいつも決まっており、その家の世話になって興行をしていたという。

田村勇著『房総の祭りと芸能』（大河書房、平成十六年）によると、磯村神楽の演目は、次のとおりである。神楽は一人神楽であり、これに囃子方として鼓・小太鼓・笛が加わる。

**舞い**

ヤマ（山）　　獅子の幕を大きくふり払いながら大きく舞う。

さがりは　山と同じであるが、舞い方が細かく手数を多く舞う。
幣束　東西南北に一方ずつ向かい、四方を清める。
三番叟と獅子　入れ代わりながら踊る。三番叟は鈴と扇で踊りおさめる。
つるぎ　東西南北に一方ずつ向かい、四方の悪魔を祓う。
鈴　東西南北に一方ずつ向かい、神様のおいでを願う。
下手の舞　お獅子の頭を下手にもって舞う。
玉取り　ひょっとこが出て獅子をからかう。

## 曲芸（放下芸）

一つ鞠　一つの鞠を二つのバチで綾採りをする。
籠鞠《かごまり》　廊下、二階、三階となって鞠が入れ代わり飛びちがう。
刀　日本刀を二本つないで顔、腕に立てる。
バチ　バチ五本、鞠六個取り分け。傘の上で茶碗、枡を回す。
滑稽　源三位頼政がヌエというケモノ退治の場面を滑稽的に演じる。
二人羽織の一人が才蔵の羽織の中へ入り三味線の音色で演じる。
弥次、喜多二人が東海道で悪い馬方に出会い丸裸にされる。喜多八は女性の姿になる。
忠臣蔵七段目の場面に変わって二人の滑稽な掛け合いを演ずる。
茶碗　五階茶碗の組立物の曲芸。

傘　　　　　傘の上で茶碗、枡を回す。
松明　　　　電気を消して松明五本取り分け。

**掛け合い**（話芸）
滑稽　　　　太夫と才蔵。
立ちまわり　太夫と才蔵。
世話物　　　神主とおかめ。
所作ごと　　神主とおかめ。

**福笑い恵方萬才**（話芸）
太夫・才蔵・神主（禰宜）・おかめによる、家ぼめの掛け合い芸。

舘三太夫の末裔で南房総最後の神楽師であった植村三太夫氏（本名斉藤謙治）は、平成十五年に九十四歳で亡くなられたという。

房総各地の伊勢派の太神楽師達は、戦後急速に衰退したが、伊勢大神楽の流れを組む房総各地の獅子神楽は、今もなお各神社の祭礼において、氏子たちの手によって伝えられているのである。

（小林悠紀）

## コラム２　参宮への旅立ち

市原台地の西端に阿須波神社という社が鎮座し、古くは旅立ちの前にこの社に祈りを捧げてから出発したという。この神社が、『万葉集』二十巻で詠まれた阿須波の神である。その歌は、帳丁《しゅちょうのよほろ》若麻続部諸人《わかをみべのもろひと》が詠んだとされる防人歌で、

庭中の阿須波《あすは》の神に小柴さし吾は斎《いは》はむ帰り来《く》までに

という歌である。天平勝宝七年（七五五）二月九日、上総の国の防人部領使少目従七位下茨田連沙弥麻呂の奉った十三首中の一首であるので阿須波の神は上総に関わりのある神であることがわかる。

阿須波神社

阿須波神は『古事記』の記述によると大歳神の子である。オオトシの「トシ」とは稲魂・穀霊の意であることから、大歳神は穀物神であることがわかる。その子にあたる阿須波神も、『延喜式』祈年祭祝詞の中で大御巫の祭祀する皇神等の前に申す段に続いて、座摩の御巫の祭る神に奏上する段で、奏上の対象の神として出てくる。祈年祭祝詞は稲の豊穣を祈念する祝詞であり、当然阿須波神も本来は稲に関する神であったと言えよう。阿須波の語源は「足磐」よりなったと考えられ、農耕に深く関わる台地が堅固であるこ

とを意味する名前であろうか。

他方で、賀茂真淵の『祝詞考』では竈神、本居宣長の『古事記伝』では足場の義で人が踏み立つ台地を守る神、鈴木重胤『祝詞講義』では大柴の義で竈に焚く薪のことを掌る神、御巫清彦『祝詞宣命新釈』では、伊勢南島の方言に内庭を「うすは」と呼ぶことから、「アスハ」も内庭のことである等、様々な憶測がなされるが、語句の分析では阿須波神の神格を明確化することは難しい。いずれにせよ、稲作に深く関わる神であって、台地に繋がりが深い神であり、後に広く神格を派生させて、竈や庭などの屋敷神的な側面を持つ神となっていったといえるだろう。

この『万葉集』に詠まれる阿須波の神の歌に出てくる、「小柴さし」という風習について折口信夫は「東国では、旅行者の魂を木の枝にとり迎へて祀る風があつたらしい」とし、この歌の義を旅行者の霊を小柴に留め置き無事の帰着を祈った歌であると書いている。

阿須波神社は上総国の国府総社飯香岡八幡宮の所管する社であり、同宮にある阿須波神社に関する記録には「今に至るまで我が上総の国人、伊勢神宮を始め遠国の神社に参詣するもの小柴を持って此の神社に奉り、旅行の安全を祈るを例とす。蓋し古例の存するものなるべし」と書かれている。この記録が作成された明治二十九年十二月の当時には、小柴さす習慣があったことが読み取れる。『万葉集』で帳丁若麻続部諸人が出征する防人の道中を祈った故事によって、永く上総では阿須波の神を道中守護の神として敬ってきた。伊勢への旅立ちに際しては葭を社前に奉って道中の安全を祈ってきたのである。現在でも阿須波神社には、この地の氏子により道祖神として崇敬され、長旅に出る時には草履を捧げる風習が残っている。

この古歌に基づく風習について、伴信友の記録に以下のような記述が遺されている。下総国の香取郡・海上郡では伊勢参宮の前に、一尺四・五寸の家形を作り、屋根を藁で葺いて毎朝飯や茶などの陰膳を供し、旅の安全を祈っていたという。

下総国香取郡海上郡辺の農家、伊勢参宮をする貶、その門出の早朝に知己をつどへて酒宴をす。其時神職あるひは寺僧来りて、幣帛を切り図の如く門に祭るなり。さて、帰国の日、足あらひ酒とて、かねてかもしおくところの濁酒をいささか洗足の酒に加へ、さて例の人々群集して、また祝ひの酒宴を催すと云へり。此とき神前をこぼちて鎮守の社内にをさむるなり。但し此神前をはじめ祭るをしめおろしと云へり。案るに是庭中のあすはの神にこしばさしと云へる古風の遺れるにていともいとも尊き事なり。

阿須波神社が鎮座する場所は、眼下に市原の肥沃な平野が広がっているが、この周辺は条里制遺構の地であり、またその跡地の中に神社の脇から海岸に向けて古代官道の跡が発掘されている。この道は古くから、「オオミチ」「ナカミチ」と呼ばれ飯香岡八幡宮の柳楯神事の際に、柳楯が八幡宮に向かう道であった。飯香岡八幡宮や柳楯神事が国府祭祀に深く密接すると言われており、この市原台地上には上総国府が置かれていたと考えられている。まさに古代の交通の要所にあたる場所に阿須波神社は鎮座しているのである。

国府の構内に屋敷神的な側面で祀られていた阿須波神に、防人として出征してゆく多くの人々の道中の安全が祈られたことであろう。この故事は後に旅人の安全を祈る風習として継承されてきた。現在では阿須波神社の眼下には館山自動車道が続き、多くの人々の往来がある。館山自動車道を走る車を見守るかのようなその様は、今も昔も変わらず道中の神として信仰されてきた阿須波神社の姿を如実に現しているといえよう。

（平澤牧人）

# 第七章
# 絵馬の奉納

江戸堤派の浮世絵師による絵馬が多く伝来する市原市飯香岡八幡宮

# 1　房総半島に伝来する伊勢信仰の絵馬

## (1)　絵馬以前

神社の境内には参拝者が様々に願いを記した絵馬が奉納されていることがある。この絵馬は小絵馬と呼ばれ、個人の願意が記入されたものである。寸法にして三〇チセン以下の小さいものを小絵馬と称す。それに対して、同じ絵馬と呼ばれるものでも、拝殿の内部や絵馬殿などの特別な建物内に掲げられる大型の絵馬がある。この絵馬の画題は、馬・武者絵・参詣図・歌仙絵・物語絵など多岐にわたっていて、訪れるものの目を楽しませてくれる。また、これらの絵馬は、当時の習俗や信仰の様子を探るには大変有意義な資料である。

絵馬と記すように、絵馬は馬と関わりが深い。古代において馬は乗用・軍用として貴重な動物であると同時に、神の乗り物として神聖視されていたという。神霊は乗馬姿で降臨すると考えられており、今でも京都の賀茂御祖神社の御蔭祭では、御蔭山から迎えた神霊を馬の背に奉安し錦蓋で覆い本殿へと進むが、まさに神が乗馬姿で降臨すると考えていた古式の祭祀を今に伝えているといえよう。また奈良の春日大社の本殿には色鮮やかに馬の絵が描かれている。この絵も、神と馬とが関わり深いことを物語ると共に、神に馬を捧げるという風習の存在を示唆している。

英雄や武人の伝承の中に馬が登場する類の物語が各地に多く伝えられているが、その中で馬を木に繋ぐというわゆる「駒繋ぎの松」の伝承も、実は神と馬が密接なつながりを持つことを語っている。それは神木と神馬、すなわち神霊の依り代である神籬と神霊の乗り物の関係を語っているのである。

神と繋がり深い馬を神前に奉納する習慣が発生してくるのは当然であり、実際に神馬を社頭で飼育し、神馬舎を設けてある神社もある。特に古社に多く神馬舎が見られるのは、神馬を社頭で飼育するのが古来の習慣であることをうかがわせる。また、千葉県内でも祭礼に際して馬を神前に牽き入れたりして神馬を奉納する行事が残されている。この神馬奉納の事については、隣県である茨城県の伝承にも見られ、『常陸国風土記』には、

初国知らし美麻貴の天皇のみ世に至りて、奉る幣は、太刀十口、鉾二枚、弓二張、鉄箭二具、許呂四口、枚鉄一連、練鉄一連、馬一匹、鞍一具、八咫鏡二面、五色の絁一連なりき。

人見神社の神馬（君津市人見）

とあり、鹿島神宮に崇神天皇の御代よりすでに神馬が奉納されていたことが記されている。他の文献にも神馬奉納の記事は枚挙に遑がないほど多く、古代において神前に馬を奉納する習慣が広く行われていたのである。

　生馬奉納の風習と同じく、生馬にかわって馬形を奉納する習慣もあった。『続日本紀』の神護景雲三年（七六九）二月乙卯の条に、

大炊頭従五位下掃守王左中弁従四位下藤原朝臣雄田麻呂を以て伊勢太神宮の使と為し、社毎に男神の服一具女神の服一具、其太神宮及び月次の社には、之に加うるに馬形並びに鞍を以てす。

という記事があり、当時馬形が奉納されたことが記されている。実際に日本各地では土馬が出土している。土馬の出土する場所も社域が多く、次いで古墳などが続くが、社域は勿論古墳であっても信仰の場であり神社出土と同様に見なすことが出来よう。馬形の奉納は、土馬に限らず木馬でも行われており、奉納された木馬が神社に伝来している例もある。

## （2）絵馬の出現

これら神馬奉納や馬形奉納の風習がどのような形をたどって絵馬へと変化するのかを事物によって論証するのは難しい。『神道名目類聚抄』では「神馬ヲ牽奉ル事及ハサル者、木ニテ馬ヲ造献ス」と木馬の奉納の起源を生馬に代えて木馬で奉納したと推測しているように、馬が貴重であるために、馬形を奉納することになったと考えられている。静岡県伊場遺跡では奈良時代の地層から、年紀銘のある木簡や土器と共に絵馬が発掘されている。縦七・三センチ、横八・九センチ、厚さ〇・五センチの横型方形の檜の板に墨で馬が描かれてあり、上端中央には紐穴があり、紐でつるした物であることは明白である。さらに、平安時代初期と推定される地層からも馬の図と思われる板片が三枚出土している。これも上部に紐穴が確認でき絵馬であることは間違いない。しかも長方形の方形で奈良時代の物と同じ形状である。この絵馬は、曲物の廃材を利用して作られており、材を曲げるために入れた線刻が残されている。このことから下級の者により製作されたことが推測され、平安時代には絵馬がかなり広い範囲に普及していたことを思わせる。

文献上では、『西宮記』巻五駒牽の条に、延喜十年（九一〇）十月に秩父の牧場に賜った「馬形絵」の記事が見える。また、『本朝文粋』巻十三に、寛弘九年（一〇一二）六月二十五日大江匡衡《おおえのまさひら》が北野社に奉納した際の目録に「色紙絵馬三匹」と記されていることからも、平安時代中期には絵馬が存在し、普及したことをうらづけている。

十二世紀に活躍した常盤光長《ときわみつなが》の筆による絵巻を模写したとされる『年中行事絵巻』第十一巻第三段には、今宮社の祭礼の場が描かれている。そこで描かれている社殿の正面左右の扉には、鏡と共に上部がゆるく山形に加工された絵馬が掛けられていることが確認できる。

また、永仁四年（一二九六）の詞書きを持つ『天狗草紙絵巻』東寺の巻第一段には、東寺中門の回廊にある小堂が描かれている。この堂内にも牽馬図の絵馬が八枚描かれている。形状は長方形で上部は丸みを帯びている。絵巻の作期も詞書きと同時代と推定されているので、絵馬の風習も当時の実状を描いたものと考えられる。

同時代の鎌倉時代後期の絵馬の現物が奈良の当麻寺や秋篠寺の天井裏から発見されている。当麻寺の絵馬は、昭和三十二年から三十五年にかけての曼荼羅堂解体の際に発見され、その数は七枚である。いずれも紐穴が確認でき、絵馬の上部をやや丸くしたり両肩落としにした檜板を加工して作られている。

絵馬の仕様の上から見ると、伊場遺跡出土の奈良時代・平安時代初期の遺物と推定される絵馬は方形であるのに対し、鎌倉時代の『年中行事絵巻』や『天狗草紙絵巻』に描かれた絵馬や当麻寺・秋篠寺より発見された絵馬は、いずれも上部が丸みを帯びていたり、両肩落としに加工されていたりして、明らかに時代と共に形状が変化してゆくことが確認できる。

やがて、室町時代に入ると、画題も馬だけでなく、様々なものが描かれ出すようになり、形も扇面形や変形絵馬が現れてくるようになる。大きさも暫時大型化してゆき漆絵のように技巧を凝らした絵馬もある。

### （3）参詣絵馬

江戸時代中期以降、街道や宿場の整備による交通の発達や貨幣経済の浸透、また娯楽への希求などにより、遠隔地の社寺参詣の旅が起こってきた。庶民の旅は、熊野詣、西国三十三カ所巡礼、四国八十八カ所巡礼、秩父札所参り等の霊場の旅が主たるものであった。当時の参詣の旅は多くの困難を伴うものであるとともに、講を組んで積み立てをしながら、村の代表として一生に一度参詣できるという一大イベントであった。この旅にくじ引きなどで代表に決まった人々は、次に行く人のために旅日記である道中記を記したり、旅の様子を絵馬に描かせ社寺に奉納したりするようになってくる。この、参詣の旅の様子を描いた絵馬が参詣絵馬である。参詣絵馬には、旅の途中の出来事や風景、また参詣した社寺の境内や奉納する神楽の様子などが描かれている。

参詣絵馬からは当時の庶民の旅や日常生活を垣間見られるとともに、当時の信仰生活の有様を如実に知ることが出来る。特に、江戸時代に周期的に繰り返されてきた神宮への大規模な参詣であった御陰参りに関する参詣絵馬も全国的に多く見られる。千葉県内でも絵馬・額を含めると三百点以上の伊勢参宮に関する絵馬・額が確認されている。

## （4）神話を描く絵馬

軍記物語文学・歌舞伎などのモチーフは、絵馬にも多く描かれ、源頼光の四天王の話、楠公親子図など物語絵を描く絵馬が多く伝えられている。特に、源平の合戦などの武者が登場する絵は庶民のヒーローとしてアクロバティックな奮闘の構図に描き出され、社頭に掲げられていた。これらの絵馬は、訪れる参拝者を深く魅了して引き寄せたことは想像に難くない。同様に、我が国の始源を語る神話にも多く取材しており、絵馬に描かれたシーンを元に参拝者に神話を語り説くことも広く行われていたであろう。八岐大蛇退治絵馬などには、素戔嗚尊の迫力ある姿と生々しいまでの八岐大蛇が描かれ、源平合戦絵馬に登場する武者にもおとらない迫力で語りかけてきたりする。これら、神話にまつわる絵馬類も社寺参詣絵馬と共に信仰を探る上で欠かせない資料となる。

## （5）伊勢参詣絵馬

千葉県内の社寺にはおよそ六千点の絵馬が伝来しており、その中で社寺参詣図・及び社寺参詣記念額はおよそ一千点を数える。これは、図柄としては拝み図に次いで二番目に多い。

県下に残されている初期の伊勢参詣絵馬の一つに、文政十三年（一八三〇）の「伊勢神宮参詣図」がある。この絵馬は、堤派の絵師である堤等川《つつみとうせん》の筆によって描かれた物で、市原市八幡の飯香岡八幡宮に所蔵されている。県内で最も古い伊勢参詣図絵馬である。

堤等川筆「伊勢神宮参詣図」全体図（上）と部分図（下）
（飯香岡八幡宮〈市原市八幡〉：文政 13 年〈1830〉）

堤等川は、『増補浮世絵類考』によると初代堤等琳《つつみとうりん》の門人であり、巣鴨で絵馬屋を開業していたといわれている。飯香岡八幡宮には享和二年（一八〇二）の堤等舟《つつみとうしゅう》の朝比奈三郎義秀・曽我五郎草摺曳図をはじめ堤秋泉《つつみしゅうせん》・堤等《つつみとう》国《こく》・堤等園《つつみとうえん》等、江戸堤派の絵師の絵筆による絵馬が多く伝来している。浮世絵師系の絵師たちが描いたこれらの絵馬は、素人風の絵馬が多くある中でひときわ光彩を放つ存在であり、飯香岡八幡宮のように地方の中心的な神社に参詣する折に、社頭に掲げられた立派な大絵馬を見ることは近隣の人々の身近な楽しみであり、隣村に先駆けてそれらを奉納する事は村人の誇りであったに違いない。

伊勢への参宮は、村を挙げての一大事業であり、大がかりなこの事業の完遂を誇らしげに示すためにも、名だたる絵師に依頼して飯香岡八幡宮社頭に伊勢神宮参詣図を奉納したのである。この絵馬には、参宮した十二名の名前が記され、彼らが旅する風景が描かれている。旅人たちが体験した道中を、帰郷後多くの人たちに伝えるのに一役果たしたことであろう。時恰も、文政十三年（一八三〇）はおよそ六十年周期で飛躍的に御陰参りが増加する年であり、飯香岡八幡宮周辺の地域ではこの頃より伊勢講が結成され伊勢参りを行っていたと考えられている。

同じく市原市島野の島穴神社には弘化四年（一八四七）の長亭徳寿《ちょうていとくじゅ》筆による「伊勢神宮内宮参拝図」（二五五頁）、五井の大宮神社には文久二年（一八六二）の昇亭北寿《しょうていほくじゅ》筆による「伊勢神宮参詣図」がそれぞれ伝来しており、飯香岡八幡宮の堤等川の絵馬と比較して考えると興味深い。互いに競い合って伊勢の神宮に参詣し絵馬を奉納した姿が想像できる。絵師の系統を変えて描かせている事にも注目できる。昇亭北寿は江戸両国の絵師で、葛飾北斎の門弟として名高い。長亭徳寿は北寿の門人であり、社殿改修を翌年に控えた島穴神社では、改修成就の祈願のために参宮しその姿を徳寿に描かせたと考えられている。島穴神社・大宮神社の絵馬は、双方とも神宮に難路を克服し参宮した瞬間を描いており、両者の絵馬の構図は酷似している。この構図の酷似から見ても、昇亭北寿と長亭徳寿が師弟関係にあったことをうかがい知ることが出来よう。飯香岡八幡宮の伊勢参宮絵馬とは内容が大きく異なることにも注目できる。

船橋市西船の妙見神社には「雪舟十五世筆孫雪山堤秋月筆」と落款が入った絵馬がある。雪山堤秋月《せつざんつつみしゅうげつ》は三代目堤等琳の別名であるが、この絵馬は明治十三年（一八八〇）に製作されており活躍時代が異なること、また三代目等琳は雪舟十三世を名乗っている事等から、この絵馬の作者が三代目堤等琳とは考えられず堤等琳の流れを汲む別の絵師の手によるものと推定される。

後期堤派の絵師は幕末から近年に至るまで市原市姉崎を中心に活動を繰り広げてゆく。内房の諸社に残されている近世の絵馬の多くが堤を名乗る絵師の手によって描かれている。市原市姉崎で際物業を営んできた辻家では、代々堤を名乗り絵師を世襲して絵馬の製作に携わってきた。初代の堤等月《つつみとうげつ》（辻豊次郎）は、江戸で三代目堤等琳に師事し絵師として活躍した。雪山の襲名を許された絵師である。その後も二代目堤等義《つつみとうぎ》（辻義太郎）・三代目堤等儀《つつみとうぎ》（辻儀三郎）と三代にわたって絵馬の製作を続けてきた。代々雪山を襲名し、辻家で制作した絵馬には姉崎斎雪山と記されている落款も多数伝わる。

袖ヶ浦市高谷の春日神社蔵の明治八年（一八七五）の堤等月筆「伊勢神宮と二見浦図」、袖ヶ浦市蔵波の八幡神社蔵の明治十一年（一八七八）の堤等義筆「富士両宮参拝図」、袖ヶ浦市久保田の八幡神社蔵の昭和十七年（一九四二）の堤等儀筆「伊勢神宮参拝記念図」などが残されている。際物業《きわものぎょう》を営む傍ら、絵師としても名前を世襲しながら活動していたことを伝える資料である。県内に伝来する堤等義筆の絵馬は現在一九点確認されており、今村春雪《いまむらしゅんせつ》の三〇点に次いで多い。

文政九年（一八二六）、船橋市五日市に生まれた吉橋秋月《よしはししゅうげつ》は江戸深川で三代目堤等琳に師事した画家である。船橋にて絵を教授し、絵師を育成したと伝えられている。東葛飾郡全域にわたって、経歴の判明しない絵師による絵馬が多数伝来しており、今後吉橋秋月の研究と共に調査が進むことが期待される。吉橋秋月の筆による絵馬が故郷の船橋市高根町の神明神社に残されていたが、火災により焼失してしまった。吉橋秋月は堤派に属し活動していた作家である。

流山市北の香取神社には歌川芳萬なる人物の筆による「太々神楽奉納図」（二五八頁）という絵馬が伝来する。歌川芳萬は歌川系譜上では確認できない人物であるが、歌川国芳の流れをひく絵師と考えられ歌川派の伝播にも注目される。

## （6）岩戸図絵馬

南房総市千倉町南朝夷の高家神社には明治十五年（一八八二）に製作された「天岩戸図」が伝来する。これは、地元の絵師川名楽山《かわならくざん》の筆によるものである。実際に伊勢に参詣した光景を描くのではなく、天岩戸神話の場面を描き出してある。画面の中央の上部には岩戸より出御される天照大神が、周囲には賑わう神々が描かれている大作である。川名楽山は狩野派に属する館山藩御用絵師であり、安房地方を中心に一一点の絵馬が確認されており、県内に伝来する絵馬作者では四番目に多い。

**川名楽山筆「天岩戸図」**
（高家神社〈南房総市千倉町南朝夷〉：明治15年〈1882〉）

館山藩士であった川名楽山は、廃藩置県後も引き続き館山県に出仕していたが明治四年（一八七一）館山県が木更津県に編入されると、離禄し、明治五年（一八七二）十一月以降は安房神社に奉職し明治八年（一八七五）に禰宜に任ぜられ教導職小教正まで累進した。

明治維新に始まって版籍奉還・廃藩置県へと発展した時代の激動は画壇にも大きな変革をもたらし、それまで大名の強い庇護の元で成り立っていた御用絵師たちは生活の基盤を失い、欧化政策のなかでなりをひそめていた。高家神社所蔵の絵馬が描かれた明治十五年（一八八二）は、欧化政策にあった明治政府が伝統文化の復興に力を注ぎ始めた時期である。伝統絵師達が内国絵画共進会（明治十五年・同十七年開催）をめざして本格的に活動を再開し始めた時期である。国

「天岩戸図」
（天照大神社〈茂原市真名〉：文政 13 年〈1830〉）

内の画壇の大きな動きを受け楽山も活発に活動していた時期である。川名楽山は、画業への取り組みと共に狩野派の画法の教授にも熱心であり、松下雄之輔（翠幹《すいかん》）や木村貞吉（雲山《うんざん》）等の弟子を育成し、共に明治十七年（一八八四）の第二回内国絵画共進会に出品している。鋸南町上佐久間の日枝神社には松下雄之輔筆による「天岩戸図」が残されている。

茂原市真名の天照大神社に伝来する「天岩戸図」（茂原市指定文化財）は銘文から文政十三年（一八三〇）に製作された絵馬であることがわかっている。この絵馬は、縦一三三センチ・横二七七センチもの大絵馬であり、専門の絵師の手によってなったものであると考えられている。天照大神がまさに岩戸から出御される瞬間をダイナミックに描き出している。

## （7）絵馬から見た伊勢信仰の分布

現在の市町村名内で一枚以上の絵馬が伝来している地域には色を入れ、その中でも特に伝来数が三枚以上の市町村には濃く表示しているのが二五〇頁の図である。

江戸期の伊勢信仰に関係する絵馬の分布を見てみると、嘉永六年（一八五三）の香取市佐原の諏訪神社に伝来する「天岩戸図」二面と天保四年（一八三三）の御宿町上布施の八幡神社に伝来する「伊勢神宮参詣図」

等の一部の例はあるものの、概ね県の西側に多く分布していることが見て取れる。その中でも、局地的に伝来数が多い部分がある。下総北西部の北部の野田・流山地域、上総北西部の市原市である。市原市内でも、伊勢信仰に関する絵馬は北部の東京湾岸沿いでのみ確認できている。

この核となる地域を中心に周辺の地域には絵馬の所在が確認できる。江戸期の絵馬は年数を経過しており伝来しなかった物も予測されるので断言は難しいかもしれないが、江戸期の伊勢信仰は、下総北西部の野田流山地域・上総北西部の市原北部地域を中心に伝播してゆく様子がうかがえる。

この事は、絵馬の奉納された時期からも見ることが出来る。享和～文政年間（一八〇一～三〇）の初期の伊勢信仰絵馬が下総地域では、野田・流山地域にのみ伝来している事例とも重なってくる。これらの絵馬は、すべて太々神楽奉納にまつわる絵馬であり実際に伊勢参宮していたことも確認できる。最も古い太々神楽奉納額は野田市木間ヶ瀬の白山神社に伝来する「伊勢太々神楽奉納額」で享和元年（一八〇一）の絵馬である。

一方で上総の場合、袖ヶ浦市永地の八幡神社「天岩戸図」、市原市の飯香岡八幡宮「伊勢神宮参詣図」（前述）、君津市平山の大原神社「太々神楽図」、茂原市真名の天照大神社「天岩戸図」、御宿町上布施の八幡神社「伊勢神宮参詣図」などと、広い地域に初期の絵馬が伝来している。初期伊勢信仰絵馬が制作される頃には、伊勢信仰が流布している様子が見て取れる。それらの絵馬の中で、実際に伊勢に参詣したことが確認できる絵馬は、市原市飯香岡八幡宮と御宿町八幡神社の参詣絵馬の二面である。

明治期の分布図を見るとこの時期には伊勢信仰絵馬の分布は下総全域に及ぶ勢いで広がっていることに注目できよう。江戸時代には印旛沼東側への伝播が確認できなかったが、明治期になると印旛沼周辺に多く確

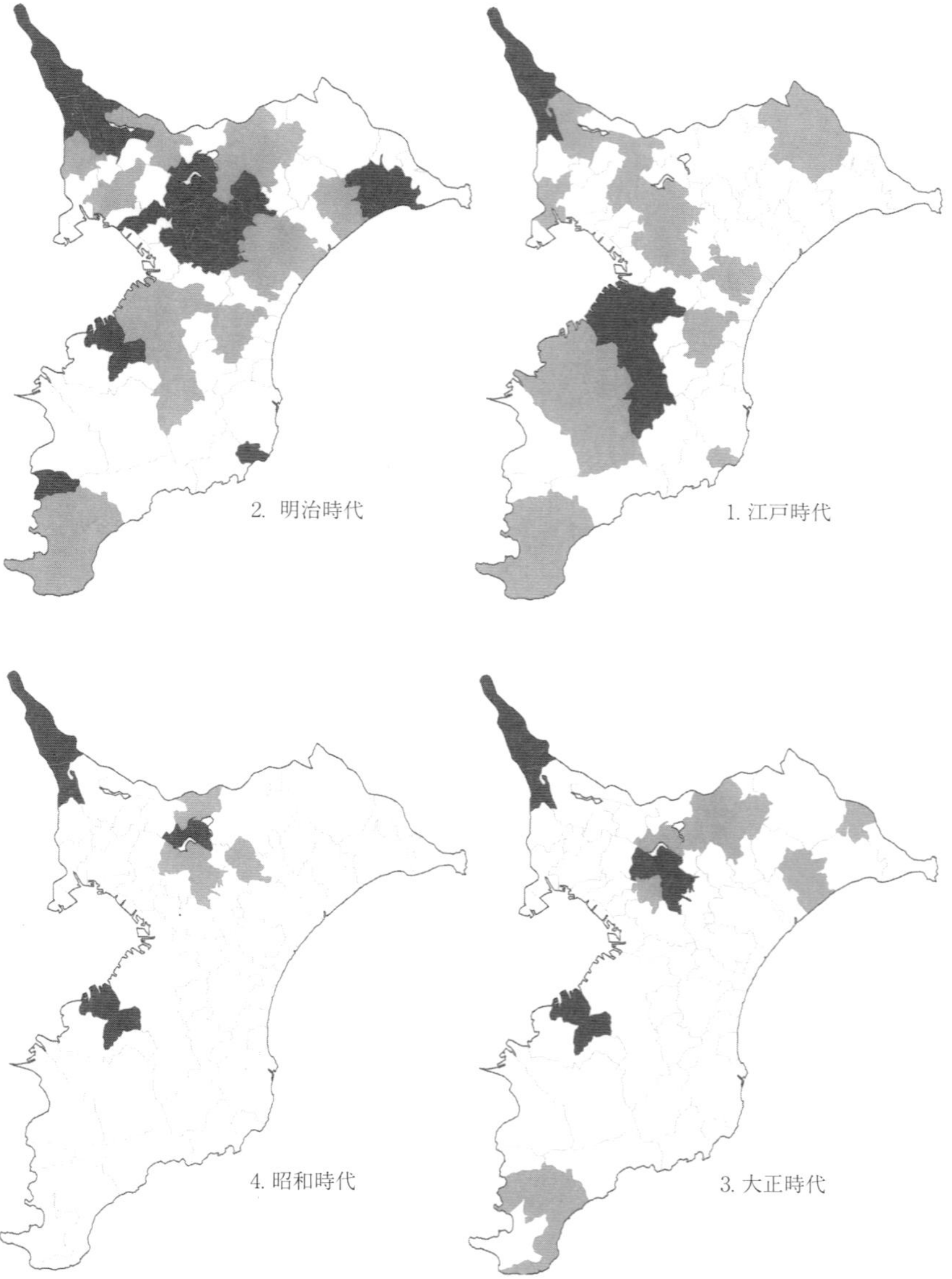


伊勢信仰絵馬分布の変遷

認できるのが大きな特徴である。

伊勢信仰絵馬の奉納数も、最も明治期が多く確認でき、千葉県では明治期に最も広く伊勢信仰が広がったことを如実に物語っている。下総北西部の野田・流山地域の絵馬の奉納数も増加している。その余波は、柏市・我孫子市・松戸市などの近隣市町村に波及し、従来の野田・流山に周辺地域を加えた広い地域で伊勢信仰絵馬は奉納されている。

同じく下総の中部地域では印旛沼の南側の佐倉市を中心に絵馬の奉納数が飛躍的に増加している。この地域は江戸末期の天保から慶応年間（一八三〇～六七）の第二期に絵馬が奉納され始めた地域で、千葉市若葉区川井町の第六神社「伊勢参詣図」嘉永五年（一八五二）や佐倉市羽鳥の甲賀神社「伊勢太々講中額」安政二年（一八五五）などの絵馬が確認できる。これらの地域では、明治期に入ると多数の神社に伊勢信仰絵馬が奉納されはじめ、江戸後期に興った伊勢信仰が明治期に入り激増したことが確認できる。特にこの甲賀神社の「伊勢太々講中額」は印旛地域で最も古い絵馬であると共に、奉納された安政二年にはこの地に「伊勢講」が組織され機能していたことを示している資料である。この印旛地区での初期の「太々講中」の影響により、印旛沼南部である佐倉市・四街道市・八街市・富里市などへ波及していったとも考えられよう。

下総東部でも、江戸期には絵馬が確認できなかった地域であった旭市が、下総東部の絵馬の奉納の拠点として目立っていることも注目できよう。旭市の南部の匝瑳市にも二面伝来している。また、横芝光町宮川の熊野神社にも奉納時期が不明な参宮絵馬が存在し、明治期には下総東部でも広く伊勢信仰絵馬が奉納されていたことが確認できる。

上総地域では、かつて盛んであった市原市の絵馬奉納数が減少し、代わりに袖ヶ浦市が増加している。市原市内では減少しつつあった伊勢信仰が、袖ヶ浦市に伝播して広く行われていたと考えられる。御宿地域では、江戸期よりも絵馬奉納数が増加し、伊勢信仰が盛んになってゆく様が見られる。

安房地域でも、全体的に絵馬の奉納数は増加し、江戸後期より始まった伊勢信仰絵馬の奉納の伝統が、明治期に最も広く流布した様子が見られる。特に鋸南町では絵馬の数が著しく増加しており、安房地域の中でも鋸南町が中心的であったことがわかる。

明治期に最盛期を迎えた絵馬の奉納は、大正時代になると目に見えて減少してくる。大正期は時期的に短い事にも左右されるが、昭和期の分布図と比べてみると、明らかに明治より大正、大正より昭和と伊勢信仰絵馬の奉納が減少してゆく様が見られる。

明治期に飛躍的な増加を見た野田・流山地区・佐倉市・袖ヶ浦市が局部的に多い奉納数を維持しているが、他の地域では減少している。

残存数から見ると、袖ヶ浦市内の大正期の伊勢信仰絵馬は三面である。明治期の絵馬が六面伝来していることから考えると、伊勢信仰が衰えてゆくかのように見える。しかし、次の昭和期では八面と増加しており、大正年間が短いことを踏まえて、継続して袖ヶ浦市内では増加していると見るべきであろう。同様の事が明治期一五面、大正期一面伝来する流山市でも指摘でき、昭和期に入ると一三面と増加し、野田市内では減少の一途をたどる絵馬の奉納も流山市内では継続して行われていたことがわかる。

昭和に入ると伊勢信仰絵馬はますます奉納数が減少し、衰退してゆく様が見受けられる。かつての伊勢信仰の拠点であった野田市や佐倉市でも減少は著しい。

その全県下で減少が著しい中でも、流山市・袖ヶ浦市内では絵馬数が増加している事実が興味深い。この両市では県内でも早い時期の伊勢信仰絵馬が確認できる場所でもあり、古くから根付いてきた伊勢信仰が、昭和初期に至っても継承されていたと理解することが出来よう。

（平澤牧人）

## 2 「絵画」として見た絵馬

### （1）大絵馬の誕生

神前への神馬の奉納に始まり、簡易型の馬形から変化した当初の絵馬は、千葉県内に伝来する絵馬の図柄の中で圧倒的に多いものが「拝み図」であることからもわかるように、祈願の内容が色濃く反映されている。いわゆる小絵馬ほど小さくはないが、一部を除いて同じ絵柄・構図のものが殆どで、美術的に目を見張るような表現はさほど多くないと思われる。

江戸時代以降に奉納されるようになった伊勢の神宮等への「参詣絵馬」は大型化し、額付きの大絵馬となっていく。個人の祈願と言うより、村々で「講」の代表となった人々の記念碑的な内容を持ち、また、旅に参加することができなかった人々に参詣の様子を伝えるものとしての役目を担ったと思われる。民衆の信仰心や関心を高めるために大いに役だったことであろう。それは、絵馬の製作を当時の専門の絵師に依頼していることからも推測できる。当然、絵師達にも力が入る。絵画表現としても優れたものがでてくることの必然性が背景にあったということである。

県内の伊勢の神宮関連の奉納大絵馬は、概ね四種類に分別することができる。最も多いものがやはり「伊勢参詣図」で、これは参宮までの「道中記」として表現された風俗画的な絵馬も含まれ、秀逸なものが存在する。

「太々神楽奉納図」も数が揃っているが、江戸期のものよりも明治期のものが多く見受けられる。次に、神話に題材を求めた「天岩戸図」があり、数としては少ないが、「二見浦図」あるいは「神宮と二見浦図」も伝来している。大正期から昭和期にかけては文字額も増え、絵馬額は減少していったようである。

## （2）伊勢参詣図

ここで初期の伊勢参詣絵馬の一つ、飯香岡八幡宮（市原市八幡）所蔵の「伊勢神宮参詣図」を鑑賞してみよう（口絵4・二四四頁参照）。文政十三年（一八三〇）の年号が記され、伊勢参詣図としては県内で最も古いと言われているものである。

作者は、江戸堤派の絵師堤等川《つつみとうせん》で、初代堤等琳《つつみとうりん》の門人である。いわば浮世絵師系列の作になるものだが、その後によく見られるようになった神宮に到着した瞬間を描いたものや、鳥居のもとで拝礼を行う表現とは趣の違う、道中の様子を描写した「道中記」として味のある表現になっている。伊勢参詣の別資料として「参宮旅日記」等が多く存在するが、同列の歴史資料とみてもよいであろう。

画面は、向かって手前やや左寄りに橋と河川を配し、その両端に宿場の家並みと道行く旅人の姿、また客を乗せた駕籠を描き、小さく描かれた人物ながら動きのある、また明確な表現が際だっている。左奥に城郭らしき構築物と、少し引いた右側に山並みを描き入れた広々とした気持ちのよい風景である。

ダイナミックな表現ではないが、当時の旅の様子を彷彿とさせ、心に伝わりやすい構成であろう。見る人々に旅の楽しさを感じさせ、さぞや興味をそそられたことであろう。

色彩の状態は当時のままではないであろうが、褐色系が主調色の渋い落ち着きのある配色である。中央上部に「奉献」の文字、画面右下には参加者の名前が記されており、いかにも誇らしげである。

同じ市原市内に伝来している、これより少し後に奉納された参詣図に、島穴神社（市原市島野）の長亭徳寿《ちょうていとくじゅ》筆「伊勢神宮内宮参拝図」と、大宮神社（市原市五井）の昇亭北寿《しょうていほくじゅ》筆「伊勢神宮参詣図」がある。神宮に到着した瞬間の、その後比較的作例の多くなった構図がとられているものの、この二点については全く別の味わいがあり、飯香岡八幡宮のものとも趣が違っている。

**長亭徳寿筆「伊勢神宮内宮参拝図」**
（島穴神社〈市原市島野〉：弘化４年〈1847〉）

こちらは絵師の流派が異なり、昇亭北寿は、かの葛飾北斎の門弟であり、長亭徳寿は北寿の門人という関係である。同流派だけに、それぞれの描き手の違いは認識できるものの、ほぼ同じ構成がなされている。飯香岡八幡宮のものと比較すると、色彩の華やかさが一際目立つというところであろうか。特に島穴神社のものは、向かって左側に絵具の流れ出した跡があるが、それでも作品の素晴らしさの妨げにはなっていない。

画面上部に伊勢の朝熊山（朝熊ヶ岳）であろうか、標高を感じさせる山に周囲の山並みを配し、下部中央付近に白木の鳥居、そこから右端にかけて御神殿が描かれている。絵巻物等によく使われている俯瞰図法で、広大な空間を画面に取り入れ、空気感までが伝わってくる見事さである。

　鳥居をくぐった瞬間の旅人の姿と感動の表現、また出迎える神宮の神職の姿も的確に表現され、参詣図の中でも群を抜いているのではないだろうか。印象深い絵馬作品ではある。

　すでに述べられているように、北寿と徳寿は師弟関係にあるが、島穴神社が弘化四年（一八四七）、大宮神社が文久二年（一八六二）の奉納となっていることから、まず弟子に依頼し、その後競って師匠に依頼したのではないかという楽しい想像も可能だが、年代から推測して二代目北寿と考えた方がよさそうである。両者の人物表現などにはかなりの違いはあるが、大宮神社のものも同様の構成になっているため、作品の優劣はつけがたい。

　前節に登場する船橋市西船の妙見神社の参詣図は明治十三年（一八八〇）奉納のもので、すでに明治期の定型とも言える構図で、人物の動きを止めているような印象が強い。御神殿の描写に、より比重をかけていった結果ではないかと思われる。

### （3）天岩戸図

「天岩戸図」については、描かれた時代の違いこそあれ、ほぼ似たような構成がなされていることが特徴である。と言うより、これ以上の再構成は考えられないということであろう。

　市川市本行徳の神明社に伝来する大絵馬は、縦一三二センチ、横二二九センチもの大きさなもので、弘化四年（一八四七）堤派の初代堤等琳の手になるものとされているが、年代からみると三代目等琳という可能性が高い。

茂原市真名の天照大神社のものはさらに大きく、年代はこれより前の文政十三年（一八三〇）で、作者不詳であるが、基本的な構成が同じで、また同等の出来映えではある（二四八頁）。この両者はどこか似通っている印象を与えるが、同じ作者なのかあるいは同じ流派なのか、現在のところ確かめることはできない。

画面中央上部に天照大神、岩戸をこじ開ける手力雄命、乱舞する天宇受売命や他の神々を周囲に配する構成がどうやらある程度決まった型である。違いは神々の位置と動き・表情だが、共通することはどの絵馬も画面一杯の大きな構図で、神々のそれぞれの動きと顔の表情も明確に描かれ、大変力強い表現になっていることである。

**堤等琳筆「天岩戸開き図」**
（神明社〈市川市本行徳〉：弘化４年〈1847〉）

**一葉斎楽重筆「天岩戸図」**
（大原神社〈君津市平山〉：江戸時代）

中には、天照大神の後光が描かれたものもあり、多くの岩戸図はおしなべて描写の達者な優れた絵画作品と言えるであろう。

明治期に入ると絵師が不明のものも多くなるが、その中でも松戸市上矢切の神明神社のものは少し違った表現が見られる。神々を小さめに描き、岩戸周辺の風景を広く取り入れることで物語性をより感じさせるようになっており、この絵馬もまた秀作であろう。時代の様々な流派が入り乱れ競い合っているようでもある。

## （4）太々神楽奉納図

三つ目の例として、伊勢信仰に欠かすことの出来ない題材「太々神楽奉納図」に注目してみよう。この絵馬も一定の型が見受けられる。場面設定が、御師の邸内の神楽殿中らしき場所になっていることである。江戸期のものは個々の人物から細部に到るまで優れた描写力が目を引く。中には、君津市平山の大原神社に伝わる文政十二年（一八二九）奉納の絵馬のように、逆遠近法による手法のものも見られる。この絵馬は、平成八年までの調査では作者不明となっていたが、今回の調査で、堤等川の筆によるものであることが判明した。画面右下に記された作者らしき文字が、飯香岡八幡宮の参詣図のものと同じだったのである。等川作のほぼ同じ絵馬が全く同じ年

堤等川筆「太々神楽図」
（大原神社〈君津市平山〉：文政 12 年〈1829〉）

歌川芳萬筆「太々神楽図」
（香取神社〈流山市北・小屋〉：嘉永 5 年〈1852〉）

に近隣の亀山神社にも奉納されており、両神社の何らかの関係を示しているかのようである。

明治に入って奉納された多くの絵馬も場面設定は同じであるが、人物の姿などが簡略化される傾向があり、少々寂しい印象を受ける。また、明らかに専門の絵師によるものではないものもある。

今回の調査で、構図の異なる神楽奉納絵馬が新たに確認された。流山市北・小屋の香取神社に伝来する二点である。これは場面が屋内ではなく、境内らしき野外の風景として現されている。文政七年（一八二四）と嘉永五年（一八五二）に奉納されたもので、後者の絵馬には庶民の姿が生き生きと描かれ、音までもが聞こえてきそうな雰囲気を持っている。さらに調査を加えれば新しい発見があるかも知れない。

### （5）二見浦図

これは、二見浦だけではなく、神宮の彼方に二見浦を臨む構成のものも存在する。大抵は朝日が描かれている。残念ながら数は多くは認められず、秀逸な作品も確認していないので、多くを記述することはできない。


さて、明治期以降も多くの絵馬が奉納されてはいるが、少々定型化の傾向があり、描写力も江戸期のものほどではないと感じる。絵師の養成がそれほど盛んでなくなったか、あるいは西洋画の流れに飲み込まれてしまったのかも知れない。

昭和期に近くなるほど奉納絵馬が少なくなるとはいえ、多くの神社に絵馬が伝来していることは、取りも直さず伊勢信仰のいかに深く根付いていたかを示している。絵画作品としても、特に江戸期のものについては秀作の多いことが確認できた。

平成八年に発行された千葉県教育委員会の「千葉県文化財実態調査報告書」の中でものべられているように、――絵馬は芸術の域にも達し、例えば「絵馬堂」などはいわば日本の博物館や美術館の原点と言える――という部分には共鳴するものがある。行方不明になっている絵馬もあると聞くが、神社に伝来する貴重な文化財として、将来に向けた維持管理に努めていかなければならない。

（白熊　大）

コラム３

## 安房の伊勢音頭

千葉県南房総市白浜町に小戸という集落がある。旧白浜町に属したこの集落は、房総半島最南端の野島崎灯台の近くにあり、戸数は大凡一三〇戸、人口は約四〇〇人、冬も霜が降りない温暖な気候の下で、大半の家が農業か漁業を営んでいる。

その小戸地区の氏神稲荷神社で江戸中期より初午の日に、「かっぽれ」「野毛の山」等の様々な奉納芸能と共に伊勢音頭が唄われてきた。その唄い文句を紹介しよう。

サァ　ヤトコセ　ヨイヤナ　「ハァ　コレワイセ」コノナンデモセ　「ハァ　ご祈祷じゃ　ご祈祷じゃ　ご祈祷じゃ」

一、伊勢はナ　津でもつ　津は伊勢でもつ
「ハァ　ヨーイトセ」
尾張名古屋は　ヤンレ　城でもつ
（※繰り返し）

二、お伊勢ナ　参りと　ウチをば出たが
「ハァ　ヨーイトセ」
伊勢は二の次　ヤンレ　追分と
（※繰り返し）

三、伊勢のナ　道中で　この子が出来て

「ハァ　ヨーイトセ」
出来たこの子は　ヤンレ　伊勢松と
（※繰り返し）
四、遠州ナ　浜ノ松ァ　広いようで狭い
「ハァ　ヨーイトセ」
焼けて廓《くるわ》が　ヤンレ　二度建たぬ
（※繰り返し）
五、吹けよナ　川風　煽《あお》れよすだれ
「ハァ　ヨーイトセ」
中の芸者の　ヤンレ　顔見たや
（※繰り返し）

○注「　」内は合いの手で、踊り手が受け持つ

伊勢音頭と共に演じられる踊りは、江戸中期より四人の大人の男性によって演じられてきたが、多くが都会に働きに出るようになった戦後になると人手不足になり、女性が演じるようになったとのこと、さらに最近になると高齢化と過疎化が進行し、少女が踊りの担い手になったということである。現在は三年に一度、初午の日に稲荷神社に架設された舞台で四人の少女が演じている。

伊勢音頭が当地に伝わった経緯は定かではないが、県内では殆ど唄われて居らず、その資料的価値は極めて高いと言える。

（加茂信昭）

伊勢音頭と共に演じられる現在の踊り

# 第八章　房総から伊勢の神宮への供祭物

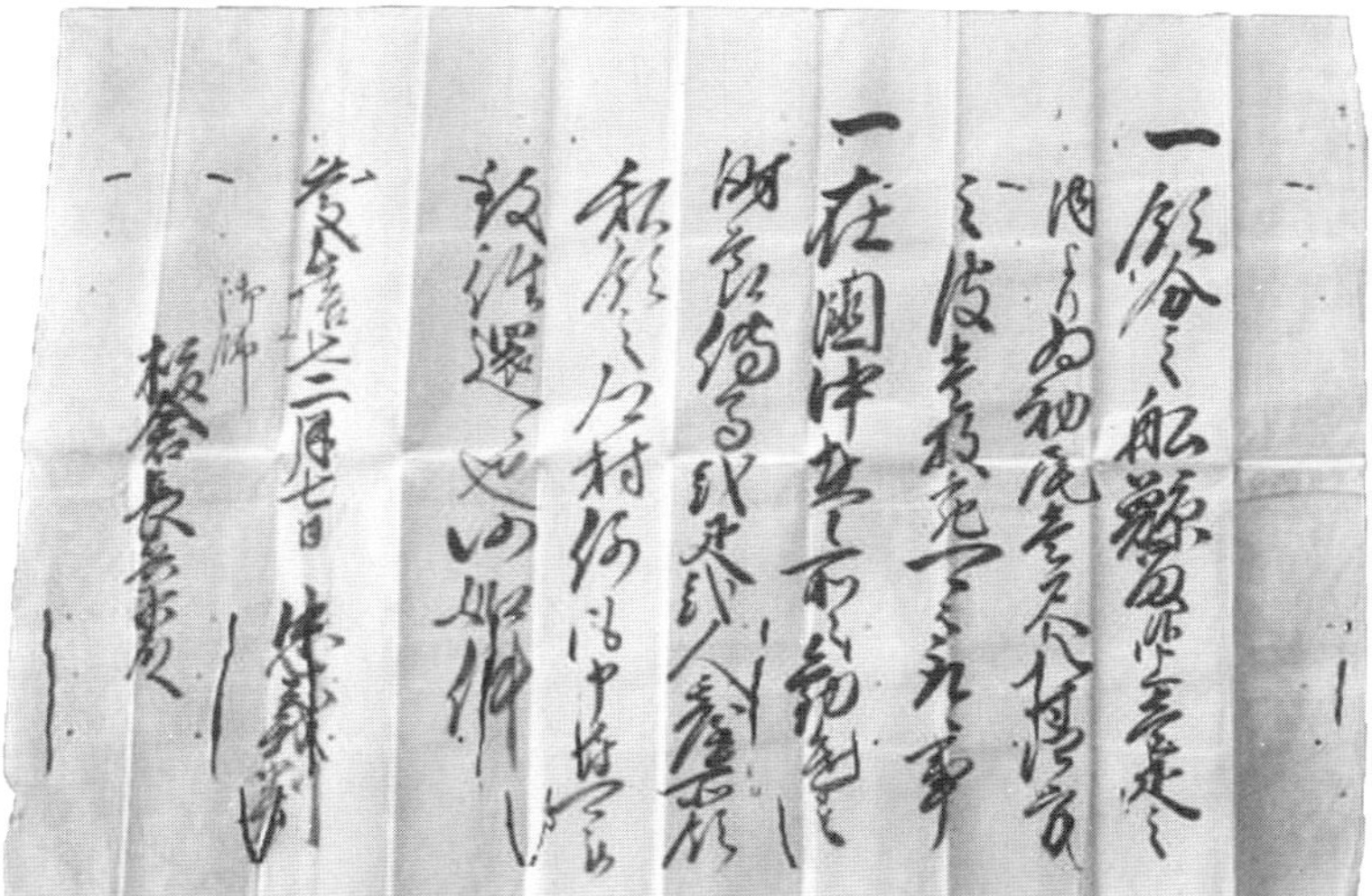

醍醐新兵衛家文書（館山市立博物館蔵）

## 1　神饌の歴史

全国各地に祀られている神社における〝おまつり〟には、かならず米、酒、塩の他にその地方における最も新鮮な珍しい食べ物を神饌として神にお供えし召し上がっていただく、さらに〝まつり〟に奉仕をした人々は、〝まつり〟の後にそのお下がりをいただき、神と人間が食を共にして一体となり神の霊力をいただこうとする直会《なおらい》という儀式を行っていた。近年に至りその直会の儀式も諸事情により人々が持ち寄った食べ物だったりお寿司などすでに出来上がった食べ物をもって食事に代えるようになってきたが、そういう意味では、本来の神饌の主旨からは離れてしまっている。特別な神社における神饌は別として、今日、各神社ではおおむね米、酒、餅、海産物、農作物、塩、水が主に神饌に供されている。

日本人は、古くから形としてではなく、日本人の生活の規範として畏敬の念をもち信仰の対象として〝かみ〟を崇めてきた。

すなわち神は人々の身近に存在し、人々は常に神と共にあるという人と神々の関わりを一つの世界空間の中にとらえてきたのである。

もともと我々日本人は、このような神観念をもっていたので、神にささげる神饌も、人々が食べる食べ物と同じように、あるものは生で又、あるものは火をくわえたり味付けをしたりしてきたのである。明治時代以前には、蒸し米にした御飯や御粥、煮物、吸い物、魚介類を切り身にしたり天日干しにした干物など塩や醤、酢などで味付け調理した所謂熟饌《じゅくせん》といわれるものが主に供され、箸まで付けて供されていた。明治時代に入り明治八年〝式部寮「神社祭式」〟の制定の布達により神饌は、基本的に手を加えない生饌《せいせん》といわれる生でそのままの姿の一三種類のものに定められた。すなわち和稲、荒稲、塩、水、酒、野菜、海菜、海魚、川魚、野鳥、水鳥、餅、菓子とされたのである。なお、これについては、社格によっても品目や奉奠台数についても細かく定めがなされた。

（1）官幣諸社官祭式における神饌の定め（明治六年三月式部寮番外達）

**大社**

奉奠台数一一台　但一前

（一）和稲・荒稲
（二）酒
（三）餅
（四）海魚
（五）川魚
（六）山鳥
（七）水鳥
（八）野菜　二種類
（九）海菜　二種類
（十）菓
（十一）塩・水

**中社**

奉奠台数一〇台　但一前

（一）和稲・荒稲
（二）酒
（三）餅
（四）海魚

（五）川魚
（六）鳥
（七）野菜　二種類
（八）海菜　二種類
（九）菓
（十）塩・水

**小社**

奉奠台数九台　但一前
（一）和稲・荒稲
（二）酒
（三）海魚
（四）川魚
（五）鳥
（六）野菜　二種類
（七）海菜　二種類
（八）菓
（九）塩・水

（2）官国幣社祈年祭における神饌の定め（明治八年四月制定式部寮神社祭式）

**大社**

奉奠台数九台
（一）和稲・荒稲
（二）酒　二瓶
（三）海魚
（四）川魚
（五）鳥
（六）海菜　二品
（七）野菜　二品
（八）菓

（九）塩・水

**中社**

奉奠台数八台

（一）和稲・荒稲　（五）海菜　二品

（二）酒　二瓶　（六）野菜　二品

（三）海魚　（七）菓

（四）川魚　（八）塩・水

**小社**

奉奠台数七台

（一）和稲・荒稲　（五）海菜・野菜　一品宛一台

（二）酒　二瓶　（六）菓

（三）海魚　（七）塩・水

（四）川魚

（3）官国幣社新嘗祭における神饌の定め（明治八年四月制定式部寮神社祭式）

**大社**

奉奠台数一一台

（一）和稲　（二）荒稲

(三)酒　二瓶
(四)餅
(五)海魚
(六)川魚
(七)鳥
(八)海菜　二品
(九)野菜　二品
(十)菓
(十一)塩・水

**中社**

奉奠台数一〇台
(一)和稲
(二)荒稲
(三)酒　二瓶
(四)餅
(五)海魚
(六)川魚
(七)海菜　二品
(八)野菜　二品
(九)菓
(十)塩・水

**小社**

奉奠台数九台
(一)和稲
(二)荒稲
(三)酒　二瓶
(四)餅
(五)海魚
(六)川魚
(七)海菜・野菜　一品宛一台
(八)菓

（九）塩・水

などのように神饌は、品目、奉奠台数が祭祀ごと社格により規定され、官国幣社以外の神社の神饌も同様に画一なものとなっていったのである。

## 2　特殊神饌

前述のように神饌は、式部寮神社祭式によって細かく規定されたわけだが、日本全国の神社の中では、この規定の例外となっている「古例の神事における神饌」として古くからその神社に伝えられてきた神饌を「特殊神饌」として今日まで大切に伝承してきた神社も数多く認められる。千葉県における特殊神饌を供する代表的な神社として〝経津主神《ふつぬしのかみ》〟を祀る下総国の一宮である香取神宮における「大饗祭」があげられる。経津主神は、武神として皇室をはじめ源頼朝など多くの人々の信仰を集めた。日本各地の荒振神たちを平定し鎮めた勇ましくそして強い神とされている。この祭りでの神饌は、一斗二升もの蒸米、鴨や鮭は調理して生のまま盛り付ける、さばかれた雌雄の鴨は、まるで大空を飛翔するがごとく成形され、鮒など、鎮座されている土地から得られる多種多様の品目を多数そろえて供している。

また、奈良県大神神社摂社の率川《いさかわ》神社における〝三枝祭《さえぐささい》〟もその一つである。

率川神社は、神武天皇の妃の媛蹈鞴五十鈴姫命《ひめたたらいすずひめのみこと》、父神の狭井大神《ささいおおかみ》、母神の玉櫛姫命《たまくしひめのみこと》を祀る神社で子守の神として信仰されてきた。この祭りでは、折櫃に海の幸、山の幸などを収め柏の葉で蓋をし供饌するほか白酒、黒酒の酒樽に三輪山に自生する美しい笹百合の花をまるで樽を花器のように添え供えるものである。

香取神宮大饗祭神饌（香取神宮提供）

賀茂祭神饌（賀茂御祖神社提供）

その他、特殊神饌が供される代表的な祭祀としては、宮中における大嘗祭、新嘗祭、伊勢の神宮の月次祭、神嘗祭、日毎朝夕大御饌祭、式年遷宮に関わる諸祭をはじめ、奈良・春日大社の春日祭、京都・石清水八幡宮の石清水祭、京都・賀茂御祖神社・賀茂別雷神社の賀茂祭、奈良・春日大社摂社若宮神社の大宿所祭、奈良・談山神社の嘉吉祭、などが挙げられる。

## 3　伊勢の神宮の三節祭や式年遷宮に関する諸祭における神饌、神嘗祭における神饌

神宮において六月と十二月に執り行われる月次祭と十月の神嘗祭は三節祭といって年中三度の大祭である。この神嘗祭に供えられる神饌をみると、御箸を除いて三〇種類もの多種多様で、延喜式に記載されているものよりはるかに多いものになっている。これを由貴大御饌《ゆきのおおみけ》という。

（一）御箸　（白木の箸一組）
（二）飯　（白米を甑で蒸したもの）
（三）餅　（小判型の平餅十枚）
（四）塩　（荒塩を焼き固めた堅塩）
（五）水　（水　一盛）
（六）身取鰒・玉貫鰒　（干した熨斗鰒〝薄鰒〟を切って藁で編んだもの）
身取鰒一連、玉貫鰒三連
（七）鰒　（大きな生鰒五貝の内臓を取り去り塩で揉んだもの）
（八）乾鯛　（鯛一尾を姿のまま天日干ししたもの）注：以後天日干ししたものには〝乾〟を頭に付す。
（九）鯛　（四五㌢の鯛一尾を四つ切にした切り身）
（十）乾梭魚《ひしゅんぎょ》　（かます尾頭付を乾したもの五尾）
（十一）乾伎須《ひきす》　（きす尾頭付を乾したもの一五尾）
（十二）鰕《えび》　（蒸した伊勢えび三具）
（十三）乾栄螺《ひさざえ》　（貝殻、内臓を取り去り乾したもの二〇個）
（十四）海参《きんこ》　（乾した海鼠三匹）
（十五）乾鮫《ひさめ》　（長方形に切って乾した鮫三枚）
（十六）乾鰹　（鰹節一〇本）
（十七）乾鯥《ひむつ》　（鯥のひらき一〇枚）

（十八）鯉　（生の姿のまま一尾）
（十九）乾香魚《ひこうぎょ》　（乾した鮎一五尾）
（二十）野鳥　（鶏の生の片身）
（二十一）水鳥　（鴨の生の片身）
（二十二）海松《みる》　（一握り）
（二十三）紫海苔　（浅草海苔一〇枚）
（二十四）蓮根　（節の部分を切り取ったもの一本）
（二十五）大根　（丸のまま一五チセン程に切ったもの三本）
（二十六）梨　（一個）
（二十七）柿　（三個）
（二十八）白酒　（三寸土器にて三盛）
（二十九）黒酒　（同　右）
（三十）醴酒《れいしゅ》　（同　右）
（三十一）清酒　（同　右）

## 4　房総から伊勢への供祭物

神宮の神嘗祭に供えられる神饌については前節で述べたが、最も大切なお米は、伊勢の楠部の神田においてつくられたものを秋に抜穂祭《ぬきほさい》を斎行の後、稲を根から抜き取り乾燥し、内宮の御稲御倉に納め、それを用いて神饌の御飯、御餅をつくり、その一部をもって白酒、黒酒にし御酒にしている。鰒は、古くから志摩国の神戸すなわち鳥羽国崎あたりの海の民が、御贄の鰒として貢納してきたが、今でも伝統に添ってこの地から納められている。

また干鯛も渥美湾篠島から伝統にのっとり納められている。野菜類は、二見の御園でつくられた物が調理の儀礼の後供進されている。

このように神宮の神饌は、主に神宮の神領から得られたものを調理したものであり、当時神宮の神領がいかに広大なものであったかが覗える。神宮の所有する土地である神領は、そこからの莫大な収入が神宮の経済的な基盤となっていた。古代末期に私的土地所有（荘園）が盛んとなり、その中で神社が所有した土地が社領荘園であり御厨であった。

皇大御神が大和国から諸国を経て伊勢に巡幸された折、順路にあたる豪族達により多くの神田が献上され、また平安時代末から鎌倉時代にかけては、諸国の豪族達は皇大御神の御神威を頼ってその領地の一部を神宮に寄進したことは多く記録に残されているところである。この寄進された領地を〝御厨《みくりや》〟（第三章参照）、〝御園《みその》〟といい、およそ四〇か国に一三五〇か所を数えるほどであった。

後に太閤検地によって社領荘園にかわって神社の経済的基盤として与えられたものが〝朱印地〟であり、これにより社領荘園的な所有が保たれ、幕末まで受け継がれた。

房総からの供祭物の記録もいくつか認められる。その一つが安房の国の丸御厨からのものである。

『房総志料』によると、

平治元年六月一日
奉レ寄二伊勢大神宮一給
（麻呂御厨　朝夷群に有り、延喜式に東鰒とあるもこの地の産なり、毎年八苞づつ神供料を出す）
［房総叢書、昭和十八年］

延喜斎宮式調庸雑物条によると、毎年斎宮寮に納入される物品に安房からの東鰒とあり、おそらくこの丸御厨からのものと思われる。

また、下総の御厨の一つである相馬の御厨からの供祭物に関する資料として、大治五年八月二十二日下総権介平経繁の領地を伊勢の神宮に御厨として寄進する文書があり（第三章6参照）、この資料によると、毎年そこから得られる田一段（反）につき一斗五升、畠一段につき五升の米のほか干雉百匹、塩曳鮭百尺を備進するものとある。

醍醐新兵衛肖像画（館山市立博物館蔵）

紀伊半島において和田忠兵衛頼元が慶長十一年太地を中心として突き取法によって組織的な捕鯨をおこなった。房総における捕鯨の歴史も大変古く、紀州での捕鯨と同時期に勝山の醍醐新兵衛が「醍醐組」を組織し、夏季に安房勝山や岩井袋の漁師達が船団を組み、突き取法による捕鯨を行っていた。魚場としては、房総半島の先端部の洲崎から金谷、三浦半島の三崎から浦賀を結ぶ水域であった。鯨種としては、主にツチクジラといわれている。

安房勝山の醍醐新兵衛家文書（館山市立博物館蔵）（口絵8・本章扉下写真参照）に次のようにある。

一、領分之船鯨留候上　壱疋之内　為初尾壱尺八寸四方之皮
　　壱枚宛可被取候事
一、在国中在々所々勧進之時節　傳馬弐匹弐人壱所領私領之
　　郷村何毋申付可被致往還候也　以如件

慶長拾七年二月七日　　　　忠義　判

御師
板倉　長兵衛　殿

ここにある忠義は、当時当地の領主である里見忠義のことで、伊勢の神宮の御師に鯨の皮を献上するとする文書である。

なお、伊勢内宮より毎年鯨皮（油付）の塩漬けを都の祭主に送られていたとする記録もある。

これとは別に伊勢の斎宮寮に毎年入ってくる歳入について記録されている「延喜斎宮式」によると墨、

鍬、錦、砥など特殊なものは、都の大蔵省などの役所に請求し取り寄せるが多くの物品は、以下に挙げる諸国すなわち伊勢、志摩、伊賀、尾張、近江、美濃、飛騨、上野、参河、遠江、駿河、伊豆、相模、信濃、日立、そして房総の安房、上総、下総の一八か国からおさめさせることになっていた。

納入される物品名をあげると安房からは、東鰒、上総からは、細布、下総からは、布、麻、熟布と記されている。ちなみに鰒について房総と諸国を比較してみると、志摩からは、雑鰒、鮨鰒が、また相模からは、腸漬鰒がみられるのみである。

（鈴木啓輔）

### 参考文献


（1）西牟田崇生「明治八年の式部寮「神社祭式」の制定と神饌の取り扱い」（『儀礼文化』第二十四号、平成十年）
（2）西宮秀紀『律令国家と神祇祭祀制度の研究』塙書房、平成十六年
（3）宇仁一彦「神宮の神饌と饗膳」『定本日本料理　様式』（石川晴彦編、主婦の友社、昭和五十二年）
（4）樋口清之・沼部春友「神饌」『定本日本料理　様式』（石川晴彦編、主婦の友社、昭和五十二年）
（5）「縁起」及「古文書」（『房総叢書』第一輯　総目録　第一巻）房総叢書刊行会、大正元年
（6）早川庄八「古代律令財政と斎王宮」（三重の文化財と自然を守る会『伊勢斎王宮の歴史と保存』2、昭和五十七年）
（7）矢野憲一『伊勢神宮の衣食住』角川ソフィア文庫、平成二十年
（8）田村　勇『海の文化誌』雄山閣出版、平成八年
（9）『房総の捕鯨』平成二〇年度安房博物館企画展資料

# 第九章　近年の遷宮奉賛活動

お白石持ち行事（平成５年）

## 1　大東亜戦争後の御遷宮

伊勢神宮最大の祭儀は、二〇年に一度、御正殿をはじめ御垣内の諸殿舎をすべて新しく建て替えると共に、御正殿内の御装束・神宝をもすべて新しく調え、新しい御殿へ大御神様に御遷りいただく「遷宮祭」である。

この御遷宮は、約一万本の檜材の伐り出しに始まり、その奉曳、諸殿舎の建築、神様の遷御と続く。この諸祭は、八年の長きに亘り、その間に国宝級の職人たちが持てる技術と精神を傾注した、御装束・神宝の調製も同時に進められる。御装束類においては御被、御土代、御壁代等五二五種全部で一〇八五点、御神宝類は紡績器具、楽器、武具、馬具等一八九種八八三点、さらに他を含めて七一四種一九六八点も新調される。

平成二十五年斎行の第六十二回神宮式年遷宮の費用は、総額で五五〇億円と見込まれているが、この費用は、第五十九回以降より国民の手でなされなくてはならない状況にある。

第五十九回式年遷宮は、昭和二十四年に斎行されることとなっていた。この準備は、昭和十六年に造神宮使がおかれて始まった。御用材についてはほぼ集まり、御神宝御装束に取り掛かろうという時に、大東亜戦争が終戦となった。第五十九回式年遷宮の費用には、二〇〇〇万円が予定されていたが、終戦までに一二〇〇万円分の仕事が進み、あと八〇〇万円分の仕事が残っていた。

神祇院は、「神社は国家の宗祀である」から宗教ではないとの考えにより、アメリカ占領軍が宗教の自由といっても、神道は宗教には当たらない。だから、伊勢の式年遷宮の予算残額八〇〇万円の支出や、戦災を受けた社殿復興予算については、ＧＨＱの了承を得たいと考えていた。

一方、民間の神祇関係三団体（皇典講究所・大日本神祇会・神宮奉斎会）も、神宮の式年遷宮だけはなんとしてでも御遂行戴きたいし、ＧＨＱの了承を取り付けたいと考えていた。

昭和二十年十一月八日、当時皇典講究所専務理事で、元内務省神社局長の吉田茂は、ＧＨＱ宗教課長のバーンズと会見し、その時の様子が次のように『神社本庁十年史』に記載されている。

（前略）

**吉田**　神宮ハ二十年ニ一回造営セラルル処、現ニ進行中ノ工事ハ、経費二千万円ナルガ已ニ一千二百万円支出セラレ、今後三年ニシテ完成ノ筈ナリ。依テ残余八百万円ヲ国庫ヨリ支出シ従来通リノ方法ヲ継続シ得ル様、御諒解ヲ得タシ。

**バーンズ**　右ノ八百万円ハ一般崇敬者ヨリ供進スルコトハ出来マジキヤ。

**吉田**　斯カル巨額ノ拠出ハ殆ンド不可能ト存ゼラル。本工事費ハ已ニ継続費トシテ、議会モ約束セルモノナルニ付、何等カノ便法ニ依リ、国庫ヨリ支出シ得ル様致度。

**バーンズ**　此ノ点ニハ経済科学課「クレーマー」大佐ノ決スルトコロナルニ付、自分ノ課トシテハ何トモ回答ナシガタシ。

（後略）

日本政府は、吉田の会見後二〇日も経った十一月二十八日に、神社護持に関するＧＨＱとの第一回の公式会談を持った。当時の神祇院の実質的責任者は、副総裁の飯沼一省氏であった。第二回の会談が行われた十二月八日、御遷宮についてバーンズは、「自分としてもあなた方の話を聞き、経済科学課と協議したが、占領軍としては、どう考えても伊勢の神宮だけ特別に資材を使うということは、言い出しがたい。やはり、資材面では、寺院、教会と同様に行うべきだと考える。特に、戦災を受けた寺院、教会は、今度、復興の資材を使う順位からいうと、学校あるいは一般住宅の次である。したがって伊勢の式年遷宮というようなものは、宗教施設の戦災復興に次ぐ第三順位なのだ」と答えたという。政府は、更にねばり第三回の会見を予約した。

しかし十二月十二日、神祇院総裁を兼ねる堀切善次郎内務大臣に、第五十九回式年遷宮停止の御沙汰が下され、この件は、十二月十五日の新聞に、次のように掲載された。

**式年御造営を中止　伊勢の神宮・畏き思召**（朝日新聞　昭和二十年十二月十五日）

畏くも天皇陛下には去る十二日午後四時幣原首相をお召になり現下の国状より伊勢の神宮の式年御造営を中止すべき旨仰せ出された。

伊勢の神宮の式年遷宮御造営は廿年毎に執り行はせられる神宮の重大な行事であり、次期遷宮祭の昭和二十四年を目途として去る昭和十六年より一千九百万円の予算を以て九箇年継続事業として目下工事進行してゐるが天皇陛下には窮乏に喘ぐ民草の上に垂れさせ給ふ大御心より国費節約の御思召を以てこれが工事の中止を仰せ出だされたものである。幣原首相は右に関し十四日左の如き談話を発表した。

幣原首相談　聖上陛下には、国民の現状を御軫念遊ばされ、神宮御遷宮を延期し、目下施工中の御造営をも中止するやうにとのお言葉を拝した。由来、神宮の式年遷宮の儀は天武天皇の御制定に係り、国家の重事、神宮無双の大営として行はれて来たのであるが、民草の上を御軫念あらせられて、この式年御造営を延期すべき旨仰出されたのである。聖慮のほど唯々恐懼感激に堪へぬ。政府と致しては、全力を竭して現下の急を救ひ以て聖旨に対し奉らんことを期してゐる次第である。

この新聞報道は、ＧＨＱを刺激することとなった。実は、第二回の会談の折、日本側は、「もしアメリカ軍が何らかの指令を出されるのならば、その前に教えて欲しい。そうすれば我々も、それに対応する策を一緒に発表したい」との申し入れをしていたのであった。

ところが、式年遷宮停止ということが、日本側だけの意思で、ＧＨＱに何の相談もなく突如として出されたので、その十五日に、今度は日本政府に何の相談もなく突如として、これまで準備されていた神道指令が発表されたのである。

この神道指令は、神社に一銭の国費も支出することを許さない極めて厳重な制約がついた指令であり、これにより政府も民間も、神宮の国費による式年遷宮を停止せざるを得ないことを悟ったのであった。

昭和二十四年、第四回神社本庁評議員会が開催され、後に神社本庁事務総長となる三重県神社庁長の林栄治氏は、次のような式年遷宮に対する決議案を提案した。

昭和二十四年神社本庁評議員会

**神宮造営に関する決議説明**

提案　三重県神社庁長　林栄治

この議案はプリントによりまして御諒解を得てをりますが、本宗たる神宮に関係あることでもあり、又雲の上にも及びます。或は渉外関係もございますので、ここに大切なお時間ではありますが、重ねて慎重審議をお願いする意味を御説明申し上げたいと思います

神宮式年御造営は最も重要なことであり、我が民族最大にして独特なる宗教儀式でもありますので、世界広しと雖も地球上に類例を見ないところであります。畏くも第四十代天武天皇の御代より、今年第五十九回の年を迎えたのであります。日本人である限り国の内外を問わず、このときに巡り会う光栄を期待する次第です。

その意義ある大事業も、敗戦という混乱に際会して遂に昭和二十年畏くも大御言を賜りまして中止されることとなったのであります。当時は、唯々有難い思召であり、私共の重荷を軽めて頂いたと思いまして、恐懼感激致しましたけれども、その後四年の歳月を経ると共にお互いに生活が落ち着いて参りまして、大和民族は神宮崇敬者として至誠が魂の中から湧き上がり、式年御造営を行わないでもいいのかという強い煩悶が起こって参ったのであります。若し、われわれの時代に行わなかったらどうであろう。神社宗教人として万死に値するのではないか。五十九回の過去に於ても、天正時代の如き国内動乱のために百数十年の間、朝野顧みる遑がなかったこともあるのでありますが、この事実を知ったときに、ひそかに悲憤慷慨したい。而も神宮御建造物の現状はどうかと思いますと。予想外にあられるのでありまして、参拝するたびに恐懼しているのであります。殊に宇治橋の如きは危険さえ覚えるのでありまして、斯くしては神様に申し訳ないばかりでなく、尊厳無比を以て世界に誇る神宮並に神社神道の立場からも、まことに芳しからぬ次第であります。今や速やかに御奉仕しなければいけないと存ずるのであります。

国民等しく衣食住の日常生活に喘ぎ、住む家のない気の毒な方々が多数居られるので、戦災神社の復興未だしという状態でありますけれども、莫大な募金をもって奉仕することは社会救済の一部を担う宗教人として心苦しさを覚えます。決して愛の誠を見捨てて掛かろうという意味ではありません。けれども、遍く天下を跋渉し、式年御造営を独力をもって完うされた慶光院の事を思えば、神宮を本宗と仰ぎまつる関係者として断腸の思いを覚える次第であります。私一介の赤子ですら斯くの如く義憤を覚え涙を誘うものであります。況や畏くも一天万乗の陛下におかせられましては、いかばかりでございましょう。恐懼に堪えない次第であります。

いまや私共は式年御造営に関する限りに於いて絶好の機会と思います。思うに今日の神社は、何れも氏子崇敬者の至誠によって全てを経営しなければならないと思います。全国の崇敬者の与論を喚起すべき重大なる責任が私共にあると存ずるのであります。この大事業は唯々物質的建築のみの事業ではないと考えるのであります。道義頽廃の今日、式年御遷宮という民族的宗教行事を展開致しまして新国家建設の指導精神を植え付けて行くことが出来れば幸せと考えます。

茲に謹んで大御心を拝察し、一日も速やかに第五十九回式年御造営事業の完成せられますやう大神様の御加護を冀うと共に、全国崇敬者に先立って私共尽力をお誓い申し上げたいと思います。茲に、全国氏子の代表者にあられます皆様のお集りに於て、赤誠を披歴して御賛同を願うものであります。この中に実際に募金を募集せられた方々が居られるやに伺っております。この機会に具体的なことを御報告下され、又御計画の現状を御発表下されば本当に意義のある決議が出来ると思うのであります。既に着手せられた宇治橋は、五百万円を要するかと承ります。幸いに神宮大麻の奉戴数を仮に五百万体と考えますれば全国の崇敬者が壱円づつ御奉納申すことをお誓いするならば、完遂できるものと思うのでありますが、容易な費用ではないと思うのであります。

そこで幸い御賛同を得ましたならば、本庁に於かれましては、各種の奉賛団体が続出して災いを神宮に及ぼさない先に於て、早急に具体的な実践事項をお示し下さいまして、感激を失わない中に適切な実行を強くお願いする次第であります。

この提案を発表致しましてから、既に代金を神宮に奉納されるよう私に託された方もございます。誠に感激している次第でございます。

どうか満場の皆様方に於かれましても、絶大なる決意をお持ち下され、熱誠なる御賛同を重ねてお願い申す次第でございます。

昭和二十四年九月二十八日、伊勢の神宮では式年遷宮の延引をお詫びする延引奉謝祭が行われ、翌二十九日、神宮評議員会が開催され、第五十九回式年遷宮奉賛会を結成し、これによって御奉賛の浄財を募っていこうとの案が全会一致で採択された。結成は、十月三日の宇治橋渡始式の翌日十月四日となり、募財目標額は五億二千万円であった。

そんな中、神社新報は十二月十二日号で、「縁の下の力持ちになれ」との次の論説を掲げ、式年遷宮奉賛については、全国民的な支援を表に出し、神職はあくまで裏方に努めることを提唱した。

## 「縁の下の力持ち」たれ（神社新報　昭和二十四年十二月十二日）

わが神社神道人が本宗と仰ぐ伊勢の皇大神宮の式年遷宮御造営のための奉賛会が発足する。この事業は全国神社人の信仰的熱意を結集して遂行されなければならない。ここに奉賛会の発足に際して、聊かわれわれの所感を述べこの奉賛会の実質的中核となるべき全国神社の参考に供したい。

奉賛会はその準備委員の構想によればその総裁、会長は固より顧問及び参与、評議員に至るまでひろく全国的知名の士を結集して堂々たる組織となる模様である。わが国に於ける神宮信仰の広く且深い実質にかんがみて当然のこととは思はれる。政治家にも文化人にも神宮崇敬者は限りもなく多い。これ等の有力なる社会人を出来るだけひろく結集してその総力を発揮することなくしては到底この大事業は完遂を期し得ないであらう。

われわれはこれを機会にして、終戦後ともすれば神社神道から遠ざからうとする傾向のあった一般社会の活動的人士に対して積極的に働きかけ、かれ等の胸中に秘む敬神の「心のほのほ」を燃え立たせねばならない。奉賛会は式年遷宮の御造営の事業をその直接の目的とすることは云ふまでもないが、それはたゞ単なる募財事業にとゞまるべきものではなく、神宮崇敬のための精神的運動として意義を有たねばなるまい。

奉賛会をして前述の様な意義ある存在たらしむることこそは、神宮崇敬者の中核たる神社神道人に課せられたる任務である。この任務を果すためには神社神道人は世俗に所謂「縁の下の力持ち」としての役割をつとめねばならない。中核たるべき神社人が「縁の下の力持ち」たる自覚を失って、自らが所謂顕要の地位を占め表に浮び上って終ったのでは、その一般社会人に対する動員力は小さなものになって終ふ。神宮崇敬のための精神活動と云ふ点からも、実質的な募財活動の大成を期する点からも、奉賛会の運動の成否は、神社人が一般社会人をどの程度にひろく大きく強く「動員」し得るかと云ふことにかゝってゐる。この「動員力」を大きなものにするために何よりも必要なものは神社人が自ら「縁の下の力持ち」としての態度を堅持することであると考へる。

われわれはこの事を立証する一例として北九州に於ける西日本神道文化会の活動について紹介したい。西日本神道文化会は今日の神社神道界に於ける地方的運動としては最も有力として将来に於ける発展を期待されてゐる。その成功の一つの理由としては、この会が神社神道の文化活動であるにも拘らず、その会長も副会長その他の重要役員も何れも北九州に於ける有力なる社会人であり、この会の実質的中核たる神社神道人は何れも「縁の下の力持ち」の役割を果してゐることが注目される。こゝに同会がその発足後なほ日浅くして地方神社神道界に於て特異の発展を示しつゝある大きな理由があるやうに思はれる。

われわれは、神宮式年遷宮奉賛会の発足に際して、同会がひろく大きく、一般社会人を動員して神宮崇敬の精神活動を展開することを望み、且この運動に際して神宮崇敬者の中核たる全国神社人が真に「縁の下の力持ち」としての態度を堅持し、以てその栄光ある信仰的任務を果さんことを切望してやまぬものである。

そして実際、奉賛会の地区本部長は県知事や商工会議所の会頭等が務め、神社庁の役員や参事が事務局長として努力した。これは、今回の第六十二回においても継承され、千葉県では、地区本部長は千葉県商工会議所連合会会長が務め、事務局長は千葉県神社庁副庁長が務めている。

第五十九回の時には、展覧会や奉祝郷土芸能奉納等が行われており、千葉県からは佐原市佐原の「佐原囃子」と、海上郡嚶鳴村後草・水神社の「里神楽」が奉納された。

また、遷宮当日の昭和二十八年十月二日と同五日の出生児に対し、御遷宮にあやかりたる児として、その前途を祝福するため、伊勢神宮にて特別に奉製せられた御守札をその赤児の家庭に授与することとなり、その旨、氏子へ伝え、神社毎に取り纏めて報告するよう神社本庁より神社庁を通じて通知された。

その内容は次の通りであったと『千葉県神社庁三十年史』は伝えている。

一、御守札拝戴希望者は、遷宮当日出生した市町村役場の証明書を添え、最寄の神社神職に申出ること。神職は、当該神社庁を経て、神社本庁に報告すること。神社本庁は、神宮から該当数の御守札を受け、神社庁を経て当該神職に送付する。神職は出生児の家庭に御届けすること。

一、各都道府県神社庁から神社本庁への申込期日は、昭和二十八年十一月三日限りとする。授与期間は、昭和二十九年一月三十一日迄とする。

## 2　千葉県における戦後の遷宮奉賛活動

第五十九回の御遷宮では、奉賛会千葉県本部は、昭和二十五年に設立され、本部長には神宮評議員であった片岡伊三郎氏が就任した。県本部への割当額は一四七九万五千円であり、目標額を二千万円に設定し、各

支部の目標額を、千葉支部二二四万九千円、市原支部八七万六千円、東葛飾支部四三三万九千円、印旛支部一七七万三千円、長生支部一一一万八千円、山武支部一四八万円、香取支部一八三万一千円、海匝銚支部一七七万六千円、君津支部一七三万一千円、夷隅支部九八万七千円、安房支部一八四万円としたが、千葉県本部の奉賛総額は、一〇〇八万六八八三円であった。

この当時の状況について、昭和二十六年六月二十三日に千葉市の千葉新聞会館にて開催された千葉県神社庁協議員会の記録の中に、次の様に記載されている。

（前略）

六、伊勢神宮式年遷宮奉賛會千葉縣本部報告

昭和二十六年六月二十三日現在

(1)集纒金貳百拾貳萬貳千参百九拾九圓五銭

(2)完了市町村（委員部）　三十六

(3)一部納入市町村（〃）　二十五

また、この時の片岡本部長の挨拶概要が次の様に記録されている。

不肖本部長の席を汚し、本縣内に於ける御造営資金の募集に着手したが、募金中途に於て知事選挙があり且その后更に地方選挙が行はれた為、募金方面にも影響を来し、未だ以て完了しない事は、完納

した縣もある現状に鑑み、誠に申譯ない次第であり今后各位の協力に依り完納の為、最大の努力を拂ひ度い。
終戦后六年、吾等は暗い中にも祖國再建の為、偲び難きを偲び努力致して来たが、その努力も連合國の認める所となり講和会議が開催される事は洵に慶びに堪へない。然し乍ら終戦后建國の大廟である伊勢神宮が種々なる関係によりその御遷宮が遷延されてをる事は洵に畏多い極であり、今回この聖業に対し吾等民間人の手に依って奉仕せねばならないのは洵に意義深いものがある。

第60回伊勢神宮式年遷宮奉賛会千葉県本部設立総会

私が不肖なるにも拘らず、奉賛会の大事業を御引受け致したのは、只資金募集の為のみでなく、この聖業を通じて祖國再建の礎を築き度い。その后に於て神宮講社迄結成し、一段と崇敬心の昂揚を圖り度い為で、この点各位の絶大なる御援助を懇請し本年中にも是非共目標額を完納したい。

尚、この後事務局長より募財状況についての説明があり、続いて本部長より「國会より見たる朝鮮事変」と題する講和があった。

第六十回の時には、昭和四十三年に伊勢神宮式年遷宮奉賛会千葉県本部が設立され、千葉県知事の友納武人氏が本部長に就任した。副本部長は、千葉県商工会議所連合会会長の岩城長保氏、千葉県市長会会長の嶋田隆氏、千葉県町村長会会長の加藤邦男氏、千葉県農業協同組合中央会長の山崎勝平氏、千葉県漁業連合会会長の坂本庄三郎氏、千葉県神社庁長の山崎正之助氏、千葉県神社総代会長の菅野儀作氏の七氏であった。

千葉県に割り当てられた募財目標額は、三四三七万三千円。これに対し千葉県本部は、千葉支部二〇〇万四千円、市原支部一七九万三千円、東葛飾支部二九九万四千円、印旛支部二三八万円、長生支部一九九万四千円、山武支部二一五万円、香取支部二九六万四千円、海匝銚支部一九〇万七千円、君津支部二六三万三千円、夷隅支部一五三万五千円、安房支部二八四万六千円、商工会議所関係四〇〇万円、農協関係二四〇万円、漁協関係一六〇万円の目標額を設定して募財活動を展開した。千葉県本部の募財総額は、四一五〇万円であった。

第六十一回では、昭和六十二年に千葉県本部を設立。本部長には、千葉県商工会議所連合会会長の緒方太郎氏が就任。副本部長には千葉県神社庁長の古谷金祐氏と千葉県神社総代会の石塚健氏が就任した。

千葉県への募財割当額は、一億六一八五万円であった。支部別の目標額は、千葉支部一八五〇万円、市原支部一一四〇万円、東葛飾支部二七九〇万円、印旛支部一六四〇万円、長生支部一二二〇万円、山武支部一二四〇万円、香取支部一六九〇万円、海匝銚支部一〇六〇万円、君津支部一三五〇万円、夷隅支部九〇〇万円、安房支部一四三〇万円として募財活動を開始。翌年度には、二億八二九七万二七〇円の浄財が集まり、全国第二位という早さで目標額を達成した。

千葉県の募財総額は、二億九一九一万六六七五円であった。

## 3　第六十二回式年遷宮に向けて

第六十二回については、現在も募財活動が継続されている。奉賛会立ち上げについては、前回よりも一年早く前倒しされ、千葉県本部は平成十八年に設立された。本部長には、千葉県商工会議所連合会会長の千葉滋胤氏が就任。副本部長には千葉県神社総代会長の井上裕氏と千葉県神社庁長の宮間孝夫氏が就任した。

第62回式年遷宮募財看板

今回の遷宮予算は、五五〇億円となり、奉賛会に託された募財総額は、二二〇億円。千葉県への割当額は三億七四九二万九千円となった。支部別の目標額は、千葉支部七二三九万円、市原支部三〇九三万円、東葛飾支部一億二九二四万円、印旛支部四六四九万円、長生支部二八九二万円、山武支部三〇七九万円、香取支部四〇〇九万円、海匝支部二六七八万円、君津支部三八四二万円、夷隅支部二三二六万円、安房支部三三七一万円となった。また、千葉県商工会議所連合会をはじめ、千葉県商工会連合会、千葉県中小企業団体中央会、千葉県経済同友会、千葉県経営者協会、千葉県法人会連合会、千葉県木材協同組合、千葉県農業協同組合中央会、千葉県漁業協同組合連合会、千葉県畜産協会等の産業界へも協力を依頼し、それぞれ御奉賛をいただいた。

平成二十年には、割当募財額を突破し、翌二十一年には、自主目標である五億円も突破した。平成二十年秋に、米国の大手投資銀行であるリーマン・ブラザーズの突如の破綻に始まった一〇〇年に一度と云われるような世界的な大不況は、我国においてもその影響を免れ得ず、企業倒産や失業者が増加し、経済的に厳しい状況下となったが、早期の募財開始が、この危機的状況下にあっても、目標額を早期に達成させた要因のひとつであった。

平成二十三年三月末日における募財額は、五億七二九三万一七八二円に達し、平成二十五年八月には五億九千四百万円を超えている。

（本宮雄之）

# あとがき

平成十八年十月、千葉県でも第六十二回御遷宮の奉賛活動がはじめられた。奉賛会が開かれ、千葉滋胤氏を千葉県本部長として役員が決められた。募財目標額を定めて、産業界にもお願いし、宮間孝夫庁長の下、神社界も支部毎に目標額を割りふって募財活動が進められることになった。このこともあって、小生もこの年副庁長の職を受けることとなった。まだ大学在職中であり、さらに個人的には、本務神社の末社、東照宮の再建募財中で、少々出遅れることにはなったが、リーマンショック前で、ありがたいことに募財は順調で、まずまずのすべり出しであった。奉賛金の集まるにつれて、心配性の小生にとっては、二十年後は大丈夫だろうか、気になりだした。千葉県は全国の縮図的に、人口の過密化と過疎化の両者が進行してきた。今も進行中である。

大麻の頒布では、最も確実に維持されてきた農山村部が疲弊し、減少している。若者は職のある都会へ、あるいは地方都市の中心部へ出て、そこで家庭を持ち家を建て、やがて子供が学校へ行くようになれば、山の中へは戻らない。年老いた夫婦が残って田んぼを耕作していても、片方が亡くなれば独居老人となり、買い物に苦労し、医者に通うのもままならなくなる。若い者から病院のあるこちらへ来いと言われ、はじめのうちは、話相手も居なくなるからと頑張っていても、施設に入れられれば同じこと、何百年続いてきた家が無人の家となる。似たようなことは千葉県内の神主の家でも起こっている。江戸時代では何とか家をつぶさないようにと、周囲の人びとが動いたのだが、現代は冷たい。

ともかく二十年後も何とかなるように、何かできないかと考えた。周辺の都県では、神宝展などを催して雰囲気を盛り上げていたが、当県ではそのような計画はなく、何かはじめようとしても準備不足、そこで広報の一つとして、これまでの房総の伊勢信仰を、われわれの祖先たちの伊勢への思いを、一度まとめてみてはと、まわりの人たちに話しかけた。賛意を得た。神社庁の仕事の一つとしてもらったが、有志の集まりのような状態であった。それでもメンバーは興味を持って、次々と調査をされ、原稿も出された。

最も原稿が遅れたのは小生担当の近世の御師の活動であった。当初の予想では今少し地方での活動も判明するかと考えていたが、ほとんどわからなかった。神宮文庫や皇學館大学を訪れた。神宮文庫では、千葉県に関係する目録を書き出しておいていただいた。これはありがたかった。皇學館大学では、既に御師資料のシリーズ本を出されており、神道研究所、博物館、そして岡田登教授の研究室で種々教示を得た。房総関係御師の一覧も書き出していただいた。小生だけでなく、神社の絵馬を調査したメンバーからは、調査先の神社で厄介になったこと、また千葉県文書館、市原市埋蔵文化財センター、館山市立博物館、さらにはヤマサ醤油株式会社などにまで世話になったと聞いている。末尾に御名前を掲げて謝意を表したいが、最後にこの文を書くにあたって少々急いだのであるいは漏れがあるかもしれない。御寛恕を乞う。

雄山閣編集部の羽佐田真一氏にはご苦労をかけた。

この書はまだ未完成状態ではあるが、房総の地が、古くから伊勢への思いを持ち続けてきた姿を垣間見ることが出来れば幸せである。

杉山 記

御協力いただいた方（順不同）
石垣仁久（神宮文庫）　窪寺恭秀（神宮文庫）
岡田　登（皇學館大学）　櫻井治男（皇學館大学）
牟禮　仁（深志神社）　實形裕介（千葉県文書館）
岡田晃司（館山市立博物館）　田所　真（市原市）

神宮司庁
神宮文庫
神宮徴古館農業館
皇學館大学神道研究所
市原市埋蔵文化財センター
山武市歴史民俗資料館
ヤマサ醤油株式会社
鴨川館　株式会社吉田屋
伊勢市教育委員会
正暦寺

## 資料1　千葉県内神明神社一覧（千葉県神社庁）

分類記号　A：主祭神が天照大神・豊受大神と同一で、神社名が「神明神社」のもの
B：主祭神が天照大神・豊受大神と同一で、神社名が神明神社以外のもの
C：相殿に天照大神・豊受大神と同一神を祀る神社
D：境内神社に天照大神・豊受大神と同一神を祀る神社（境内神社名は備考欄に記入）
E：伊勢神宮の遙拝所がある神社
F：神社名が神明神社で、祭神が天照大神・豊受大神と違うもの

| No. | 神社名 | 祭神名 | 所在地 | 宮司名 | 分類 | 備　　考 |
|---|---|---|---|---|---|---|
| 1 | 神明社 | 天照皇大神 | 千葉市中央区亥鼻 1-6-2 | 山本　栄 | A | |
| 2 | 神明社 | 天照大神 | 千葉市中央区大森町 115 | 大塚　一彦 | A | |
| 3 | 神明社 | 天照皇大神 | 千葉市若葉区源町 395 | 星次百太郎 | A | |
| 4 | 神明神社 | 天照皇大神 | 千葉市中央区村田町 418 | 大塚　一彦 | A | |
| 5 | 神明神社 | 天照大神 | 千葉市緑区小金沢町 187 | 大塚　一彦 | A | |
| 6 | 神明神社 | 天照皇大神 | 千葉市花見川区横戸町 926 | 金子　茂敏 | A | |
| 7 | 神明社 | 神明大神 | 八千代市大和田新田 963 | 田久保美英 | A | |
| 8 | 島田台神明神社 | 天照大御神 | 八千代市島田台 1052 | 北山　秀彦 | A | |
| 9 | 神久保神明神社 | 天照大御神 | 八千代市神久保 109 | 北山　秀彦 | A | |
| 10 | 真木野神明神社 | 天照大御神 | 八千代市真木野 234 | 舩穂　秀續 | A | |
| 11 | 神明神社 | 大日孁命 | 八千代市村上 1648 | 山本　尊明 | A | |
| 12 | 寒川神社 | 天照大神 | 千葉市中央区寒川町 1-123 | 粟飯原順胤 | B | |
| 13 | 稲荷神社 | 豊宇気比売命 | 千葉市中央区稲荷町 2-8-30 | 名和　理 | B | |
| 14 | 蘇我比咩神社 | 天照皇大神 | 千葉市中央区蘇我町 2-2-7 | 粟飯原佳胤 | B | |
| 15 | 今井神社 | 天照皇大神 | 千葉市中央区今井町 1-24-14 | 粟飯原順胤 | B | |
| 16 | 八劔神社 | 大日孁貴尊 | 千葉市中央区南生実町 885 | 大塚　一彦 | B | |
| 17 | 皇太神社 | 天照皇大神 | 千葉市緑区平川町 436 | 北山　秀彦 | B | |
| 18 | 平山神社 | 大日孁貴命 | 千葉市緑区平山町 279 | 北山　秀彦 | B | |
| 19 | 第六神社 | 天照大御神 | 千葉市若葉区川井町 606 | 北山　秀彦 | B | |
| 20 | 五社神社 | 天照大御神 | 千葉市若葉区多部田町 352 | 平川　敬一 | B | |
| 21 | 六社神社 | 天照大神 | 千葉市若葉区古泉町 445 | 平川　敬一 | B | |
| 22 | 三社神社 | 天照皇大神 | 千葉市花見川区犢橋町 1109 | 金子　茂敏 | B | |
| 23 | 三社大神 | 大日孁命 | 千葉市稲毛区長沼町 367 | 金子　茂敏 | B | |
| 24 | 稲荷神社 | 天照皇大神 | 千葉市花見川区天戸町 747 | 藤代　正治 | B | |
| 25 | 日宮神社 | 大日孁命 | 八千代市米本 1278 | 山本　尊明 | B | |
| 26 | 大宮神社 | 天照皇大神 | 市原市五井 1597 | 時田　克男 | B | |
| 27 | 天照神社 | 大日孁命 | 市原市姉崎 4045 | 海上　晃 | B | |
| 28 | 神明神社 | 大日孁貴命 | 市原市姉崎 1998 | 海上　晃 | A | |
| 29 | 神代神社 | 天照大日孁尊 | 市原市神代 265 | 和田　武章 | B | |
| 30 | 根田神社 | 大日孁貴尊 | 市原市根田 3-8-50 | 和田　武章 | C | |
| 31 | 建市神社 | 大日孁尊 | 市原市武士 205 | 早乙女洋子 | B | |
| 32 | 山田神社 | 天大日孁命 | 市原市山田 166 | 露崎のり子 | B | |
| 33 | 天津日神社 | 天大日孁命 | 市原市馬立 76 | 露崎のり子 | B | |
| 34 | 丸山神社 | 天照皇大御神 | 市原市牛久 175 | 松井　清子 | B | |
| 35 | 田美神社 | 大日孁貴命 | 市原市田尾 542 | 平田　常義 | B | |
| 36 | 熊野神社 | 天照大神 | 市原市山小川 374 | 平田　常義 | C | |

| No. | 神社名 | 祭神名 | 所在地 | 宮司名 | 分類 | 備　　考 |
|---|---|---|---|---|---|---|
| 37 | 三社神社 | 大日孁貴命 | 市原市久保 295 | 平田　常義 | C | |
| 38 | 神明神社 | 大日孁貴命 | 市原市久保 436 | 平田　常義 | A | |
| 39 | 神明神社 | 大日孁貴命 | 市原市駒込 109-1 | 平田　常義 | A | |
| 40 | 天津日神社 | 天照皇大神 | 市原市古敷谷 2087 | 平田　常義 | B | |
| 41 | 熊野神社 | 天照大御神 | 市原市平蔵 1814 | 平田　常義 | B | |
| 42 | 天津日神社 | 大日孁命 | 市原市万田野 138 | 平田　常義 | B | |
| 43 | 熊野神社 | 天照大御神 | 市原市田渕 816 | 平田　常義 | B | |
| 44 | 諏訪神社 | | 市原市諏訪 2-2-8 | 時田　克男 | E | 表「伊雑皇大神宮」<br>裏「文久四子年三月」 |
| 45 | 若宮八幡神社 | 天照大御神 | 市原市青柳 539 | 小笠原源之 | D | |
| 46 | 鷲神社 | 天照大御神 | 市原市今津朝山 426 | 小笠原源之 | D | |
| 47 | 春日神社 | | 市原市今津朝山 540-1 | 小笠原源之 | D | |
| 48 | 高瀧神社 | | 市原市高滝 1 | 平田　常義 | D | |
| 49 | 神明社 | 天照皇大神 | 市川市奉免町 41 | 宮﨑　博生 | A | |
| 50 | 豊受大神 | 豊受大神 | 市川市本行徳 17 | 千葉　敏 | B | |
| 51 | 神明社 | 豊受大神 | 市川市本行徳 1-10 | 千葉　敏 | A | |
| 52 | 豊受神社 | 豊受大神 | 市川市本塩 1-9 | 千葉　敏 | B | |
| 53 | 豊受神社 | 豊受大神 | 市川市伊勢宿 6-11 | 千葉　敏 | B | |
| 54 | 神明社 | 天照大日孁尊 | 市川市鬼越 1-26-18 | 鈴木　郁彦 | A | |
| 55 | 神明社 | 天照皇大神 | 船橋市高根町 600 | 千葉　敏 | A | |
| 56 | 金杉神明社 | 天照皇大神 | 船橋市金杉 2-4-1 | 千葉　敏 | A | |
| 57 | 神明神社 | 天照皇大神 | 船橋市前貝塚町 793 | 千葉　敏 | A | |
| 58 | 神明社 | 天照大御神 | 船橋市薬円台 1-12-8 | 田久保美英 | A | |
| 59 | 神明神社 | 天照大神 | 船橋市飯山満町 1-639 | 田久保美英 | A | |
| 60 | 車方神明神社 | 天照大御神 | 船橋市車方 354 | 田久保美英 | A | |
| 61 | 神明社 | 神明の神 | 船橋市藤原 3-34-16 | 鈴木　郁彦 | A | |
| 62 | 神明宮 | 天照大御神 | 船橋市上山町 2-431 | 鈴木　郁彦 | A | |
| 63 | 神明神社 | 天照皇大神 | 松戸市上矢切 297 | 千葉　敏 | A | |
| 64 | 神明神社 | 天照皇大神 | 松戸市小根本 6 | 常盤　映彦 | A | |
| 65 | 神明神社 | 大日孁命 | 松戸市松戸新田 157 | 常盤　映彦 | A | |
| 66 | 神明神社 | 天照皇大神 | 野田市花井 192 | 髙梨　富弥 | A | |
| 67 | 神明神社 | 天照大御神 | 野田市上花輪 1153 | 髙梨　富弥 | A | |
| 68 | 神明神社 | 天照大御神 | 野田市宮崎 124 | 堀越　靜 | A | |
| 69 | 神明大神社 | 天照皇大神 | 野田市春日町 1-2 | 堀越　靜 | A | |
| 70 | 神明神社 | 天照大御神 | 野田市船形 3141 | | A | |
| 71 | 神明神社 | 天照皇大神 | 野田市木野崎 932 | 堀越　靜 | A | |
| 72 | 神明神社 | 天照皇大神 | 野田市木間ヶ瀬 7767 | 堀越　靜 | A | |
| 73 | 神明神社 | 天照皇大神 | 野田市西高野 390 | | A | |
| 74 | 神明神社 | 天照大神 | 野田市関宿内町 172 | 新納　茂 | A | |
| 75 | 神明神社 | 大日孁尊 | 流山市下花輪 739 | 宮﨑　静枝 | A | |
| 76 | 神明社 | 天照皇大神 | 流山市南 190 | 宮﨑　静枝 | A | |
| 77 | 豊受神社 | 豊受姫大神 | 浦安市猫実 3-13-1 | 家原　國彦 | B | |
| 78 | 神明社 | 天照皇大神 | 柏市塚崎 1460 | 守　喜久雄 | A | |

## 資料1　千葉県内神明神社一覧

| No. | 神社名 | 祭神名 | 所在地 | 宮司名 | 分類 | 備　　考 |
|---|---|---|---|---|---|---|
| 79 | 意富比神社 | 天照坐皇大御神 | 船橋市宮本5-2-1 | 千葉　敏 | B | |
| 80 | 意富比神社 | 天照皇大神 | 船橋市米ヶ崎町332 | 千葉　敏 | B | |
| 81 | 意富比神社 | 天照皇大神 | 船橋市東町802 | 千葉　敏 | B | |
| 82 | 湯殿神社 | 天照大神 | 船橋市大穴北5-30-12 | 金子　茂幸 | B | |
| 83 | 香取大神社 | 天照大神 | 野田市谷津127・吉春621 | 堀越　静 | B | |
| 84 | 香取大神社 | 天照大神 | 野田市岩名1085 | 髙梨　富弥 | B | |
| 85 | 皇大神社 | 天照皇大神 | 柏市十余二1-1 | 古谷　和史 | B | |
| 86 | 妙見神社 | 天照皇大神 | 柏市大青田1109 | 友野　俊政 | B | |
| 87 | 天照神社 | 大日孁貴命 | 我孫子市中峠1148 | 坂巻　貢 | B | |
| 88 | 六所神社 | 天照大神 | 柏市柳戸411 | 森　典則 | B | |
| 89 | 豊受神社 | 豊受大神 | 流山市木163 | 宮﨑　静枝 | B | |
| 90 | 入日神社 | 天照皇大神 | 船橋市海神3-7-8 | 千葉　敏 | B | |
| 91 | 熊野神社 | 天照大神 | 野田市木間ヶ瀬3759 | | B | |
| 92 | 六所神社 | 大日孁女貴命 | 市川市須和田2-22-7 | 筥崎　博生 | C | |
| 93 | 八王子神社 | 天照大神 | 船橋市古和釜161 | 金子　茂幸 | C | |
| 94 | 春日神社 | 天照大御神 | 松戸市秋山240 | 北山　秀彦 | D | 天照大神社 |
| 95 | 稲荷神社 | 天照皇大神 | 松戸市根木内517 | 松橋　暉男 | D | 神明社 |
| 96 | 香取神社 | 天照大神 | 野田市関宿台町2710 | 新納　秀樹 | D | 神明神社 |
| 97 | 地主神社 | 天照皇大神 | 柏市篠籠田650 | 古谷　和史 | D | 皇大神社 |
| 98 | 意富比神社 | 豊受姫大神 | 船橋市宮本5-2-1 | 千葉　敏 | D | 外宮 |
| 99 | 桜木神社 | 天照皇大神 | 野田市桜台210-1 | 髙梨　富弥 | D | 日天社 |
| 100 | 竹内神社 | 天照皇大御神 | 我孫子市布佐1220 | 坂巻　博志 | D | 神明神社 |
| 101 | 神明大神社 | 天照大神 | 佐倉市大蛇町578 | 宮本　勇人 | A | |
| 102 | 神明神社 | 天照大神 | 佐倉市寺崎2962 | 宮本　勇人 | A | |
| 103 | 神明社 | 天照大神 | 八街市大谷流242 | 大野　眞里 | A | |
| 104 | 神明社 | 天照大神 | 八街市小谷流54 | 大野　眞里 | A | 絵馬3件有 |
| 105 | 神明社 | 天照大神 | 八街市小谷流449 | 大野　眞里 | A | |
| 106 | 神明神社 | 天照皇大神 | 富里市十倉734 | 篠原　裕伸 | A | |
| 107 | 神明神社 | 日読之命 | 成田市和田145 | 宮﨑廣一郎 | A | |
| 108 | 神明大神社 | 天照大神 | 佐倉市上本佐倉697-2 | 宮本　勇人 | A | 名鑑（天照大御神） |
| 109 | 神明社 | 天照皇大神 | 佐倉市王子台1-17-1 | 齊藤由美子 | A | |
| 110 | 神明神社 | 天照大御神 | 印旛郡栄町矢口神明 | 葛生　昌代 | A | 非法人 |
| 111 | 五神社 | 天照大神 | 成田市大袋383 | 太田　家和 | B | |
| 112 | 五神社 | 天照皇大神 | 成田市台方1078 | 太田　家和 | B | |
| 113 | 五社神社 | 天照皇大神 | 成田市佐野258 | 鈴木　純幸 | B | |
| 114 | 皇神社 | 天照大御神 | 成田市野毛平498 | 肆矢三喜男 | B | |
| 115 | 埴生神社 | 天照皇大神 | 成田市成田994 | 宮﨑廣一郎 | C | |
| 116 | 大日神社 | 日之御神 | 成田市吉倉891 | 宮﨑廣一郎 | B | |
| 117 | 八坂神社 | 天照大御神 | 成田市馬渡1291 | 名和　理 | C | |
| 118 | 皇大神社 | 天照皇大神 | 印旛郡栄町四ッ谷67 | 石井　正房 | B | |
| 119 | 六所神社 | 大日孁貴命 | 印旛郡酒々井町墨1079 | 宮本　勇人 | C | |
| 120 | 朝日神社 | 大日孁貴命 | 印旛郡酒々井町酒々井1809 | 宮本　勇人 | B | |
| 121 | 大日神社 | 日御神 | 白井市根1388 | 武藤　正凱 | B | |

| No. | 神社名 | 祭神名 | 所在地 | 宮司名 | 分類 | 備　考 |
|---|---|---|---|---|---|---|
| 122 | 天照皇大神宮 | 天照皇大神 | 印旛郡栄町請方 339 | 石井　正房 | B | |
| 123 | 天神社 | 天照皇大神 | 印旛郡栄町請方 969 | 石井　正房 | C | |
| 124 | 皇大神宮 | 天照皇大神 | 印西市宗浦 112 | 石井　正房 | B | 祭祀祭礼総合調査に有、神社名簿・神社名鑑に無 |
| 125 | 鳥見神社 | 天照皇大神 | 印西市萩原 1424 | 石井　正房 | D | 天照皇大神 |
| 126 | 豊受神社 | 豊受皇大神 | 四街道市山梨 1099 | 齊藤由美子 | B | |
| 127 | 天照皇大神社 | 天照皇大神 | 四街道市物井 870 | 齊藤由美子 | B | |
| 128 | 皇太神宮社 | 大日孁命 | 印西市浦部 1959 | 武藤　正凱 | B | |
| 129 | 稲荷神社 | 天照皇大神 | 成田市赤萩 1 | 宮﨑廣一郎 | D | 大日神社 |
| 130 | 天照大神 | 天照皇大神 | 茂原市大登 100 | 杉山　正晃 | B | |
| 131 | 天照大神社 | 大日孁命 | 茂原市真名 1456 | 鶴岡久仁俊 | B | |
| 132 | 朝日神社 | 大日孁貴尊 | 茂原市上林 1 | 石原　文子 | B | |
| 133 | 長谷神社 | 天日大神 | 茂原市長谷 568 | 露崎　良江 | B | |
| 134 | 三ヶ谷神社 | 大日孁命 | 茂原市三ヶ谷 471 | 鵜澤　幹夫 | B | |
| 135 | 日神社 | 天照皇大神 | 茂原市本納 2873 | 杉山　正晃 | B | |
| 136 | 皇太神社 | 天照大神 | 長生郡一宮町一宮 9798 | 栗原　崇次 | B | |
| 137 | 天照神社 | 皇大御神 | 長生郡一宮町一松丙 3636 | 狩野　達司 | B | |
| 138 | 日月神社 | 大日孁貴命 | 長生郡白子町福島 503 | 根本　友雄 | B | |
| 139 | 日宮神社 | 天照大御神 | 長生郡長柄町鴇谷 1389 | 露崎　良江 | B | |
| 140 | 犬飼神社 | 大日孁貴命 | 長生郡長柄町鴇谷 285 | 黒須　雅之 | B | |
| 141 | 日之宮神社 | 大日孁命 | 長生郡長南町市野々 1723 | 宮田　修 | B | |
| 142 | 日之宮神社 | 大日孁命 | 長生郡長南町市野々 16 | 宮田　修 | B | |
| 143 | 鷲神社 | 大日孁貴命 | 茂原市鷲巣 18 | 石原　文子 | C | |
| 144 | 天照神社 | 大日孁貴命 | 長生郡白子町幸治 1324 | 根本　友雄 | D | 神社データ無、境外か |
| 145 | 五十瀬神社 | 天照皇大神 | 東金市東金 1102 | 野老信一郎 | B | |
| 146 | 三社大神 | 天照皇大神 | 東金市前之内 24 | 中嶋　義彦 | B | |
| 147 | 五十瀬神社 | 天照皇大神 | 東金市二又 293 | 中嶋　義彦 | B | |
| 148 | 八幡神社 | 天照皇大神 | 大網白里市大網 2990 | 中嶋　義彦 | B | |
| 149 | 縣神社 | 大日孁貴命 | 大網白里市土気飛地 1876 | 平賀九十九 | B | |
| 150 | 六社神社 | 大日孁貴命 | 大網白里市大竹 504 | 平賀九十九 | C | 六所神社か |
| 151 | 天照神社 | 天照皇大神 | 大網白里市上谷新田 367 | 平賀九十九 | A | 天照大神か |
| 152 | 天照大神 | 大日孁命 | 山武郡九十九里町宿 1820 | 佐瀬　譽 | A | |
| 153 | 天照大神 | 大日孁女貴尊 | 山武郡九十九里町下貝塚 843 | 佐瀬　譽 | A | |
| 154 | 八幡神社 | 天照皇大神 | 山武市白幡 824 | 野老信一郎 | B | |
| 155 | 野堀神社 | 大日孁貴尊 | 山武市野堀 222 | 笹川　義照 | B | |
| 156 | 春日神社 | 天照皇大神 | 山武市五木田 1584 | 髙橋　義人 | B | |
| 157 | 小松六社神社 | 大日孁貴尊 | 山武市小松 726 | 押尾　正康 | B | |
| 158 | 天照大神社 | 天照皇大神 | 山武市戸田 838 | 笹川　義照 | B | |
| 159 | 八幡神社 | 天照皇大神 | 山武市椎崎 759 | 髙橋　義人 | B | |
| 160 | 五所神社 | 大日孁貴命 | 山武市蓮沼イ 2222 | 朝日　典男 | C | |
| 161 | 神明神社 | 大日孁命 | 山武市猿尾 559 | 萩本　稔 | A | |
| 162 | 高野神社 | 天照大神 | 山武市山室 226 | 萩本　泰將 | B | |
| 163 | 二社神社 | 大日孁命 | 山武郡横芝光町新島 1209 | 押尾　正康 | B | |

資料1　千葉県内神明神社一覧

| No. | 神社名 | 祭神名 | 所在地 | 宮司名 | 分類 | 備　考 |
|---|---|---|---|---|---|---|
| 164 | 十二社神社 | 天照大御神 | 山武郡横芝光町取立185 | 押尾　正康 | B | |
| 165 | 四所神社 | 天照皇大神 | 山武郡芝山町岩山794 | 萩本　稔 | B | |
| 166 | 一社神社 | 天照皇大神 | 山武郡芝山町岩山2341 | 萩本　稔 | B | |
| 167 | 高野神社 | 天照大神 | 山武郡芝山町飯櫃291 | 社　英二 | B | |
| 168 | 両社神社 | 天照大神 | 山武郡芝山町小原子413 | 社　英二 | B | |
| 169 | 四所神社 | 天照大神 | 山武郡芝山町岩山9064 | 社　英二 | B | 四社神社か |
| 170 | 金刀比羅神社 | 大日孁命 | 山武市松尾町八田24 | 萩本　稔 | D | 神明神社 |
| 171 | 神明社 | 天照皇大神 | 香取市川頭41 | 飯田　篤永 | A | |
| 172 | 神明社 | 天照皇大神 | 香取郡東庄町夏目454 | 上代　光正 | A | 通称神明様 |
| 173 | 天照皇大神社 | 大日孁貴命 | 旭市米辺752 | 上代　光正 | B | 通称神明様 |
| 174 | 天照皇大神社 | 大日孁貴命 | 旭市入野1366 | 上代　光正 | B | |
| 175 | 天照皇大神 | 天照坐皇大神 | 旭市秋田1298 | 品村　圭一 | B | |
| 176 | 天照皇大神 | 天照大御神 | 成田市大和田46 | 神崎　克雄 | B | |
| 177 | 見目神社 | 大日孁神 | 香取市新部498 | 國友　英昭 | B | |
| 178 | 天之宮神社 | 天照皇大神 | 香取市織幡520 | 安部　智子 | B | |
| 179 | 木内大神 | 豊受姫命 | 香取市木内1166 | 木内　均 | B | |
| 180 | 鏑木大神 | 豊受姫命 | 旭市鏑木2965 | 都祭喜世子 | B | |
| 181 | 冨國神社 | 豊受大神 | 香取市沢2300-1 | 木内　徹 | B | |
| 182 | 受所神社 | 天照皇大神 | 香取市高萩440-2 | 木内　徹 | B | |
| 183 | 上之台神社 | 天照皇大神 | 香取市高萩1363-27 | 森　巌 | B | |
| 184 | 大宮大神 | 天照大御神 | 香取郡多古町多古2572 | 宮負　克己 | B | 天照山 |
| 185 | 大日神社 | 大日孁貴命 | 香取市久保1170 | 髙橋　昭二 | B | |
| 186 | 三社大神 | 天照皇大神 | 香取市小川574 | 都祭喜世子 | B | |
| 187 | 妙見神社 | 天照大御神 | 香取郡多古町南玉造673 | 宮負　克己 | B | |
| 188 | 高天戸神社 | 天照皇大神 | 香取市牧野1803 | 木内　徹 | C | |
| 189 | 境宮神社 | 豊受姫命 | 香取市一之分目532 | 石田　泰紀 | C | |
| 190 | 大須賀大神 | 天照大神 | 成田市伊能345 | 伊能　憲夫 | C | |
| 191 | 三社大神 | 天照大神 | 香取市苅毛544 | 木内　徹 | C | 祭神：天照大神、春日大神、八幡大神 |
| 192 | 五社神社 | 大日孁尊 | 香取市沢1206 | 木内　徹 | C | |
| 193 | 六所大神 | 天照皇大神 | 香取郡多古町北中4 | 小川　大直 | C | |
| 194 | 三社神社 | 天照大神 | 香取郡多古町喜多505 | 小川　大直 | C | |
| 195 | 三社神社 | 天照大御神 | 香取郡多古町水戸1297 | 宮負　克己 | C | |
| 196 | 三社大神社 | 天照大神 | 香取郡多古町林696-1 | 宮負　克己 | C | |
| 197 | 六所大神 | 天照大御神 | 香取郡東庄町小貝野127 | 飯田　篤永 | C | |
| 198 | 愛宕神社 | 大日孁貴神 | 香取市府馬1971 | 岩城　昭 | C | |
| 199 | 香取神宮 | 天照大神 | 香取市香取1697 | 髙橋　昭二 | D | 日神社 |
| 200 | 神明大神 | 天照大神 | 銚子市八木町1780 | 神原　正見 | A | |
| 201 | 神明神社 | 豊受大神 | 銚子市高田町816 | 宮内　千秋 | A | |
| 202 | 鎌数伊勢大神宮 | 天照皇大神 | 旭市鎌数4314 | 梅谷　長秀 | B | |
| 203 | 天照皇大神社 | 大日孁尊 | 旭市幾世684 | 嶋田　正 | B | 通称お伊勢様 |
| 204 | 伊勢神社 | 天照皇大神 | 銚子市赤塚 | 松本　宗之 | B | 法人格なし |
| 205 | 峯神社 | 天照皇大神 | 銚子市新生2-7-2 | 山崎　聡子 | B | |

| No. | 神社名 | 祭神名 | 所在地 | 宮司名 | 分類 | 備　　考 |
|---|---|---|---|---|---|---|
| 206 | 六所大神 | 天照大御神 | 銚子市諸持町 388 | 飯田　篤永 | C | |
| 207 | 日月神社 | 天照皇大神 | 旭市足川 1795 | 梅谷　長秀 | C | |
| 208 | 日月神社 | 天照大神 | 旭市駒込 203 | 神原　正見 | C | |
| 209 | 三社大神 | 天照大神 | 匝瑳市金原 275 | | C | |
| 210 | 十二所神社 | 天照皇大神 | 匝瑳市川辺 2877-1 | 藤末　泰次 | C | |
| 211 | 六所大神 | 天照大神 | 匝瑳市野手 1494 | 藤末　泰次 | C | |
| 212 | 天御中主神社 | 天照皇大神 | 銚子市本城町五丁目番外 1 | 山崎　聡子 | D | 神明神社 |
| 213 | 海上八幡宮 | 天照皇大神 | 銚子市柴崎町 1-7 | 松本　宗之 | D | 天照皇大神 |
| 214 | 神明神社 | 大日孁貴命 | 木更津市下郡 1984 | 千葉　一男 | A | |
| 215 | 神明神社 | 天照大御神 | 木更津市大寺 1073 | 千葉　一男 | A | 石宮 |
| 216 | 神明神社 | 天照皇大神 | 木更津市佐野 402 | 千葉　一男 | A | |
| 217 | 神明神社 | 天照皇大神 | 木更津市田川 802 | 千葉　一男 | A | |
| 218 | 神明神社 | 天照皇大神 | 木更津市中里 65 | 八劔　隆 | A | |
| 219 | 神明神社 | 天照皇大神 | 木更津市久津間 1005 | 八劔　隆 | A | |
| 220 | 神明神社 | 天照大御神 | 君津市西原 1066 | 小林　孝彰 | A | 他 6 柱 |
| 221 | 神明社 | 大日孁命 | 君津市久留里市場 729 | 小林　孝彰 | A | 他 1 柱 |
| 222 | 神明社 | 天照大御神 | 君津市久留里 446-2 | 小林　孝彰 | A | 他 1 柱 |
| 223 | 神明神社 | 天照大神 | 君津市南子安 3-1-30 | 大野　達弥 | A | |
| 224 | 神明神社 | 天照大神 | 富津市金谷 3040 | 葭川　典昭 | A | |
| 225 | 神明神社 | 天照大神 | 富津市小久保 2774 | 落合　哲郎 | A | 他 2 柱 |
| 226 | 神明神社 | 天照大日孁命 | 富津市富津 1467 | 糟谷　修央 | A | |
| 227 | 神明神社 | 天照大神 | 富津市湊 323 | 杉山　林繼 | A | |
| 228 | 神明社 | 天照皇大神 | 富津市大堀 1616 | 木村　保史 | A | 他 1 柱 |
| 229 | 神明神社 | 天照大御神 | 袖ヶ浦市玉野 105 | 千葉　一男 | A | |
| 230 | 常代神社 | 豊受姫大神 | 君津市常代 806 | 葭川　典昭 | B | |
| 231 | 天照大神社 | 天照大神 | 君津市大井 697 | 大野　達弥 | B | 他 2 柱 |
| 232 | 皇神社 | 天照大神 | 富津市萩生 1177-4 | 葭川　典昭 | B | |
| 233 | 金谷神社 | 豊受姫神 | 富津市金谷 4020 | 葭川　典昭 | B | 他 2 柱 |
| 234 | 千草川神社 | 天照大神 | 富津市岩瀬 1029 | 落合　哲郎 | B | 他 1 柱<br>字名：伊勢の原 |
| 235 | 日月神社 | 天照大御神 | 富津市佐貫 54 | 木村　保史 | B | 他 1 柱 |
| 236 | 久留里神社 | 天照大神 | 君津市浦田 15 | 小林　孝彰 | C | 他 9 柱 |
| 237 | 大嶽神社 | 天照大神 | 君津市長谷川 1390 | 小林　孝彰 | C | 他 4 柱 |
| 238 | 富崎神社 | 天照皇大神 | 君津市戸崎 1600 | 小林　孝彰 | C | 保食神他 3 柱 |
| 239 | 白山神社 | 天照皇大神 | 君津市俵田 1452 | 小林　孝彰 | C | 他 6 柱<br>境内に神明社あり |
| 240 | 大宮神社 | 天照大神 | 君津市向郷 1168 | 小林　孝彰 | C | 他 5 柱 |
| 241 | 八坂神社 | 大日孁命 | 富津市笹毛 1032 | 木村　保史 | C | 他 5 柱 |
| 242 | 御靈神社 | 大日孁貴命 | 袖ヶ浦市三箇 1806 | 千葉　一男 | C | |
| 243 | 飯野神社 | 天照大御神 | 富津市下飯野 965 | 木村　保史 | B | |
| 244 | 山神社 | 天照大神 | 君津市奥米 173-2 | 石井　昭平 | B | 他 1 柱 |
| 245 | 熊野神社 | 大日孁尊 | 木更津市矢那 105 | 千葉　一男 | C | 他 7 柱 |
| 246 | 熊野神社 | | 君津市賀恵淵 844 | 小林　孝彰 | D | 神明神社 |

資料1　千葉県内神明神社一覧

| No. | 神社名 | 祭神名 | 所在地 | 宮司名 | 分類 | 備　考 |
|---|---|---|---|---|---|---|
| 247 | 八幡神社 | | 君津市小櫃台 92-1 | 小林　孝彰 | D | 神明神社 |
| 248 | 愛宕神社 | | 君津市愛宕 280 | 小林　孝彰 | D | 神明神社 |
| 249 | 諏訪神社 | | 君津市清和市場 266・268 | 石井　昭平 | D | 神明神社 |
| 250 | 諏訪神社 | | 君津市西猪原 404 | 石井　昭平 | D | 神明神社 |
| 251 | 六所神社 | | 富津市高溝 93 | 石井　昭平 | D | 神明神社 |
| 252 | 稲荷神社 | | 富津市大川崎 204 | 石井　昭平 | D | 神明神社 |
| 253 | 熊野神社 | | 君津市箕輪 507 | 小林　孝彰 | C | 大正2年9月<br>神明神社合祀 |
| 254 | 鶴峯八幡神社 | 天照皇大御神 | 富津市八幡 143 | 木村　保史 | D | |
| 255 | 春日神社 | 天照大神 | 君津市郡 216・217 | 宮嵜　博之 | D | 皇大神宮 |
| 256 | 五霊神社 | 天照大神 | 君津市中野 1-26-22 | 宮嵜　博之 | D | 神明社 |
| 257 | 八幡神社 | 天照大神 | 君津市坂田 863 | 宮嵜　博之 | D | お伊勢様 |
| 258 | 神明神社 | 天御中主命 | 袖ヶ浦市蔵波 2157 | 八劔　隆 | F | |
| 259 | 神明神社 | 天照皇大神 | 勝浦市鵜原 1222 | 小林　崇周 | A | |
| 260 | 神明神社 | 天照皇大神 | 勝浦市出水 1290 | 小林　崇周 | A | |
| 261 | 神明神社 | 大日孁貴命 | 夷隅郡大多喜町紙敷 155 | 最上　秀雄 | A | |
| 262 | 神明神社 | 大日孁貴命 | 夷隅郡大多喜町板谷 299 | 今関　公之 | A | |
| 263 | 神明神社 | 大日孁貴命 | 夷隅郡大多喜町横山 1179 | 今関　公之 | A | |
| 264 | 大山神社 | 天照皇大神 | 勝浦市守谷 966 | 小林　崇周 | B | |
| 265 | 川津神社 | 天照皇大神 | 勝浦市川津 1643 | 小林　崇周 | B | |
| 266 | 平田神社 | 天照皇大神 | 勝浦市平田 55 | 小林　崇周 | B | |
| 267 | 中谷神社 | 天照皇大神 | 勝浦市中谷 111 | 小林　崇周 | B | |
| 268 | 天照神社 | 大日孁貴命 | 夷隅郡大多喜町小内笛倉入会 1 | 今関　公之 | B | |
| 269 | 天照神社 | 大日孁貴命 | 夷隅郡大多喜町松尾 387 | 最上　秀雄 | B | |
| 270 | 彌喜用神社 | 大日孁貴命 | 夷隅郡大多喜町弥喜用 131 | 今関　公之 | B | |
| 271 | 日神社 | 大日孁貴命 | 夷隅郡大多喜町小内 91 | 今関　公之 | B | |
| 272 | 天照神社 | 大日孁貴命 | 夷隅郡大多喜町平沢 161 | 今関　公之 | B | |
| 273 | 天照神社 | 大日孁貴命 | 夷隅郡大多喜町平沢 480 | 今関　公之 | B | |
| 274 | 日月神社 | 大日孁貴命 | 夷隅郡大多喜町下大多喜 3427 | 最上　秀雄 | B | |
| 275 | 天照神社 | 天照大神 | いすみ市山田 4075 | 田中　清文 | B | |
| 276 | 三嶋神社 | 大日孁命 | いすみ市上布施 997 | 鈴木　三男 | B | |
| 277 | 日月神社 | 天照大神 | いすみ市大原 3775 | 田中　和泉 | B | |
| 278 | 日月神社 | 大日孁貴命 | いすみ市新田 790 | 目良　俊徳 | B | |
| 279 | 六所神社 | 天照皇大神 | いすみ市岬町江場土 291 | 田中　和泉 | B | |
| 280 | 江場土神社 | 天照皇大神 | いすみ市岬町江場土 2045 | 田中　和泉 | B | |
| 281 | 四櫃神社 | 天照大神 | いすみ市岬町中滝 2772 | 井上　信幸 | B | |
| 282 | 鶴沼神社 | 天照大神 | いすみ市押日 846 | 井上　信幸 | B | |
| 283 | 東中滝神社 | 天照大神 | いすみ市東中滝 486 | 井上　信幸 | B | |
| 284 | 山神社 | 天照大御神・<br>大日孁命 | 勝浦市小羽戸 377 | 小林　崇周 | C | |
| 285 | 熊野神社 | 天照皇大神 | 勝浦市上植野 519 | 小林　崇周 | D | 神明神社 |
| 286 | 春日神社 | 天照皇大神 | 勝浦市串浜 809-1 | 小林　崇周 | D | 神明神社 |
| 287 | 帝跡神社 | 天照大神 | 夷隅郡大多喜町八声 219 | 田中　清文 | D | 日天神社 |

| No. | 神社名 | 祭神名 | 所在地 | 宮司名 | 分類 | 備　考 |
|---|---|---|---|---|---|---|
| 288 | 莿神神社 | 天照大神 | いすみ市萩原 3786 | 最上　秀雄 | D | 境外社 |
| 289 | 春日神社 | 天照大神 | 夷隅郡御宿町高山田 2085 | 井上　信幸 | D | 皇神社（御宿町六軒町247） |
| 290 | 御嶽神社 | 天照大神 | いすみ市大原 6894 | 田中　清文 | D | 日月神社 |
| 291 | 四櫃神社 | 大日霎命 | いすみ市中滝 2772 | 井上　信幸 | D | 豊日神社 |
| 292 | 鶴沼神社 | 大日霎命 | いすみ市押日 846 | 井上　信幸 | D | 若宮神社 |
| 293 | 東中滝神社 | 大日霎命 | いすみ市東中滝 486 | 井上　信幸 | D | 日之宮神社 |
| 294 | 神明神社 | 天照大御神 | 館山市北条 1119 | 酒井　昌義 | A | |
| 295 | 神明神社 | 天照皇大神 | 館山市新宿 51 | 酒井　昌義 | A | |
| 296 | 神明神社 | 天照大神 | 館山市笠名 47 | 加茂　信昭 | A | |
| 297 | 神明神社 | 天照皇大神 | 館山市上真倉 1829 | 加茂　信昭 | A | |
| 298 | 神明神社 | 撞賢木厳之御魂天疎向津媛命 | 館山市大神宮 462 | 岡嶋　千暁 | A | |
| 299 | 神明神社 | 天照大御神 | 館山市那古 97 | 加茂　信昭 | A | |
| 300 | 神明神社 | 天照大神 | 鴨川市東江見 332 | 滝口　一生 | A | |
| 301 | 神明神社 | 天照大神 | 鴨川市大川面 1 | 鈴木　利和 | A | |
| 302 | 神明神社 | 天照大神 | 鴨川市八色 491 | 岡野　哲郎 | A | |
| 303 | 神明社 | 大日霎貴命 | 南房総市多田良 1280 | 代田　健一 | A | |
| 304 | 神明神社 | 大比留女貴命 | 南房総市小浦 415 | 川﨑　重信 | A | |
| 305 | 神明神社 | 大日霎命 | 安房郡鋸南町竜島 165 | 川﨑　重信 | A | 神名は『安房郡誌』による |
| 306 | 神明神社 | 天照大日霎尊 | 南房総市白浜 4312 | 高山　義徳 | A | |
| 307 | 神明神社 | 天照皇大神 | 南房総市千倉町北朝夷 2538 | 髙木　幹直 | A | |
| 308 | 神明神社 | 天照皇大神 | 南房総市千倉町平館 968 | 髙木　幹直 | A | |
| 309 | 神明神社 | 天照皇大神 | 南房総市千倉町瀬戸 1751 | 髙木　幹直 | A | |
| 310 | 神明神社 | 天照皇大神 | 鴨川市天津 2950 | 岡野　哲郎 | A | |
| 311 | 神明社 | 天照大神 | 館山市香 | | A | 『安房郡誌』記載・神社本庁包括外　現存せず |
| 312 | 神明神社 | 天照皇大神 | 館山市布沼 | | A | 『安房郡誌』記載・神社本庁包括外 |
| 313 | 神明神社 | 大日霎貴命 | 南房総市富浦町原岡 | | A | 『安房郡誌』記載・戦後「富浦町原岡　愛宕神社」に合祀か |
| 314 | 神明社 | 天大日霎貴命 | 安房郡鋸南町吉浜 | | A | 『安房郡誌』記載・神社本庁包括外 |
| 315 | 神明神社 | 大日霎命 | 南房総市大井 | | A | 『安房郡誌』記載・神社本庁包括外 |
| 316 | 神明神社 | 天照皇大神 | 鴨川市内浦磯崎 | | A | 神社本庁包括外 |
| 317 | 十二所神社 | 天照大御神 | 館山市茂名 238 | 藤森　益樹 | B | 『安房郡誌』には國常立尊とあり |
| 318 | 十二社神社 | 天照大神 | 館山市出野尾 475 | 高山　義丸 | B | 『安房郡誌』記載なし |
| 319 | 日森神社 | 天照皇太神 | 館山市水岡 134 | 黒川　邦保 | B | |
| 320 | 八幡神社 | 天照大神 | 鴨川市東江見 294 | 滝口　一生 | B | 『安房郡誌』記載なし |
| 321 | 天道神社 | 天照大神 | 鴨川市江見東真門 276-1 | 鈴木　利和 | B | |
| 322 | 皇大神社 | 天照大神 | 鴨川市太夫崎 192 | 鈴木　利和 | B | |
| 323 | 皇大神社 | 天照大神 | 鴨川市吉浦 117 | 鈴木　利和 | B | |

## 資料1　千葉県内神明神社一覧

| No. | 神社名 | 祭神名 | 所在地 | 宮司名 | 分類 | 備考 |
|---|---|---|---|---|---|---|
| 324 | 皇大神社 | 天照大神 | 鴨川市大幡 412 | 鈴木　利和 | B | |
| 325 | 天照皇太神社 | 大日孁貴命 | 鴨川市滑谷 551 | 鈴木　利和 | B | |
| 326 | 打墨神社 | 大日孁貴命 | 鴨川市打墨 1343 | 鈴木　利和 | B | |
| 327 | 専神社 | 大日孁貴命 | 鴨川市西町 701 | 岡野　哲郎 | B | |
| 328 | 廣田神社 | 天照皇大神 | 南房総市富浦町丹生 135-4 | 代田　健一 | B | |
| 329 | 豊受神社 | 豊受比売命 | 南房総市富浦町南無谷 2103 | 代田　健一 | B | |
| 330 | 豊受神社 | 豊受姫命 | 南房総市平久里下 2024 | 川﨑　重信 | B | |
| 331 | 天神社 | 天照大日孁命 | 南房総市平久里中 207 | 川﨑　重信 | B | 『安房郡誌』菅原道真 |
| 332 | 豊受神社 | 豊受姫命 | 南房総市吉沢 190 | 川﨑　重信 | B | |
| 333 | 奥山神社 | 天照大御神 | 安房郡鋸南町奥山 907 | 諏訪　明子 | B | |
| 334 | 高家神社 | 天照皇大神 | 南房総市千倉町南朝夷 164 | 髙木　幹直 | B | |
| 335 | 八幡神社 | 天照皇大神 | 南房総市千倉町北朝夷 521 | 髙木　幹直 | B | 『安房郡誌』誉田別命 |
| 336 | 熱田神社 | 天照皇大神 | 南房総市千倉町大貫 1441 | 髙木　幹直 | B | 『安房郡誌』日本武尊 |
| 337 | 皇神社 | 天照大御神 | 南房総市千代 290 | 加茂　信昭 | B | |
| 338 | 眞浦神社 | 天照大神 | 南房総市真浦 147-1-1 | 高山　義徳 | B | |
| 339 | 小湊神社 | 天照皇大神 | 鴨川市小湊 199 | 岡野　哲郎 | B | |
| 340 | 十二社神社 | 天神七代・地神五代 | 館山市沼 | | B | 『安房郡誌』記載・神社本庁包括外　現社名は十二天神社 |
| 341 | 伊勢神社 | 豊受日貴命 | 安房郡鋸南町大帷子 | | B | 『安房郡誌』記載・神社本庁包括外 |
| 342 | 大神宮 | 天照皇大神 | 安房郡鋸南町小保田 | | B | 『安房郡誌』記載・神社本庁包括外 |
| 343 | 皇太神宮 | 大日孁女貴命 | 南房総市上三原 | | B | 『安房郡誌』記載・神社本庁包括外　現存せず |
| 344 | 北辰神社 | 天照大神 | 鴨川市北小町 2033 | 岡野　哲郎 | C | |
| 345 | 男金神社 | 天照大神 | 鴨川市和泉 1639 | 岡野　哲郎 | C | 合祀 |
| 346 | 愛宕神社 | 大日孁貴命 | 南房総市富浦町原岡 963 | 田代　正満 | C | 合祀 |
| 347 | 下立松原神社 | 天照皇大神 | 南房総市白浜町滝口 1728 | 高山　義徳 | C | 合祀 |
| 348 | 莫越山神社 | 天照皇大御神 | 南房総市沓見 253 | 斎東　進 | C | 合祀 |
| 349 | 賀茂神社 | 天照皇大神 | 南房総市加茂 2070 | 石井三千美 | C | 合祀 |
| 350 | 若宮八幡神社 | 天照皇大神 | 鴨川市内浦 2736 | 岡野　哲郎 | C | 合祀 |
| 351 | 諏訪神社 | 天照皇大神 | 館山市船形 833 | 石井　つね | D | 神明神社（境内） |
| 352 | 日枝神社 | 天照大神 | 館山市竹原 850 | 黒川　邦保 | D | 神明社（境内） |
| 353 | 日枝神社 | 天照大神 | 館山市竹原字谷ノ入 | 黒川　邦保 | D | 神明社（境外） |
| 354 | 天満神社 | 天照大日孁貴命 | 南房総市久枝 626-2 | 川﨑　重信 | D | 神明神社（境内） |
| 355 | 八幡神社 | 天照皇大神 | 南房総市珠師ヶ谷 546 | 諏訪　彰義 | D | 神明神社（境内） |

## 資料2　千葉県内伊勢信仰関係絵馬一覧（千葉県神社庁）

| No. | 神社名 | 所在地 | 宮司名 | 現存 | 絵　馬 | 制作者 | 制作年 | |
|---|---|---|---|---|---|---|---|---|
| 1 | 飯香岡八幡宮 | 市原市八幡 1057-1 | 市川　一夫 | ○ | 伊勢神宮参詣図 | 堤等川作 | 文政 13 | 1830 |
| 2 | 飯香岡八幡宮 | 市原市八幡 1057-1 | 市川　一夫 | ○ | 伊勢神宮・金刀比羅宮参宮図 | | 明治 | |
| 3 | 大宮神社 | 市原市五井 1597 | 時田　克男 | ○ | 伊勢神宮参詣図 | 昇亭北寿 | 文久 2 | 1862 |
| 4 | 島穴神社 | 市原市島野 1129 | 和田　武章 | ○ | 伊勢神宮参拝図 | 長亭徳寿 | 弘化 4 | 1847 |
| 5 | 胡録神社 | 市川市市川 2-21-2 | 鈴木　啓輔 | ○ | 天の岩戸図 | | 江戸 | |
| 6 | 香取神社 | 市川市香取 1-9-23 | 千葉　敏 | | 岩戸開き額 | | | |
| 7 | 妙見神社 | 船橋市西船 7-3-30 | 千葉　敏 | ○ | 伊勢神宮参拝記念 | | 大正 12 | 1923 |
| 8 | 妙見神社 | 船橋市西船 7-3-30 | 千葉　敏 | ○ | | 雪舟十五世筆孫雪山堤秋月筆 | 明治 13 | 1880 |
| 9 | 神明神社 | 松戸市上矢切 297 | 千葉　敏 | | 岩戸開き額 | | 明治 13 | 1880 |
| 10 | 櫻木神社 | 野田市桜台 210-1 | 髙梨　富弥 | 不明 | 伊勢太々講社連名額 | | 明治 44 | 1911 |
| 11 | 櫻木神社 | 野田市桜台 210-1 | 髙梨　富弥 | ○ | 天の岩戸図 | | 江戸 | |
| 12 | 櫻木神社 | 野田市桜台 210-1 | 髙梨　富弥 | | 伊勢太々講社連名 | | 明治 44 | 1911 |
| 13 | 神明神社 | 野田市花井 192 | 髙梨　富弥 | | 二見ケ浦図 | | 江戸？ | |
| 14 | 神明神社 | 野田市花井 192 | 髙梨　富弥 | | 伊勢神宮参拝記念 | | 昭和 29 | 1954 |
| 15 | 神明神社 | 野田市花井 192 | 髙梨　富弥 | | 伊勢神宮参拝記念 | | 昭和 33 | 1958 |
| 16 | 八幡神社 | 野田市堤台 515 | 髙梨　富弥 | | 伊勢神宮参詣図 | | 明治 12 | 1879 |
| 17 | 香取神社 | 野田市山崎 1507-1 | 髙梨　富弥 | | 伊勢太々御神楽 | 東雲 | 弘化 3 | 1846 |
| 18 | 香取神社 | 野田市山崎 1507-1 | 髙梨　富弥 | | 天照皇太神宮太々御神楽 | | 弘化 4 | 1847 |
| 19 | 香取神社 | 野田市山崎 1507-1 | 髙梨　富弥 | | 二見ケ浦日之出図 | 照景 | 安政 5 | 1858 |
| 20 | 香取神社 | 野田市山崎 1507-1 | 髙梨　富弥 | | 伊勢御神楽 | 東雲敬明 | 明治 8 | 1875 |
| 21 | 香取神社 | 野田市山崎 1507-1 | 髙梨　富弥 | | 二見ケ浦日之出図 | | 明治 11 | 1878 |
| 22 | 香取神社 | 野田市山崎 1507-1 | 髙梨　富弥 | | 伊勢太々御神楽 | 東雲敬明 | 明治 17 | 1884 |
| 23 | 香取神社 | 野田市山崎 1507-1 | 髙梨　富弥 | | 伊勢神宮拝賽 | 東雲 | 明治 20 | 1887 |
| 24 | 香取神社 | 野田市山崎 1507-1 | 髙梨　富弥 | | 天照皇太神宮太々御神楽 | | 明治 32 | 1899 |
| 25 | 香取神社 | 野田市山崎 1507-1 | 髙梨　富弥 | | 天照皇太神宮太々御神楽 | | 明治 33 | 1900 |
| 26 | 香取神社 | 野田市山崎 1507-1 | 髙梨　富弥 | | 伊勢太々御神楽 | 東嶺敬誠 | 明治 43 | 1910 |
| 27 | 香取神社 | 野田市山崎 1507-1 | 髙梨　富弥 | | 伊勢太々御神楽 | 東嶺 | 大正 3 | 1914 |
| 28 | 香取神社 | 野田市山崎 1507-1 | 髙梨　富弥 | | 参宮記念幕壹張 | | 昭和 34 | 1959 |
| 29 | 香取神社 | 野田市山崎 1507-1 | 髙梨　富弥 | | 伊勢参拝記念　神號額一面 | | 昭和 38 | 1963 |
| 30 | 菅原神社 | 野田市堤根 65 | 髙梨　富弥 | | 二見ケ浦図 / 伊勢講 | | 安政 5 | 1858 |
| 31 | 八幡神社 | 野田市清水 669 | 髙梨　富弥 | | 二見ケ浦図 | | 弘化 2 | 1845 |
| 32 | 八幡神社 | 野田市清水 669 | 髙梨　富弥 | | 伊勢太々御神楽奉納図 | | 明治 | |
| 33 | 香取神社 | 野田市目吹 328 | 堀越　靜 | | 太々神楽奉納額 | 東嶺 | 明治 33 | 1900 |
| 34 | 香取神社 | 野田市目吹 328 | 堀越　靜 | | 太々神楽奉納額 | 東雲 | 安政 5 | 1858 |
| 35 | 香取神社 | 野田市目吹 328 | 堀越　靜 | | 伊勢太々神楽図 | | 江戸 | |
| 36 | 香取神社 | 野田市目吹 328 | 堀越　靜 | | 太々神楽奉納額 | | 大正 3 | 1914 |
| 37 | 香取神社 | 野田市目吹 328 | 堀越　靜 | | 太々神楽奉納額 | 旭園　是俊 | 明治 34 | 1900 |
| 38 | 香取神社 | 野田市目吹 328 | 堀越　靜 | | 太々御神楽 / 伊勢講 | 望月敬明 | 明治 10 | 1877 |
| 39 | 香取神社 | 野田市目吹 328 | 堀越　靜 | | 詣天照皇太神宮 | 皤渓釣従 | 明治 21 | 1888 |
| 40 | 香取神社 | 野田市目吹 328 | 堀越　靜 | ○ | 伊勢参拝記念 | | 昭和 44 | 1969 |
| 41 | 香取神社 | 野田市目吹 328 | 堀越　靜 | ○ | 伊勢参拝記念 | | 昭和 48 | 1973 |
| 42 | 香取神社 | 野田市目吹 328 | 堀越　靜 | | 参宮記念 | | | |
| 43 | 鹿嶋神社 | 野田市中根 32 | 堀越　靜 | ○ | 二見ヶ浦図 | | 明治 | |
| 44 | 鹿嶋神社 | 野田市中根 32 | 堀越　靜 | ○ | 伊勢太々御神楽奉納額 | | 大正 13 | 1924 |
| 45 | 鹿嶋神社 | 野田市中根 32 | 堀越　靜 | | 伊勢二見浦景 | | 安政 5 | 1858 |
| 46 | 稲荷神社 | 野田市鶴奉 81 | 堀越　靜 | | 伊勢太々御神楽図 | 谷仙 | 明治 13 | 1880 |
| 47 | 稲荷神社 | 野田市鶴奉 81 | 堀越　靜 | | 伊勢太々御神楽 | 望月東雲 | 明治 15 | 1882 |
| 48 | 稲荷神社 | 野田市鶴奉 81 | 堀越　靜 | | 伊勢太々御神楽図 | 一虎齋芳萬 | 明治 25 | 1892 |
| 49 | 稲荷神社 | 野田市鶴奉 81 | 堀越　靜 | | 伊勢太々御神楽 | 絢齋渡邊謙 | 明治 44 | 1911 |
| 50 | 稲荷神社 | 野田市鶴奉 81 | 堀越　靜 | | 伊勢太々御神楽 | | 昭和 59 | 1984 |
| 51 | 香取神社 | 野田市目吹 1 682 | 堀越　靜 | | 伊勢太々御神楽図 | | 江戸後期 | |

資料２　千葉県内伊勢信仰関係絵馬一覧

| No. | 神社名 | 所在地 | 宮司名 | 現存 | 絵　馬 | 制作者 | 制作年 | |
|---|---|---|---|---|---|---|---|---|
| 52 | 香取神社 | 野田市目吹 1 682 | 堀越　静 | | 太々御神楽 / 天照皇太神宮 | 東雲 | 明治 15 | 1882 |
| 53 | 香取神社 | 野田市目吹 1 682 | 堀越　静 | | 太々御神楽 / 天照皇太神宮 | 東嶺 | 明治 33 | 1900 |
| 54 | 香取神社 | 野田市目吹 1 682 | 堀越　静 | | 伊勢太々御神楽 | 旭園是俊 | 明治 34 | 1901 |
| 55 | 香取神社 | 野田市目吹 1 682 | 堀越　静 | | 伊勢参宮記念 | 西堀定信 | 大正 2 | 1913 |
| 56 | 香取神社 | 野田市目吹 1 682 | 堀越　静 | | 太々御神楽 / 天照皇太神宮 | | 大正 3 | 1914 |
| 57 | 香取神社 | 野田市目吹 1 682 | 堀越　静 | | 天照皇太神宮太々御神楽 | | 昭和 25 | 1950 |
| 58 | 香取神社 | 野田市目吹 1 682 | 堀越　静 | | 豊受・天照皇太神宮・琴平宮 | | 昭和 38 | 1963 |
| 59 | 香取神社 | 野田市目吹 1 682 | 堀越　静 | | 伊勢参宮記念 | | 昭和 40 | 1965 |
| 60 | 香取神社 | 野田市目吹 1 682 | 堀越　静 | | 伊勢参宮参拝記念 | | 昭和 48 | 1973 |
| 61 | 香取神社 | 野田市目吹 1 682 | 堀越　静 | | 伊勢参宮参拝記念 | | 昭和 48 | 1973 |
| 62 | 香取神社 | 野田市目吹 1 682 | 堀越　静 | | 伊勢参宮参拝記念 | | 平成 6 | 1994 |
| 63 | 熊野神社 | 野田市目吹 1034 | 堀越　静 | | 伊勢太々御神楽図 | 堤秋月 | 天保 10 | 1839 |
| 64 | 熊野神社 | 野田市目吹 1034 | 堀越　静 | | 伊勢太々御神楽 | 東雲敬明 | 明治 21 | 1888 |
| 65 | 熊野神社 | 野田市目吹 1034 | 堀越　静 | | 伊勢太々御神楽 | 旭園是俊 | 明治 45 | 1912 |
| 66 | 稲荷神社 | 野田市柳沢 282-2 | 堀越　静 | | 伊勢太々神楽図 | 芳方 | 明治 10 | 1877 |
| 67 | 稲荷神社 | 野田市柳沢 282-2 | 堀越　静 | | 伊勢御神楽之図 | 一虎齋芳萬 | 明治 15 | 1882 |
| 68 | 稲荷神社 | 野田市柳沢 282-2 | 堀越　静 | | 伊勢神宮参拝記念 | | 昭和 41 | 1966 |
| 69 | 香取神社 | 野田市三ッ掘 164 | 堀越　静 | ○ | 太々御神楽額 | 東雲 | 明治 25 | 1892 |
| 70 | 香取神社 | 野田市三ッ掘 164 | 堀越　静 | | 大願成就伊勢太々御神楽 | | 慶應 4 | 1868 |
| 71 | 香取神社 | 野田市三ッ掘 164 | 堀越　静 | | 伊勢太々御神楽 | | 大正 9 | 1920 |
| 72 | 天神社 | 野田市三ッ掘 1447-2 | 堀越　静 | | 伊勢太々御神楽 | | 明治 43 | 1910 |
| 73 | 天神社 | 野田市三ッ掘 1447-2 | 堀越　静 | | 伊勢太々御神楽 | | 大正 10 | 1921 |
| 74 | 天神社 | 野田市三ッ掘 1447-2 | 堀越　静 | | 伊勢神宮正式参拝記念 | | 昭和 52 | 1975 |
| 75 | 八坂神社 | 野田市瀬戸 814 | 堀越　静 | ○ | 伊勢太々御神楽額 | 東雲 | 嘉永 5 | 1852 |
| 76 | 八坂神社 | 野田市瀬戸 814 | 堀越　静 | | 太々御神楽講中額 | | 大正 2 | 1913 |
| 77 | 八坂神社 | 野田市瀬戸 814 | 堀越　静 | ○ | 伊勢太々神楽図 | | 江戸 | |
| 78 | 八坂神社 | 野田市瀬戸 814 | 堀越　静 | ○ | 大々神楽額 | 望月　東雲 | 明治 14 | 1881 |
| 79 | 八坂神社 | 野田市瀬戸 814 | 堀越　静 | | 伊勢太々御神楽 | 山下松華 | 昭和 31 | 1956 |
| 80 | 八坂神社 | 野田市瀬戸 814 | 堀越　静 | | 伊勢神宮参拝記念 | | 昭和 40 | 1965 |
| 81 | 八坂神社 | 野田市瀬戸 814 | 堀越　静 | | 伊勢太々御神楽 | | 昭和 44 | 1969 |
| 82 | 香取神社 | 野田市船形 1919 | 堀越　静 | | 伊勢太々御神楽図 | | 明治 13 | 1880 |
| 83 | 香取神社 | 野田市船形 1919 | 堀越　静 | | 伊勢太々御神楽図 | | 明治 25 | 1892 |
| 84 | 香取神社 | 野田市船形 1919 | 堀越　静 | | 伊勢太々御神楽図 | | 明治 34 | 1901 |
| 85 | 香取神社 | 野田市船形 1919 | 堀越　静 | | 伊勢太々講 | | 大正 2 | 1913 |
| 86 | 香取神社 | 野田市船形 1919 | 堀越　静 | | 寄付連名 / 伊勢参宮記念 | | 大正 12 | 1923 |
| 87 | 香取神社 | 野田市船形 1919 | 堀越　静 | | 寄付連名 / 伊勢太々講 | | 大正 14 | 1925 |
| 88 | 香取神社 | 野田市船形 1919 | 堀越　静 | | 寄付連名 / 伊勢参宮記念 | | 昭和 3 | 1928 |
| 89 | 香取神社 | 野田市船形 1919 | 堀越　静 | | 寄付連名 / 伊勢参宮記念 | | 昭和 9 | 1934 |
| 90 | 香取神社 | 野田市船形 1919 | 堀越　静 | | 寄付連名 / 伊勢参宮記念 | | 昭和 11 | 1936 |
| 91 | 香取神社 | 野田市船形 1919 | 堀越　静 | | 寄付連名 / 伊勢参宮記念 | | 昭和 13 | 1938 |
| 92 | 香取神社 | 野田市船形 1919 | 堀越　静 | | 寄付連名 / 伊勢参宮記念 | | 昭和 25 | 1950 |
| 93 | 香取神社 | 野田市船形 1919 | 堀越　静 | | 参宮記念 | | 昭和 30 | 1955 |
| 94 | 稲荷神社 | 野田市小山 2712 | 堀越　静 | | 伊勢大神宮参拝記念 | | 昭和 33 | 1928 |
| 95 | 天満神社 | 柏市船戸 1198 | 野口　友之 | 不明 | 伊勢神宮参拝図 | | 明治 39 | 1906 |
| 96 | 妙見神社 | 柏市大青田 1109 | 友野　俊政 | 不明 | 天の岩戸図 | 利根川□□泉 | 嘉永 5 | 1852 |
| 97 | 大原神社 | 流山市西平井 1750 | 常盤　映彦 | 不明 | 伊勢太々神楽図 | | 安政 5 | 1858 |
| 98 | 大原神社 | 流山市西平井 1750 | 常盤　映彦 | ○ | 伊勢太々御神楽奉納額 | | 文化 1 | 1804 |
| 99 | 大原神社 | 流山市西平井 1750 | 常盤　映彦 | ○ | 伊勢太々御神楽奉納額 | | 明治 40 | 1907 |
| 100 | 香取神社 | 流山市名都借 1196 | 古谷　和史 | | 伊勢太々御神楽奉納額 | | 大正 8 | 1919 |
| 101 | 香取神社 | 流山市名都借 1196 | 古谷　和史 | | 伊勢太々御神楽奉納額 | | 大正 11 | 1922 |
| 102 | 天神社 | 流山市後平井 143 | 古谷　和史 | | 伊勢太々御神楽奉納額 | | 大正 5 | 1916 |
| 103 | 天神社 | 流山市後平井 143 | 古谷　和史 | | 伊勢太々御神楽奉納額 | | 大正 7 | 1918 |
| 104 | 天神社 | 流山市市野谷 314 | 古谷　和史 | | 伊勢太々御神楽奉納額 | | 大正 9 | 1920 |
| 105 | 香取神社 | 流山市北・小屋 | 宮崎　静枝 | ○ | 太々神楽奉納図 | | 文政 7 | 1824 |
| 106 | 香取神社 | 流山市北 51・小屋 75 | 宮崎　静枝 | ○ | 太々神楽奉納図 | 歌川　芳萬 | 嘉永 5 | 1852 |

| No. | 神社名 | 所在地 | 宮司名 | 現存 | 絵　馬 | 制作者 | 制作年 | |
|---|---|---|---|---|---|---|---|---|
| 107 | 香取神社 | 流山市北 51・小屋 75 | 宮崎　静枝 | | 太々講図 | | 不明 | |
| 108 | 神明神社 | 流山市下花輪 739 | 宮崎　静枝 | | 伊勢太々御神楽奉納額 | | 明治 42 | 1909 |
| 109 | 天神社 | 流山市大畔 297 | 宮崎　静枝 | 不明 | 伊勢神宮参詣記念額 | | 昭和 6 | 1931 |
| 110 | 天神社 | 流山市大畔 297 | 宮崎　静枝 | 不明 | 伊勢太々御神楽奉納額 | | 明治 42 | 1909 |
| 111 | 香取神社 | 流山市平方 166 | 宮崎　静枝 | ○ | 伊勢太々神楽翁面図 | 海老原　保 | 昭和 7 | 1932 |
| 112 | 香取神社 | 流山市平方 166 | 宮崎　静枝 | ○ | 伊勢太々御神楽奉納額 | | 文久 3 | 1863 |
| 113 | 香取神社 | 流山市平方 166 | 宮崎　静枝 | | 伊勢太々御神楽奉納額 | | 明治 41 | 1908 |
| 114 | 香取神社 | 流山市平方 166 | 宮崎　静枝 | ○ | 伊勢太々御神楽奉納額 | | 大正 7 | 1918 |
| 115 | 香取神社 | 流山市平方 166 | 宮崎　静枝 | | 伊勢太々御神楽奉納額 | | 昭和 11 | 1936 |
| 116 | 香取神社 | 流山市平方 166 | 宮崎　静枝 | | 伊勢太々御神楽奉納額 | | 昭和 16 | 1941 |
| 117 | 香取神社 | 流山市平方 166 | 宮崎　静枝 | | 伊勢太々御神楽奉納額 | | 昭和 18 | 1943 |
| 118 | 駒形神社 | 流山市東深井 313 | 宮崎　等 | | 伊勢太々御神楽奉納額 | | 明治 42 | 1909 |
| 119 | 駒形神社 | 流山市東深井 313 | 宮崎　等 | | 伊勢太々御神楽奉納額 | | 昭和 16 | 1941 |
| 120 | 三社大神 | 流山市西深井 180 | 宮崎　等 | | 伊勢神宮参詣記念額 | | 昭和 15 | 1940 |
| 121 | 三社大神 | 流山市西深井 180 | 宮崎　等 | | 伊勢太々御神楽奉納額 | | 大正 9 | 1920 |
| 122 | 三社大神 | 流山市西深井 180 | 宮崎　等 | | 伊勢太々御神楽奉納額 | | 昭和 6 | 1931 |
| 123 | 三社大神 | 流山市西深井 180 | 宮崎　等 | | 伊勢太々御神楽奉納額 | | 昭和 15 | 1940 |
| 124 | 神明神社 | 流山市南 190 | 宮崎　静枝 | | 神明宮参詣額 | | 昭和 6 | 1931 |
| 125 | 竹内神社 | 我孫子市布佐 1220 | 坂巻　博志 | | 伊勢神宮参詣図 | | 明治 12 | 1879 |
| 126 | 白山神社 | 野田市木間ヶ瀬 475 | 新納　秀樹 | | 伊勢太々神楽奉納額 | | 不明 | |
| 127 | 白山神社 | 野田市木間ヶ瀬 475 | 新納　秀樹 | | 伊勢太々神楽図 | | 江戸 | |
| 128 | 白山神社 | 野田市木間ヶ瀬 475 | 新納　秀樹 | | 伊勢太々神楽奉納額 | | 享和 1 | 1801 |
| 129 | 白山神社 | 野田市木間ヶ瀬 475 | 新納　秀樹 | | 伊勢太々神楽奉納額 | | 文政 11 | 1828 |
| 130 | 白山神社 | 野田市木間ヶ瀬 475 | 新納　秀樹 | | 伊勢神宮図 | | 明治 14 | 1881 |
| 131 | 白山神社 | 野田市木間ヶ瀬 475 | 新納　秀樹 | | 伊勢太々神楽奉納図 | | 明治 31 | 1898 |
| 132 | 白山神社 | 野田市木間ヶ瀬 475 | 新納　秀樹 | | 伊勢太々御神楽大願成就 | 龍兵力 | 安政 5 | 1858 |
| 133 | 白山神社 | 野田市木間ヶ瀬 475 | 新納　秀樹 | | 伊勢太々御神楽 | 鈴木信蔵 | 昭和 30 | 1955 |
| 134 | 白山神社 | 野田市木間ヶ瀬 475 | 新納　秀樹 | | 伊勢太々御神楽 | 草炊 | 昭和 43 | 1968 |
| 135 | 天満宮 | 野田市木間ヶ瀬 3505 | 堀越　静 | | 伊勢神宮参詣額 | | 嘉永 6 | 1853 |
| 136 | 天満宮 | 野田市木間ヶ瀬 3505 | 堀越　静 | | 伊勢太々神楽奉納額 | | 昭和 9 | 1934 |
| 137 | 天満宮 | 野田市木間ヶ瀬 3505 | 堀越　静 | | 伊勢太々神楽図 | | 明治 31 | 1898 |
| 138 | 天満宮 | 野田市木間ヶ瀬 3505 | 堀越　静 | | 伊勢太々神楽図 | | 明治 14 | 1881 |
| 139 | 天満宮 | 野田市木間ヶ瀬 3505 | 堀越　静 | | 天の岩戸図 | | 明治 | |
| 140 | 天満宮 | 野田市木間ヶ瀬 3505 | 堀越　静 | ○ | 伊勢太々神楽奉納額 | | 昭和 12 | 1937 |
| 141 | 天満宮 | 野田市木間ヶ瀬 3505 | 堀越　静 | | 伊勢太々神楽奉納額 | | 文政 11 | 1828 |
| 142 | 天満宮 | 野田市木間ヶ瀬 3506 | 堀越　静 | | 伊勢太々御神楽額 | | 文政 11 | 1828 |
| 143 | 天満宮 | 野田市木間ヶ瀬 3506 | 堀越　静 | | 伊勢参宮記念額 | 愛蓮篠塚剛重 | 嘉永 6 | 1853 |
| 144 | 天満宮 | 野田市木間ヶ瀬 3506 | 堀越　静 | ○ | 伊勢御神楽之図 | | 明治 14 | 1881 |
| 145 | 天満宮 | 野田市木間ヶ瀬 3506 | 堀越　静 | | 伊勢神宮図 | 刀水 | 明治 31 | 1898 |
| 146 | 天満宮 | 野田市木間ヶ瀬 3506 | 堀越　静 | | 伊勢太々御神楽額 | | 昭和 9 | 1934 |
| 147 | 天満宮 | 野田市木間ヶ瀬 3506 | 堀越　静 | | 伊勢太々御神楽額 | 木村桝五郎 | 昭和 45 | 1912 |
| 148 | 天満宮 | 野田市木間ヶ瀬 3506 | 堀越　静 | | 初穂米奉納 / 伊勢参拝記念 | | 昭和 | |
| 149 | 須賀神社 | 野田市木間ヶ瀬 668 | 堀越　静 | | 伊勢太々奉行記念 | | 昭和 34 | 1959 |
| 150 | 須賀神社 | 野田市木間ヶ瀬 668 | 堀越　静 | | 伊勢参宮記念 | | 昭和 43 | 1968 |
| 151 | 須賀神社 | 野田市木間ヶ瀬 668 | 堀越　静 | | 伊勢参宮記念 | | 昭和 45 | 1970 |
| 152 | 八幡神社 | 野田市岡田 286 | 堀越　静 | | 伊勢太々御神楽図 | | 明治 20 | 1887 |
| 153 | 八幡神社 | 野田市岡田 286 | 堀越　静 | | 伊勢太々御神楽図 | | 明治 34 | 1907 |
| 154 | 八幡神社 | 野田市岡田 286 | 堀越　静 | | 伊勢二見ケ浦図 | | 明治 | |
| 155 | 駒形神社 | 野田市木間ヶ瀬 3623 | 新納　秀樹 | | 伊勢太々御神楽図 | 香森榮賢 | 大正 9 | 1920 |
| 156 | 駒形神社 | 野田市木間ヶ瀬 3623 | 新納　秀樹 | | 伊勢神宮参拝記念 | 鈴木兵衛 | 昭和 29 | 1954 |
| 157 | 香取神社 | 野田市木間ヶ瀬 5888 | 新納　秀樹 | | 伊勢太々御神楽 | | 明治 11 | 1878 |
| 158 | 香取神社 | 野田市木間ヶ瀬 5888 | 新納　秀樹 | | 太太御神楽 | | 明治 30 | 1897 |
| 159 | 香取神社 | 野田市木間ヶ瀬 5888 | 新納　秀樹 | | 伊勢太々御神楽 | | 大正 5 | 1916 |
| 160 | 香取神社 | 野田市木間ヶ瀬 5888 | 新納　秀樹 | | 伊勢神宮式年遷宮 | | 平成 5 | 1993 |
| 161 | 神明神社 | 野田市木間ヶ瀬 7767 | 堀越　静 | ○ | 伊勢太々神楽奉納額 | 夢霊老人 | 明治 23 | 1890 |

資料２　千葉県内伊勢信仰関係絵馬一覧

| No. | 神社名 | 所在地 | 宮司名 | 現存 | 絵　馬 | 制作者 | 制作年 | |
|---|---|---|---|---|---|---|---|---|
| 162 | 神明神社 | 野田市木間ヶ瀬 7767 | 堀越　靜 | ○ | 伊勢太々御神楽 | | 大正 6 | 1917 |
| 163 | 八幡神社 | 野田市古布内 1703 | 堀越　靜 | ○ | 伊勢御神楽之図 | | 明治 14 | 1881 |
| 164 | 八幡神社 | 野田市古布内 1703 | 堀越　靜 | | 伊勢二見ケ浦図 | | 明治 23 | 1890 |
| 165 | 八幡神社 | 野田市古布内 1703 | 堀越　靜 | ○ | 伊勢太々御神楽図 | | 明治 42 | 1909 |
| 166 | 八幡神社 | 野田市古布内 1703 | 堀越　靜 | | 伊勢太々御神楽図 | | 大正 2 | 1913 |
| 167 | 八幡神社 | 野田市古布内 1703 | 堀越　靜 | ○ | 伊勢太々御神楽 | | 大正 11 | 1922 |
| 168 | 八幡神社 | 野田市古布内 1703 | 堀越　靜 | ○ | 伊勢太々御神楽 | 芳山[　　] | 大正 13 | 1924 |
| 169 | 八幡神社 | 野田市古布内 1703 | 堀越　靜 | | 伊勢参宮記念 | | 昭和 40 | 1965 |
| 170 | 十二神社 | 野田市古布内 2098 | 堀越　靜 | | 伊勢太々御神楽 | | 大正 10 | 1921 |
| 171 | 十二神社 | 野田市古布内 2098 | 堀越　靜 | | 伊勢太々御神楽 | | 大正 12 | 1923 |
| 172 | 十二神社 | 野田市古布内 2098 | 堀越　靜 | | 伊勢大廟参拝記念 | | 昭和 6 | 1931 |
| 173 | 三嶋神社 | 野田市次木 345 | 新納　茂 | | 伊勢太々御神楽図 | | 安政 5 | 1858 |
| 174 | 三嶋神社 | 野田市次木 345 | 新納　茂 | | 伊勢神宮全図 | | 明治 27 | 1894 |
| 175 | 三嶋神社 | 野田市次木 345 | 新納　茂 | | 伊勢太々御神楽図 | | 明治 45 | 1912 |
| 176 | 三嶋神社 | 野田市次木 345 | 新納　茂 | | 三島神社／伊勢参拝記念 | | 大正 13 | 1924 |
| 177 | 香取神社 | 野田市関宿江戸町 25-1 | 新納　茂 | | 伊勢太々御神楽 | | 明治 31 | 1898 |
| 178 | 神明神社 | 野田市関宿内町 172 | 新納　茂 | | 正八幡大神　天照皇太神宮熊野大権現 | | | |
| 179 | 香取神社 | 流山市木 1425-1 | 宮崎　静枝 | ○ | 伊勢神宮参詣図 | | 明治 23 | 1890 |
| 180 | 香取神社 | 流山市木 1425-1 | 宮崎　静枝 | ○ | 伊勢神宮参詣図 | | 明治 24 | 1891 |
| 181 | 香取神社 | 流山市木 1425-1 | 宮崎　静枝 | ○ | 伊勢神宮参詣図 | | 明治 35 | 1902 |
| 182 | 香取神社 | 流山市木 1425-1 | 宮崎　静枝 | | 伊勢太々御神楽奉納額 | | 大正 9 | 1920 |
| 183 | 香取神社 | 流山市木 1425-1 | 宮崎　静枝 | | 伊勢太々御神楽奉納額 | | 昭和 4 | 1929 |
| 184 | 香取神社 | 流山市木 1425-1 | 宮崎　静枝 | ○ | 太々御神楽奉納額 | | 昭和 15 | 1940 |
| 185 | 豊受神社 | 流山市木 163 | 宮崎　静枝 | ○ | 伊勢神宮参詣図 | | 明治 32 | 1899 |
| 186 | 豊受神社 | 流山市木 163 | 宮崎　静枝 | ○ | 伊勢神宮参詣図 | | 明治 35 | 1902 |
| 187 | 豊受神社 | 流山市木 163 | 宮崎　静枝 | | 太々御神楽奉納額 | | 昭和 15 | 1940 |
| 188 | 豊受神社 | 流山市木 163 | 宮崎　静枝 | | 伊勢太々御神楽奉納額 | | 大正 9 | 1920 |
| 189 | 香取神社 | 流山市北 51、小屋 75 | 宮崎　静枝 | | 伊勢太々御神楽執行成就の図 | | | |
| 190 | 三社神社 | 流山市西深井 180 | 宮崎　等 | | 御神楽の図 | | | |
| 191 | 熊野神社 | 流山市思井 305 | 古谷　和史 | | 伊勢太々御神楽の図 | | | |
| 192 | 熊野神社 | 流山市思井 305 | 古谷　和史 | | 太々御神楽の図 | | 明治 36 | 1903 |
| 193 | 大原神社 | 流山市西平井 1750 | 常盤　映彦 | | 伊勢太々御神楽の図 | | | |
| 194 | 三社宮 | 市川市大野町 | | | 二見が浦図 | | 明治 30 | 1897 |
| 195 | 大宮神社 | 流山市加 | | | 伊勢神宮参詣記念額 | | 昭和 3 | 1928 |
| 196 | 大宮神社 | 流山市加 | | | 伊勢太々御神楽奉納額 | | 明治 39 | 1906 |
| 197 | 大宮神社 | 流山市加 | | | 伊勢太々御神楽奉納額 | | 明治 42 | 1909 |
| 198 | 香取駒形両神社 | 野田市下三ヶ尾 120 | | | 伊勢太々御神楽額 | 龍眠 | 嘉永 1 | 1848 |
| 199 | 香取駒形両神社 | 野田市下三ヶ尾 120 | | | 伊勢太々御神楽額 | 龍眠 | 安政 2 | 1855 |
| 200 | 香取神社 | 野田市西三ヶ尾 | | | 伊勢第大二御神楽奉納額 | | 嘉永 5 | 1852 |
| 201 | 香取神社 | 野田市西三ヶ尾 | | | 伊勢太々神楽奉納額 | 勲七等金剛親園 | 明治 41 | 1908 |
| 202 | 稲荷神社 | 野田市瀬戸 125-1 | | | 伊勢御神楽図 | | 明治 14 | 1881 |
| 203 | 稲荷神社 | 野田市瀬戸 125-1 | | | 伊勢大々御神楽額 | | 明治 45 | 1912 |
| 204 | 稲荷神社 | 野田市瀬戸 125-1 | | | 伊勢太神宮参拝紀念額 | | 昭和 5 | 1930 |
| 205 | 稲荷神社 | 野田市木間ヶ瀬砂南 | | | 太々神楽奉納額 | | 大正 9 | 1920 |
| 206 | 稲荷神社 | 野田市上灰毛 | | | 伊勢御神楽之図 | | 明治 14 | 1881 |
| 207 | 稲荷神社 | 野田市上灰毛 | | | 二見ヶ浦参詣図 | | 明治 41 | 1908 |
| 208 | 稲荷神社 | 野田市上灰毛 | | | 伊勢太々御神楽 | | 明治 45 | 1912 |
| 209 | 稲荷神社 | 野田市上灰毛 | | | 伊勢大神宮参拝記念 | | 昭和 5 | 1930 |
| 210 | 稲荷神社 | 野田市上灰毛 | | | 一万度御抜大麻 | | | |
| 211 | 香取神社 | 野田市西三ヶ尾 | | | 伊勢太々神楽 | | 嘉永 5 | 1852 |
| 212 | 香取神社 | 野田市西三ヶ尾 | | | 伊勢太々御神楽 | | 明治 29 | 1896 |
| 213 | 香取神社 | 野田市西三ケ尾 | | | 伊勢太々神楽 | 金剛寺□□ | 明治 41 | 1908 |
| 214 | 香取神社 | 野田市西三ヶ尾 | | | 伊勢四国西国巡拝記念 | 山□石 | 昭和 33 | 1900 |

| No. | 神社名 | 所在地 | 宮司名 | 現存 | 絵　馬 | 制作者 | 制作年 | |
|---|---|---|---|---|---|---|---|---|
| 215 | 東金野井天満宮 | | | | 伊勢講 | 小津写真館 | 大正 15 | 1926 |
| 216 | 東金野井天満宮 | | | | 伊勢太々御神楽奉奏 | | 大正 15 | 1926 |
| 217 | 三社大神 | 野田市中里 2767 | | | 伊勢太々神楽奉納図 | | 明治 11 | 1878 |
| 218 | 三社大神 | 野田市中里 2767 | | | 伊勢太々御神楽図 | | 明治カ | |
| 219 | 三社大神 | 野田市中里 2767 | | | 伊勢講記念 | | | |
| 220 | 熊野神社 | 野田市船形 816 | | | 伊勢太々御神楽之図 | | 明治 | |
| 221 | 香取神社 | 野田市大殿井 315 | | | 伊勢太々御神楽 | | 明治 29 | 1896 |
| 222 | 香取神社 | 野田市大殿井 315 | | | 伊勢参拝記念 | | 昭和 8 | 1933 |
| 223 | 神明神社 | 野田市鶴奉 175 | | | 伊勢太々御神楽之図 | 一虎齋芳萬 | 明治 15 | 1882 |
| 224 | 神明神社 | 野田市鶴奉 175 | | | 伊勢太々御神楽之図 | | 明治 25 | 1892 |
| 225 | 神明神社 | 野田市鶴奉 175 | | | 伊勢太々御神楽 | 旭園是俊 | 明治 42 | 1909 |
| 226 | 神明神社 | 野田市鶴奉 175 | | | 伊勢太々御神楽 | 渡邊旭鶴 | 大正 8 | 1919 |
| 227 | 神明神社 | 野田市鶴奉 175 | | | 伊勢太々御神楽 | | 大正 13 | 1924 |
| 228 | 香取駒形神社 | 野田市下三ケ尾 | | | 伊勢太々御神楽 | | 文政 10 | 1827 |
| 229 | 香取駒形神社 | 野田市下三ケ尾 | | | 伊勢太々御神楽 | 龍眠 | 嘉永元 | 1848 |
| 230 | 香取駒形神社 | 野田市下三ケ尾 | | | 伊勢太々御神楽 | | 安政 2 | 1855 |
| 231 | 香取駒形神社 | 野田市下三ケ尾 | | | 神宮図 | | 明治カ | |
| 232 | 香取神社 | 野田市谷津 | | | 伊勢参宮講中 | | 明治 9 | 1885 |
| 233 | 香取神社 | 野田市谷津 | | | 納連名 / 伊勢神宮櫻奉納 | | 明治 41 | 1908 |
| 234 | 香取神社 | 野田市谷津 | | | 伊勢太々御神楽 | | 明治 45 | 1912 |
| 235 | 香取神社 | 野田市谷津 | | | 伊勢太々御神楽 | | 大正 2 | 1913 |
| 236 | 香取神社 | 野田市谷津 | | | 伊勢太講 | | 大正 2 | 1913 |
| 237 | 香取神社 | 野田市谷津 | | | 伊勢太々御神楽 | | 昭和 4 | 1929 |
| 238 | 香取神社 | 野田市谷津 | | | 伊勢神宮参拝記念 | | 昭和 34 | 1959 |
| 239 | 谷津自治会館・神明社 | | | | 伊勢参宮記念 | | 昭和 31 | 1956 |
| 240 | 谷津自治会館・神明社 | | | | 伊勢神宮参拝記念 | | 昭和 34 | 1959 |
| 241 | 谷津自治会館・神明社 | | | | 伊勢神宮・讃岐金毘羅宮 | | 昭和 41 | 1966 |
| 242 | 谷津自治会館・神明社 | | | | 大神宮 | | | |
| 243 | 大杉香取神社 | | 堀越　靜 | | 伊勢太々御神楽図 | | 明治 11 | 1878 |
| 244 | 大杉香取神社 | | 堀越　靜 | | 伊勢二見ケ浦図 | | 明治 20 | 1887 |
| 245 | 大杉香取神社 | | 堀越　靜 | | 伊勢太々御神楽図 | | 明治 20 | 1887 |
| 246 | 大杉香取神社 | | 堀越　靜 | | 伊勢太々御神楽図 | | 明治 34 | 1907 |
| 247 | 稲荷神社 | | 堀越　靜 | | 伊勢・豊川稲荷参拝記念 | | 昭和 55 | 1980 |
| 248 | 稲荷神社 | | 堀越　靜 | | 伊勢神宮参拝記念 | | 昭和 41 | 1966 |
| 249 | 熊野神社 | 野田市船形 816 | | | 寄付連名 | | 昭和 3 | 1928 |
| 250 | 八坂神社 | 野田市瀬戸 814 | 堀越　靜 | | 伊勢太々御神楽 | 江風斎藤原□□ | 天保 3 | 1832 |
| 251 | 香取神社 | 野田市目吹 328 | 堀越　靜 | | 太々御神楽 / 天照皇太神宮 | 東雲 | 明治 15 | 1822 |
| 252 | 香取神社 | 野田市目吹 328 | 堀越　靜 | | 伊勢参拝記念 | 西堀定信 | 大正 2 | 1913 |
| 253 | 香取神社 | 野田市目吹 328 | 堀越　靜 | | 天照皇太神宮太々御神楽 | | 昭和 25 | 1950 |
| 254 | 香取神社 | 野田市目吹 328 | 堀越　靜 | | 豊受・天照皇太神宮・琴平宮 | | 昭和 38 | 1963 |
| 255 | 香取神社 | 野田市目吹 328 | 堀越　靜 | | 伊勢神宮参拝記念 | | 昭和 40 | 1965 |
| 256 | 香取神社 | 野田市目吹 328 | 堀越　靜 | | 伊勢神宮参拝記念 | | 平成 6 | 1994 |
| 257 | 熊野神社 | 野田市目吹 1034 | 堀越　靜 | | 古市出立之図 | | 文久 2 | 1862 |
| 258 | 香取神社 | 野田市目吹 1682 | 堀越　靜 | | 太々御神楽 / 伊勢講 | 望月敬明 | 明治 10 | 1877 |
| 259 | 香取神社 | 野田市目吹 1682 | 堀越　靜 | | 詣天照皇太神宮 | 磻渓釣従 | 明治 21 | 1888 |
| 260 | 香取神社 | 野田市目吹 1682 | 堀越　靜 | | 参宮、金比羅、宮島参拝 | 篠塚建具店 | 昭和 31 | 1956 |
| 261 | 香取神社 | 野田市目吹 1682 | 堀越　靜 | | 伊勢神宮参拝記念 | | 昭和 44 | 1969 |
| 262 | 稲荷神社 | 野田市鶴奉 81 | 堀越　靜 | | 伊勢太々御神楽図 | | 文政 10 | 1827 |
| 263 | 鹿島神社 | 野田市中根 32 | 堀越　靜 | | 二見ヶ浦図 / 伊勢講 | | 安政 5 | 1858 |
| 264 | 香取神社 | 野田市山崎 1507-1 | 髙梨　富弥 | | 意富比大神宮太々御神楽 | | 大正 2 | 1913 |

資料２　千葉県内伊勢信仰関係絵馬一覧

| No. | 神社名 | 所在地 | 宮司名 | 現存 | 絵　馬 | 制作者 | 制作年 | |
|---|---|---|---|---|---|---|---|---|
| 265 | 香取神社 | 野田市山崎 1507-1 | 高梨　富弥 | | 伊勢太々御神楽 | 廣陽 | 昭和 32 | 1957 |
| 266 | 香取神社 | 野田市山崎 1507-1 | 高梨　富弥 | | 内幕壹帳 / 伊勢太々 | 刀計 | 昭和 35 | 1960 |
| 267 | 香取駒形神社 | 野田市下三ケ尾 120 | | | 伊勢太々御神楽 | | 文政 10 | 1827 |
| 268 | 香取駒形神社 | 野田市下三ケ尾 120 | | | 神宮図 | | 明治カ | 1911 |
| 269 | 香取大神社 | 野田市谷津 127・吉春 621 | 堀越　静 | | 伊勢参宮講中 | | 明治 9 | 1876 |
| 270 | 香取大神社 | 野田市谷津 127・吉春 621 | 堀越　静 | | 納連名 / 伊勢神宮櫻奉納 | | 明治 41 | 1908 |
| 271 | 香取大神社 | 野田市谷津 127・吉春 621 | 堀越　静 | | 伊勢太々御神楽 | | 明治 45 | 1912 |
| 272 | 香取大神社 | 野田市谷津 127・吉春 621 | 堀越　静 | | 伊勢太々御神楽 | | 大正 2 | 1913 |
| 273 | 香取大神社 | 野田市谷津 127・吉春 621 | 堀越　静 | | 伊勢太講 | | 大正 2 | 1913 |
| 274 | 香取大神社 | 野田市谷津 127・吉春 621 | 堀越　静 | | 伊勢太々御神楽 | | 昭和 4 | 1929 |
| 275 | 香取大神社 | 野田市谷津 127・吉春 621 | 堀越　静 | | 伊勢神宮参拝記念 | | 昭和 34 | 1959 |
| 276 | 稲荷神社 | 野田市瀬戸 125-1 | | | 二見ヶ浦参詣図 | | 明治 41 | 1908 |
| 277 | 稲荷神社 | 野田市瀬戸 125-1 | | | 一万度御抜大麻 | | | |
| 278 | 八幡神社 | 野田市堤台 511 | | | 伊勢神宮参詣図 | | 明治 12 | 1879 |
| 279 | 香取神社 | 野田市西三ケ尾 664 | | | 伊勢太々御神楽 | | 明治 29 | 1896 |
| 280 | 香取神社 | 野田市西三ケ尾 664 | | | 伊勢四国西国巡拝記念 | 山□石 | 昭和 33 | 1958 |
| 281 | 三社大神 | 野田市中里 2767 | 堀越　静 | | 一金五圓也 | | 紀元 2600 年 | 1940 |
| 282 | 三社大神 | 野田市中里 2767 | 堀越　静 | | 金拾五圓 | | | |
| 283 | 八坂神社 | 野田市木間ヶ瀬大山 | | | 伊勢神宮・古市御座敷図 | | 明治 31 | 1898 |
| 284 | 八坂神社 | 野田市木間ヶ瀬大山 | | | 伊勢太々御神楽 | 香森　傳 | 大正 9 | 1920 |
| 285 | 八坂神社 | 野田市木間ヶ瀬大山 | | | 伊勢太々御神楽 | | 昭和 31 | 1956 |
| 286 | 八坂神社 | 野田市木間ヶ瀬大山 | | | 伊勢太々御神楽 | 逆井四郎 | 昭和 40 | 1965 |
| 287 | 八坂神社 | 野田市木間ヶ瀬大山 | | | 伊勢太々御神楽 | | 昭和 57 | 1982 |
| 288 | 麻賀多神社 | 成田市台方 1 | 太田　家和 | ○ | 伊勢内宮参拝図 | | 明治 19 | 1886 |
| 289 | 麻賀多神社 | 成田市台方 1 | 太田　家和 | ○ | 伊勢内宮参拝図 | | 明治 29 | 1896 |
| 290 | 皇産霊神社 | 佐倉市飯塚 913 | 篠原　裕伸 | ○ | 伊勢神宮参詣図 | | 明治 11 | 1878 |
| 291 | 皇産霊神社 | 佐倉市飯塚 913 | 篠原　裕伸 | ○ | 伊勢神宮参詣図 | | 明治 12 | 1879 |
| 292 | 皇産霊神社 | 佐倉市飯塚 913 | 篠原　裕伸 | ○ | 伊勢神宮参詣図 | | 明治 13 | 1880 |
| 293 | 皇産霊神社 | 佐倉市飯塚 913 | 篠原　裕伸 | ○ | 伊勢神宮参詣図 | | 明治 21 | 1888 |
| 294 | 皇産霊神社 | 佐倉市飯塚 913 | 篠原　裕伸 | ○ | 伊勢神宮参詣図 | | 明治 29 | 1896 |
| 295 | 皇産霊神社 | 佐倉市飯塚 913 | 篠原　裕伸 | ○ | 伊勢神宮参詣図 | | 明治 32 | 1899 |
| 296 | 八幡神社 | 佐倉市坂戸 877 | 羽根井孝彦 | ○ | 伊勢神宮参詣図 | | 明治 | |
| 297 | 高産靈神社 | 佐倉市生谷 497 | 齊藤由美子 | ○ | 伊勢神宮参詣図 | | 明治 30 年代 | |
| 298 | 高産靈神社 | 佐倉市生谷 497 | 齊藤由美子 | ○ | 伊勢神宮参詣図 | | 明治 | |
| 299 | 四柱神社 | 佐倉市小竹 1 123 | 山本　尊明 | ○ | 伊勢神宮参詣図 | | 明治 13 | 1880 |
| 300 | 四柱神社 | 佐倉市小竹 1123 | 山本　尊明 | ○ | 太々神楽図 | | 明治 14 | 1881 |
| 301 | 四柱神社 | 佐倉市小竹 1123 | 山本　尊明 | ○ | 伊勢神宮参詣図 | | 明治 21 | 1888 |
| 302 | 四柱神社 | 佐倉市小竹 1123 | 山本　尊明 | ○ | 伊勢神宮参詣図 | | 明治 29 | 1896 |
| 303 | 四柱神社 | 佐倉市小竹 1123 | 山本　尊明 | ○ | 伊勢神宮参詣図 | | 明治 | |
| 304 | 八社大神 | 佐倉市井野 1 | 山本　尊明 | ○ | 伊勢神宮参詣図 | | 明治 42 | 1909 |
| 305 | 八幡社 | 佐倉市八幡台 2-1-1 | 齊藤由美子 | ○ | 伊勢神宮参詣図 | | 大正 10 | 1921 |
| 306 | 八幡社 | 佐倉市八幡台 2-1-1 | 齊藤由美子 | ○ | 伊勢神宮参詣図 | | 大正 | |
| 307 | 八幡社 | 佐倉市八幡台 2-1-1 | 齊藤由美子 | ○ | 伊勢神宮参詣図 | | 明治 | |
| 308 | 淡島神社 | 佐倉市江原 45 | 宮本　勇人 | | 伊勢神宮参詣図 | | 大正 10 | 1921 |
| 309 | 麻賀多神社 | 佐倉市江原新田 1 | 宮本　勇人 | | 伊勢神宮参詣図 | | 明治 | |
| 310 | 麻賀多神社 | 佐倉市江原新田 1 | 宮本　勇人 | | 伊勢神宮参詣図 | | 大正 | |
| 311 | 麻賀多神社 | 佐倉市江原新田 1 | 宮本　勇人 | | 伊勢神宮参詣図 | | 大正 | |

| No. | 神社名 | 所在地 | 宮司名 | 現存 | 絵　馬 | 制作者 | 制作年 | |
|---|---|---|---|---|---|---|---|---|
| 312 | 諏訪神社 | 佐倉市木野子 16 | 羽根井孝彦 | | 伊勢神宮参詣図 | | 明治 22 | 1889 |
| 313 | 天満神社 | 佐倉市下勝田 775-2 | 宮本　勇人 | | 伊勢神宮参詣図 | | 大正 4 | 1915 |
| 314 | 天満神社 | 佐倉市下勝田 775-2 | 宮本　勇人 | | 伊勢神宮参詣図 | | 大正 8 | 1919 |
| 315 | 諏訪神社 | 佐倉市米戸 200 | 羽根井孝彦 | | 伊勢神宮参詣図 | | 明治 | |
| 316 | 高霜神社 | 四街道市成山 20 | 宮本　勇人 | | 伊勢神宮参詣図 | | 明治 12 | 1879 |
| 317 | 高霜神社 | 四街道市成山 20 | 宮本　勇人 | | 伊勢神宮参詣図 | | 大正 | |
| 318 | 春日神社 | 四街道市吉岡 970 | 宮本　勇人 | | 伊勢神宮参詣図 | | 明治 12 | 1879 |
| 319 | 香取神社 | 四街道市長岡 293 | 宮本　勇人 | | 伊勢神宮参詣図 | | 大正 2 | 1913 |
| 320 | 香取神社 | 四街道市栗山 424 | 齊藤由美子 | | 二見ヶ浦図 | | 明治 6 | 1870 |
| 321 | 香取神社 | 四街道市栗山 424 | 齊藤由美子 | | 二見ヶ浦図 | | 明治 | |
| 322 | 香取神社 | 四街道市栗山 424 | 齊藤由美子 | | 伊勢神宮金刀比羅宮参詣図 | | 明治 | |
| 323 | 春日神社 | 四街道市めいわ 1-20 | | | 太々神楽図 | | 明治 | |
| 324 | 春日神社 | 四街道市めいわ 1-20 | | | 伊勢太々神楽図 | | 明治 | |
| 325 | 春日神社 | 四街道市めいわ 1-20 | | | 伊勢太々神楽図 | | 明治 | |
| 326 | 六所神社 | 酒々井町墨 1079 | 宮本　勇人 | | 伊勢神宮参詣図 | | 明治 | |
| 327 | 白幡神社 | 酒々井町伊篠 306 | 宮本　勇人 | | 伊勢神宮参詣図 | | 明治 41 | 1908 |
| 328 | 稲荷神社 | 成田市赤荻 1 | 宮﨑廣一郎 | | 参宮記念額 | | 大正 7 | 1918 |
| 329 | 用賀神社 | 佐倉市羽鳥 1068 | 齊藤由美子 | | 伊勢太々講中額 | | 安政 2 | 1855 |
| 330 | 麻賀多神社 | 佐倉市城 777 | 宮本　勇人 | | 天照皇太神参拝額 | | 大正 14 | 1925 |
| 331 | 麻賀多神社 | 佐倉市城 777 | 宮本　勇人 | | 天照皇太神参拝額 | | 昭和 11 | 1936 |
| 332 | 麻賀多神社 | 佐倉市城 777 | 宮本　勇人 | | 天照皇太神参拝額 | | 昭和 12 | 1937 |
| 333 | 稲荷神社 | 富里市新中沢 232 | 篠原　裕伸 | | 伊勢御神楽奉納額 | | 明治 28 | 1895 |
| 334 | 稲荷神社 | 富里市新中沢 232 | 篠原　裕伸 | | 伊勢御神楽奉納額 | | 明治 41 | 1908 |
| 335 | 稲荷神社 | 富里市新中沢 232 | 篠原　裕伸 | | 伊勢太々神楽奉納額 | | 明治 33 | 1900 |
| 336 | 稲荷神社 | 富里市新中沢 232 | 篠原　裕伸 | | 伊勢御神楽奉納額 | | 昭和 12 | 1937 |
| 337 | 稲荷神社 | 富里市新中沢 232 | 篠原　裕伸 | | 伊勢太々神楽奉納額 | | 大正 4 | 1915 |
| 338 | 麻賀多神社 | 富里市新中沢 232 | 篠原　裕伸 | | 伊勢太々神楽奉納額 | | 明治 | |
| 339 | 宗像神社 | 印西市瀬戸 1081 | 香取　雅浩 | | 伊勢皇大神金刀比羅神社参拝記念額 | | 明治 33 | 1900 |
| 340 | 宗像神社 | 印西市瀬戸 1081 | 香取　雅浩 | | 伊勢神宮御陵参詣記念額 | | 昭和 4 | 1929 |
| 341 | 宗像神社 | 印西市瀬戸 1081 | 香取　雅浩 | | 天照皇太神宮金刀比羅神社参拝記念額 | | 大正 15 | 1926 |
| 342 | 宗像神社 | 印西市瀬戸 1081 | 香取　雅浩 | | 伊勢神宮参拝記念額 | | 昭和 12 | 1937 |
| 343 | 宗像神社 | 印西市平賀 1 | 香取　守重 | | 伊勢大？讃岐金比羅神社参拝額 | | 明治 42 | 1909 |
| 344 | 宗像神社 | 印西市平賀 1 | 香取　守重 | | 伊勢神宮他参拝額 | | 昭和 10 | 1935 |
| 345 | 鳥見神社 | 印西市萩原 1424 | 石井　秀房 | | 参宮記念額 | | 昭和 16 | 1941 |
| 346 | 鳥見神社 | 印西市萩原 1424 | 石井　秀房 | | 参宮記念額 | | 昭和 26 | 1951 |
| 347 | 鳥見神社 | 印西市萩原 1424 | 石井　秀房 | | 参宮記念額 | | 昭和 31 | 1956 |
| 348 | 鳥見神社 | 印西市萩原 1424 | 石井　秀房 | | 参宮記念額 | | 昭和 34 | 1959 |
| 349 | 鳥見神社 | 印西市小林 2712 | 石井　正房 | | 伊勢参宮記念額 | | 江戸期 | |
| 350 | 鳥見神社 | 印西市小林 2712 | 石井　正房 | | 伊勢参宮記念額 | | 江戸期 | |
| 351 | 鳥見神社 | 印西市小林 2712 | 石井　正房 | | 伊勢参宮記念額 | | 明治 12 | 1879 |
| 352 | 駒形神社 | 栄町安食 1 | 葛生　昌代 | | 伊勢参宮記念額 | | 昭和 6 | 1931 |
| 353 | 神明社 | 八街市小谷流 54 | 大野　眞里 | | 天岩戸図　61 × 72 | | 明治 24 | 1891 |
| 354 | 神明社 | 八街市小谷流 54 | 大野　眞里 | | 伊勢神宮参詣図　49 × 60 | | | |
| 355 | 神明社 | 八街市小谷流 54 | 大野　眞里 | | 伊勢神宮参詣図　46.5 × 55.5 | | | |
| 356 | 五所神社 | 山武市蓮沼イ 2222 | 朝日　典男 | ○ | 伊勢神宮参詣図 | | | |
| 357 | 三社神社 | 東金市極楽寺 359 | | | 伊勢神宮参詣図 | | | |
| 358 | 三社神社 | 東金市極楽寺 359 | | | 伊勢道中旅篭図 | | | |
| 359 | 諏訪神社 | 香取市佐原イ 1020-3 | 伊能　栄一 | ○ | 「天岩戸開図額」その 1 | 伊能雲山 | 嘉永 6 | 1853 |
| 360 | 諏訪神社 | 香取市佐原イ 1020-3 | 伊能　栄一 | ○ | 「天岩戸開図額」その 2 | 林　広信 | 嘉永 6 | 1853 |
| 361 | 香取神宮 | 香取市香取 1697 | 髙橋　昭二 | ○ | 天岩戸開図額 | | 昭和 | |
| 362 | 浅間大神 | 旭市桜井 1347 | 飯田　篤永 | | 伊勢神宮参拝図 | | 明治 34 | 1901 |
| 363 | 稲生神社 | 東庄町東今泉 897 | 飯田　篤永 | | 伊勢神宮参詣図 | 大正堂 | 大正 13 | 1924 |

# 資料２　千葉県内伊勢信仰関係絵馬一覧

| No. | 神社名 | 所在地 | 宮司名 | 現存 | 絵　馬 | 制作者 | 制作年 | |
|---|---|---|---|---|---|---|---|---|
| 364 | 手接神社 | 旭市鏑木 2461-2 | 上代　光正 | | 寺社参拝道中図 | | 明治 25 | 1892 |
| 365 | 関戸神社 | 旭市関戸 435-1 | 飯田　篤永 | | 西国参拝図 | 雲錦生 | 明治 39 | 1906 |
| 366 | 妙幡院 | 東庄町笹川 967 | | | 西国参拝図 | | 大正元 | 1912 |
| 367 | 玉﨑神社 | 旭市飯岡 2126 | 神原　靖夫 | ○ | 天岩戸開図額　180 × 90<br>奉納鎌倉郡主水連 65 名 | | 明治 31<br>年旧 3 月<br>15 日 | |
| 368 | 熊野神社 | 横芝光町宮川 2118 | 藤城　吉董 | ○ | 参宮 | | | |
| 369 | 愛宕神社 | 匝瑳市八日市場ロ 398 | 品村圭一 | | 伊勢神宮参拝図　87 × 170 | 月江 | 大正 10 | 1921 |
| 370 | 星宮神社 | 匝瑳市長谷 691 | 藤末泰次 | | 伊勢天照皇太神宮参拝額（写真）77 × 92 | | 明治 33 | 1900 |
| 371 | 十二所神社 | 匝瑳市川辺 2877 | 藤末泰次 | | 伊勢・高野・琴平参拝図<br>80 × 200 | | 明治 36 | 1903 |
| 372 | 東光寺 | 銚子市小舟木 1-863 | | | 伊勢西宮日光参詣図<br>82 × 132 | 東雲斎一心 | 大正 11 | 1922 |
| 373 | 八幡神社 | 袖ヶ浦市蔵波 49 | 八劔　隆 | ○ | 「伊勢両宮参拝図」 | | | |
| 374 | 八幡神社 | 袖ヶ浦市蔵波 49 | 八劔　隆 | ○ | 「富士伊勢両宮参拝図」 | | | |
| 375 | 三作神社 | 袖ヶ浦市三ツ作 1505 | 八劔　隆 | × | 伊勢参拝記念額 | | | |
| 376 | 三作神社 | 袖ヶ浦市三ツ作 1505 | 八劔　隆 | ○ | 伊勢神宮参拝記念図 | | | |
| 377 | 三作神社 | 袖ヶ浦市三ツ作 1505 | 八劔　隆 | × | 伊勢神宮参拝図 | | | |
| 378 | 飽富神社 | 袖ヶ浦市飯富 2863 | 八劔　隆 | ○ | 伊勢神宮境内図 | | 昭和 10 | 1935 |
| 379 | 飽富神社 | 袖ヶ浦市飯富 2863 | 八劔　隆 | ○ | 伊勢両宮参拝図 | 姉崎斎雪山提 | 大正 4 | 1915 |
| 380 | 國勝神社 | 袖ヶ浦市岩井 464 | 星野　盛 | × | 伊勢神宮参拝記念額 | | 昭和 7 | 1932 |
| 381 | 國勝神社 | 袖ヶ浦市岩井 464 | 星野　盛 | × | 伊勢神宮参拝図 | 姉崎町大黒屋<br>際物店 | 昭和 15 | 1940 |
| 382 | 八幡神社 | 袖ヶ浦市田久保 2367 | 鈴木　智幸 | ○ | 伊勢神宮参拝記念図 | 雪山提等提 | 昭和 7 | 1932 |
| 383 | 八幡神社 | 袖ヶ浦市田久保 2367 | 鈴木　智幸 | ○ | 伊勢両宮参拝記念図 | 雪山提等儀 | 昭和 14 | 1939 |
| 384 | 八幡神社 | 袖ヶ浦市田久保 2367 | 鈴木　智幸 | ○ | 伊勢神宮参拝記念図 | 際物師大　大<br>黒屋寿済政信 | 昭和 15 | 1940 |
| 385 | 春日神社 | 袖ヶ浦市高谷 1071 | 千葉　一男 | ○ | 太々神楽奉納図 | 小関竹人 | 明治期 | |
| 386 | 春日神社 | 袖ヶ浦市高谷 1071 | 千葉　一男 | ○ | 伊勢神宮と二見ヶ浦図 | 雪山 | 明治 8 | 1875 |
| 387 | 大原神社 | 君津市平山 823 | 白熊　大 | ○ | 天の岩戸図 | | 江戸期 | |
| 388 | 大原神社 | 君津市平山 823 | 白熊　大 | ○ | 太々神楽図 | | 文政 12 | 1829 |
| 389 | 亀山神社 | 君津市滝原 114 | 白熊　大 | ○ | 伊勢太々講中 | | | |
| 390 | 八雲神社 | 館山市正木 1378-1 | 加茂　信昭 | ○ | 天岩戸図 | | 江戸末期 | |
| 391 | 諏訪神社 | 館山市船形 833 | 石井　つね | ○ | 「伊勢神宮境内図」<br>63.7 × 101.7 | 神都松栞 | 明治 30 | 1897 |
| 392 | 熊野神社 | 館山市宮城 172 | 酒井　昌義 | ○ | 「天岩戸図」 66.5 × 129 | | | |
| 393 | 手力雄神社 | 館山市大井 1129 | 黒川　邦保 | ○ | 「天岩戸図」 58.5 × 91 | 後藤義信 | 明治 44 | 1911 |
| 394 | 日枝神社 | 鋸南町上佐久間 1989 | 諏訪　明子 | ○ | 「内宮・外宮図」 78 × 120 | 雲塀　史 | 明治 23 | 1890 |
| 395 | 日枝神社 | 鋸南町上佐久間 1989 | 諏訪　明子 | ○ | 「天岩戸図」 74 × 120 0 | 翠幹 | | |
| 396 | 日枝神社 | 鋸南町上佐久間 1989 | 諏訪　明子 | ○ | 「太々神楽奉納図」 64 × 95 | 浩 | 明治 45 | 1912 |
| 397 | 奥山神社 | 鋸南町奥山 907 | 諏訪　明子 | | 「内宮・外宮図」 71 × 95 | ？斎框夫 | 明治 23 | 1890 |
| 398 | 熊野神社 | 南房総市山名 704 | 諏訪　彰義 | ○ | 「伊勢太々神楽図」 92 × 139 | 泰山樵夫 | 明治 30 | 1897 |
| 399 | 熊野神社 | 南房総市山名 704 | 諏訪　彰義 | ○ | 「伊勢神宮参詣図」 63 × 64 | 泰山樵夫 | 明治 18 | 1885 |
| 400 | 駒形神社 | 南房総市山 1067 | 佐久間嘉子 | ○ | 「天岩戸図」 95 × 140.7 | | 江戸期 | |
| 401 | 高家神社 | 南房総市千倉町南朝夷 164 | 高木　幹直 | ○ | 「天岩戸図」 160 × 152.5 | 川名楽山 | 明治 15 | 1882 |
| 402 | 神明神社 | 南房総市千倉町平舘 968 | 高木　幹直 | ○ | 「天岩戸図」 665 × 905 | 川名楽山 | | |
| 403 | 丸郷神社 | 南房総市丸本郷 352 | 諏訪　彰義 | ○ | 参宮記念額 | | 明治 35 | 1902 |

## 資料３　千葉県内伊勢信仰関係資料一覧（その他）（千葉県神社庁）

### ① 伊勢講

| No. | 神社名 | 所在地 | 宮司名 | 現存 | 摘　　要 |
|---|---|---|---|---|---|
| 1 | | 我孫子市土谷津 | 湯下正博 | ○ | 20名 |
| 2 | | 我孫子市中峠 | 坂巻　貢 | ○ | |
| 3 | | 野田市木間ヶ瀬 | 堀越　静 | ○ | 20名 「七度会」 |
| 4 | | 我孫子市柴崎 | 湯下正博 | × | |
| 5 | | 野田市桜台　他 | 髙梨富弥 | × | |
| 6 | | 流山市宮久保 | 鈴木啓輔 | × | |
| 7 | 渡海神社 | 銚子市高神西町2 | 宮内千秋 | × | 神風講（神宮教海上分教会）明治30年代 |
| 8 | 萩園神社 | 旭市萩園1140 | 神原正見 | × | 資料添付　20～30名　昭和20～30年迄あった |
| 9 | 富岡神社 | 旭市飯岡666 | 神原正見 | ○ | 現在2組　15名位づつ |
| 10 | 皇産霊神社 | 旭市塙1173 | 神原正見 | ○ | 約8年毎に組まれ今日まで続く　30～40名　機縁日建立と同じ？ |
| 11 | 水神社 | 旭市後草1923 | 神原正見 | ○ | 30名前後 |
| 12 | | 君津市貞元 | 宮嵜博之 | × | 伊勢講　約30名　昭和40年頃 |
| 13 | | 君津市久留里大谷 | 白熊　大 | ○ | 「伊勢道中並びに西国琴平所々」朝生氏所蔵 |
| 14 | | 君津市俵田 | 大野達弥 | ○ | 伊勢講　15名 |
| 15 | | 君津市南子安 | 大野達弥 | × | 伊勢講　5名　昭和50年代 |
| 16 | | 君津市大井 | 大野達弥 | × | 伊勢講　人数不明　昭和20年代 |
| 17 | | 袖ヶ浦市飯富 | 八劔　隆 | ○ | 飯富新田講　9名 |
| 18 | | 木更津市有吉 | 八劔　隆 | ○ | 有吉新田講　4名 |
| 19 | | 君津市 広岡・大阪・平山・亀山・柳城・富水 | 白熊　大 | ○ | 「いせっこ」（伊勢講）　6地域各10名程度 |
| 20 | | 君津市川谷 | 白熊　大 | ○ | 「いせっこ」（伊勢講）　平成10年頃まで |
| | | 鴨川市天津 | | ○ | 「天津太々講」70名 |
| | | 鴨川市東条 | | ○ | 「東条太々講」30名 |
| | | 鴨川市池田 | | ○ | 「池田太々講」20名 |
| | | 鴨川市二子 | | ○ | 「二子太々講」30名 |
| | | 鴨川市代 | | ○ | 「代太々講」30名 |
| | | 鴨川市川代 | | ○ | 「川代太々講」30名 |
| | | 南房総市丸本郷 | | ○ | 「伊勢講」13名 |
| | | 鋸南町佐久間 | | × | 「伊勢講」15戸　昭和初期迄 |
| | | 南房総市滝口 | | × | 「伊勢講」13戸　平成16年迄 |
| | | 鴨川市 | | × | 鴨川市の各地区には、「太々講」「伊勢講」「神明講」が多数あった。（詳細は不明） |

資料３　千葉県内伊勢信仰関係資料一覧（その他）

## ② 記念碑・石碑

| No. | 神社名 | 所在地 | 宮司名 | 現存 | 摘　　要 |
|---|---|---|---|---|---|
| 1 | 諏訪神社 | 市原市諏訪 2-2-8 | 時田克男 | ○ | 遥拝所石碑　表「伊雜皇大神宮」 裏「文久四子年二月」 |
| 2 | 柴崎神社 | 我孫子市柴崎 174 | 湯下正博 | | 記念碑　明治 33 |
| 3 | 柴崎神社 | 我孫子市柴崎 174 | 湯下正博 | | 参道修理　大正 15 |
| 4 | 柴崎神社 | 我孫子市柴崎 174 | 湯下正博 | | 参道修理　昭和 48 |
| 5 | 鷲神社 | 我孫子市久寺家 362 | 湯下正博 | | 参拝記念　昭和 2 |
| 6 | 鷲神社 | 我孫子市久寺家 362 | 湯下正博 | | 参拝記念　平成 6 |
| 7 | 天照神社 | 我孫子市中峠 1148 | 坂巻　貢 | | |
| 8 | 香取大神社 | 野田市谷津 127・吉春 621 | 堀越　静 | | 明治 25 |
| 9 | 香取大神社 | 野田市谷津 127・吉春 621 | 堀越　静 | | 明治 29 |
| 10 | 神明神社 | 野田市宮崎 124 | 堀越　静 | | 昭和 5 |
| 11 | 稲荷神社 | 野田市鶴奉 81 | 堀越　静 | | 明治 42 |
| 12 | 竹内神社 | 我孫子市布佐 1220 | 坂巻博志 | | 大正 2 |
| 13 | 浅間神社 | 我孫子市布佐浅間谷 3036 | | | 「伊勢参拝記念碑」 大正 4 |
| 14 | 浅間神社 | 我孫子市布佐浅間谷 3036 | | | 「伊勢両宮神社仏閣参拝記念」 昭和 12 |
| 15 | 金刀比羅神社 | 山武市松尾町八田 24 | 萩本　稔 | | 記念碑 |
| 16 | 忍男神社 | 香取市津宮 560 | 本宮雄之 | ○ | 石碑　表「天照皇大神宮　豊受大神宮　琴平神社」 裏「なし」 |
| 17 | 玉崎神社 | 旭市飯岡 2116 | 神原靖夫 | ○ | 「伊勢、富士、大山、日光」 大正 7 年旧 6 月 2 日？　昭和 7 年旧 9 月 27 日建之 |
| 18 | 皇産霊大神 | 旭市塙 1173 | 神原正見 | ○ | 関西拝礼記念碑　大正 2 年 5 月　160 × 60 |
| 19 | 皇産霊大神 | 旭市塙 1173 | 神原正見 | ○ | 80 × 40 |
| 20 | 皇産霊大神 | 旭市塙 1173 | 神原正見 | ○ | 昭和 6 年 10 月 19 日（昭和 8 年 9 月 19 日建之　100 × 40 |
| 21 | 皇産霊大神 | 旭市塙 1173 | 神原正見 | ○ | 昭和 26 年 9 月 4 日　170 × 70 |
| 22 | 皇産霊大神 | 旭市塙 1173 | 神原正見 | ○ | 昭和 41 年 11 月 29 日（昭和 47 年 11 月 29 日建之）　170 × 70 |
| 23 | 皇産霊大神 | 旭市塙 1173 | 神原正見 | ○ | 昭和 48 年 11 月 22 日（昭和 54 年 11 月 22 日建之）　125 × 60 |
| 24 | 皇産霊大神 | 旭市塙 1173 | 神原正見 | ○ | 昭和 56 年 11 月 16 日（昭和 62 年 11 月 16 日建之）　180 × 79 |
| 25 | 皇産霊大神 | 旭市塙 1173 | 神原正見 | ○ | 平成元年 11 月 16 日（平成 7 年 11 月 16 日建之）　175 × 82 |
| 26 | 皇産霊大神 | 旭市塙 1173 | 神原正見 | ○ | 平成 12 年 11 月 17 日（平成 18 年 11 月 17 日建之）　160 × 72 |
| 27 | 神明大神 | 銚子市八木町 1780 | 神原正見 | ○ | 「伊勢参宮記念碑」 大正 3 年 2 月　180 × 75 |
| 28 | 神明大神 | 銚子市八木町 1780 | 神原正見 | ○ | 昭和 11 年 2 月　130 × 60 |
| 29 | 神明大神 | 銚子市八木町 1780 | 神原正見 | ○ | 昭和 25 年 11 月 20 日　120 × 60 |
| 30 | 神明大神 | 銚子市八木町 1780 | 神原正見 | ○ | 「四国伊勢西国」 昭和 36 年 11 月 22 日（昭和 48 年 12 月建之） 85 × 40 |
| 31 | 神明大神 | 銚子市八木町 1780 | 神原正見 | ○ | 「四国伊勢西国」 昭和 49 年 11 月 14 日（昭和 61 年 11 月建之） 50 × 60 |
| 32 | 神明大神 | 銚子市八木町 1780 | 神原正見 | ○ | 「四国伊勢西国」 昭和 61 年 11 月 17 日（平成 10 年 11 月建之） 145 × 55 |
| 33 | 神明大神 | 銚子市八木町 1780 | 神原正見 | ○ | 「西国参拝」 四角柱　（場所：道端） |
| 34 | 愛宕神社 | 旭市飯岡 2116 | 神原正見 | ○ | 「伊勢神宮・高野山・善光寺・日光」 昭和 13 年 6 月　150 × 60 |
| 35 | 熊野大神 | 旭市八木 2466 | 神原正見 | ○ | 「西国参拝記念」 明治 30 年 8 月吉日　80 × 45　（建立場所：隣接の阿弥陀院入口） |
| 36 | 熊野大神 | 旭市八木 2466 | 神原正見 | ○ | 「日光・伊勢・善光寺参拝記念」 大正 13 年（大正 15 年建之） 120 × 45 |
| 37 | 八重垣神社 | 匝瑳市八日市場イ 2940 | 齋藤政勝 | ○ | |
| 38 | 渡海神社 | 銚子市高神西町 2 | 宮内千秋 | ○ | 明治 30 年 3 月　風化著し |
| 39 | 有政神社 | 銚子市小畑町 7280-2 | 宮内千秋 | ○ | 明治 43 年 3 月　仙台石 |
| 40 | 渡海神社 | 銚子市高神西町 2 | 宮内千秋 | ○ | 明治 30 年 3 月　（建立場所：都波岐神社） |
| 41 | 熊野神社 | 横芝光町宮川 2118 | 藤城吉董 | ○ | 「西国　伊勢大神　四国」 明治 34 年 |
| 42 | 熊野神社 | 横芝光町宮川 2118 | 藤城吉董 | ○ | 「西国　伊勢大神　四国」 大正 6 年 |
| 43 | 熊野神社 | 横芝光町宮川 2118 | 藤城吉董 | ○ | 「西国　伊勢大神　四国」 昭和 33 年 |
| 44 | 諏訪神社 | 館山市正木 4294 | 加茂信昭 | ○ | 明治 40 |

### ③ 工作物

| No. | 神社名 | 所在地 | 宮司名 | 現存 | 摘　要 |
|---|---|---|---|---|---|
| 1 | 駒形神社 | 栄町安食1 | 葛生昌代 | | 灯篭一対「伊勢両宮大々講」 |
| 2 | 玉崎神社 | 旭市飯岡2126 | 神原靖夫 | ○ | 記念狛犬一対奉納　昭和9年6月 |

### ④ 史料

| No. | 神社名 | 所在地 | 宮司名 | 現存 | 摘　要 |
|---|---|---|---|---|---|
| 1 | 個人（宮負克己） | 旭市清和乙 | | ○ | 伊勢両宮御文庫奉納書「太神宮霊験雑記」 |
| 2 | 個人（宮負克己） | 旭市清和乙 | | ○ | 「大和国より雞　伊勢参宮の図」 |
| 3 | 個人（宮負克己） | 旭市清和乙 | | ○ | 「船頭重吉伊勢太神宮の御祓を頂き御鬮を採る」図 |
| 4 | 個人（宮負克己） | 旭市清和乙 | | ○ | 「太神宮御祓大空より降臨の図」 |
| 5 | 皇産霊神社 | 旭市塙1173 | 神原正見 | ○ | 「旅日記」明治12年6月1日より50日間 |
| 6 | 鎌数伊勢大神宮 | 旭市鎌数4314 | 梅谷長利 | | 御師資料 |
| 7 | 玉崎神社 | 旭市飯岡2126 | 神原靖夫 | ○ | 「伊勢参宮ニ付餞別覚」天保12年正月 |
| 8 | 玉崎神社 | 旭市飯岡2126 | 神原靖夫 | ○ | 「参宮餞別酒迎簿」明治16年2月 |
| 9 | 玉崎神社 | 旭市飯岡2126 | 神原靖夫 | ○ | 「伊勢参宮　　　　」文政3年？ |
| 10 | 玉崎神社 | 旭市飯岡2126 | 神原靖夫 | ○ | 「伊勢参宮撰歳」文政13年正月 |
| 11 | 玉崎神社 | 旭市飯岡2126 | 神原靖夫 | ○ | 「伊勢参宮生年　　　　吉凶表」明治3年1月 |
| 12 | 玉崎神社 | 旭市飯岡2126 | 神原靖夫 | ○ | 新聞記事 |

### ⑤ 暦

| No. | 神社名等 | 所在地 | 宮司名 | 現存 | 摘　要 |
|---|---|---|---|---|---|
| 1 | 玉崎神社 | 旭市飯岡2126 | 神原靖夫 | ○ | 9冊 |
| 2 | 個人（平沢牧人） | 市原市八幡 | | ○ | 1冊　飛鳥帯刀　明治3年 |

## 執筆者紹介（掲載順）

杉山林繼（すぎやま しげつぐ）　千葉県富津市　八雲神社宮司
鈴木啓輔（すずき けいすけ）　千葉県市川市　白幡天神社宮司
加茂信昭（かも のぶあき）　千葉県館山市　諏訪神社宮司
萩本　稔（はぎもと みのる）　千葉県山武市　金刀比羅神社宮司
宮嵜博之（みやざき ひろゆき）　千葉県君津市　人見神社宮司
千葉一幸（ちば かずゆき）　千葉県袖ヶ浦市　横田神社禰宜
石田房嗣（いしだ ふさつぐ）　千葉県香取市　側高神社禰宜
宮本勇人（みやもと はやと）　千葉県佐倉市　麻賀多神社宮司
白熊　大（しらくま だい）　千葉県君津市　大原神社宮司
千葉　敏（ちば さとし）　千葉県船橋市　意富比神社宮司
鈴木聡子（すずき さとこ）　千葉県市川市　白幡天神社権禰宜
藤森益樹（ふじもり ますき）　千葉県館山市　安房神社禰宜
岡野大和（おかの やまと）　千葉県鴨川市　神明神社禰宜
神原靖夫（かんばら やすお）　千葉県旭市　玉﨑神社宮司
小林悠紀（こばやし ゆうき）　千葉県勝浦市　遠見岬神社禰宜
平澤牧人（ひらさわ まきと）　千葉県市原市　飯香岡八幡宮禰宜
本宮雄之（ほんぐう かつゆき）　千葉県神社庁参事

2013年9月25日　初版発行　《検印省略》

房総《ぼうそう》の伊勢信仰《いせしんこう》—第六十二回神宮式年遷宮奉祝—

編　者　千葉県神社庁「房総の伊勢信仰」企画委員会
発行者　宮田哲男
発行所　株式会社 雄山閣
東京都千代田区富士見2-6-9
ＴＥＬ　03-3262-3231 / ＦＡＸ　03-3262-6938
ＵＲＬ　http: //www.yuzankaku.co.jp
e-mail　info@yuzankaku.co.jp
振　替：00130-5-1685
印刷・製本　株式会社 ティーケー出版印刷



ISBN978-4-639-02221-3 C0021
N.D.C.170　316p　22cm